Alfred Heinrich

Und ewig raunzen die Wiener

Alfred Heinrich

Und ewig raunzen die Wiener

Eine etwas andere Stadtgeschichte

Nach einer Idee von Barbara Balek

Geschichte

EDITION VA BENE

Der Verlag legt großen Wert darauf, daß seine Bücher der alten Rechtschreibung folgen. Die Entscheidung bezieht sich auf die Sinnwidrigkeit der meisten neuen Regeln und darauf, daß sie sich gegen die deutsche Sprache selbst richten.

Gedruckt mit Unterstützung der Kulturabteilung der Stadt Wien.

Die Deutsche Bibliothek – CIP-Einheitsaufnahme

Heinrich, Alfred
Und ewig raunzen die Wiener – Eine etwas andere Stadtgeschichte / Alfred Heinrich. –

Wien ; Klosterneuburg : EDITION VA bENE, 2009.
(Geschichte)

ISBN 978-3-85167-229-9

E-Mail: edition@vabene.at
Homepage: vabene.at

Satz und Druckvorlage: b+R-satzstudio, Graz
Umschlaggestaltung: adpl-solutions International GmbH
Maga. Tina Gerstenmayer, Wien
Druck: Druckerei Theiss GmbH, A-9431 St. Stefan im Lavanttal

Printed in Austria

ISBN 978-3-85167-229-9

INHALTSVERZEICHNIS

Wiener, gibt 's die?

Viele Bücher beginnen mit einem Vorwort. No na, ein Vorwort als Schluß hätte ja keinen Sinn. Ein Vorwort am Anfang muß zwar auch nicht immer einen haben, aber das entscheiden die Leserinnen und Leser, die ja natürlich überhaupt über die Qualität jedes Buches in seiner Gesamtheit zu befinden haben. Aber dann haben sie es ja zum Glück schon gekauft.

In diesem Buch soll über die Wienerinnen und Wiener im Verlauf von zwei Jahrtausenden berichtet oder besser gesagt, gemutmaßt werden, denn wenn der Autor auch nicht mehr der Jüngste ist, zur Zeit der Kelten war er noch nicht dabei. Zur Zeit der Kelten? Ja, da hat 's hier schon eine Siedlung gegeben. Sie mußte ja zwangsläufig hier entstehen, denn die Nord-Süd-Verbindung an der westlichsten Linie östlich der Alpen kreuzte hier die Ost-West-Verbindung an der südlichsten Linie nördlich der Alpen an einem Punkt, der noch dazu an einem großen Strom lag, der Mitteleuropa mit dem Osten verbindet.

Wenn wir sagen, diese Siedlung mußte zwangsläufig an diesem Punkt entstehen, können wir ruhig davon ausgehen, daß die ersten Siedler auf Illyrisch oder Keltisch raunzten: „Grad da ham s' uns angsiedelt, die Gfraßter! Im Sommer is es zu haaß, im Winter zu kalt. Und nie samma unter uns, dauernd san Fremde da und machen ihnere Gschäfte. Oft schaut net amal a Schmattes auße. Dann fahren s' ham, und dauernd is die Bernsteinstraßen aufgrissen. Lauter Umleitungen, die Pferd machen alles hin, und mir zahlen. Und kaum san s' weg, san scho wieder andere da. Dabei woll ma ja nur unser Ruah."

Nun ist es natürlich etwas gewagt, davon auszugehen, daß die Wienerinnen und Wiener sich unter total verschiedenen Lebensumständen immer ähnlich verhalten haben. Karl Marx lehrt zum Beispiel, der Mensch sei das Produkt seines gesellschaftlichen Seins. Anderseits meint Grillparzer, es wäre die Landschaft, die den Menschen formt: „... und läßt die Pulse jagen, wie nie ein Puls auf kalten Steppen schlägt." Oder: „Hast du vom Kahlenberg ins Land geseh'n, so wirst du, wer ich bin und was ich schrieb, verstehn'n." Und Grillparzer hat die Wiener ja besser gekannt als Marx, der nur kurz das Remasuri der 48er Revolution miterlebt hat und so verwirrt war, daß er für die Vorläuferin der „Presse" schrieb, in der Meinung, sie sei eine linke Zeitung. Sigmund Freud, ein Einheimischer wie Grillparzer, aber nur im Ausland bekannt, meinte wieder, der Charakter des Menschen entstünde überhaupt im Mutterleib, und der Rest des Lebens wäre von sexuellen Träumen geprägt (weshalb heute noch eine Tageszeitung täglich das Bild einer Nackerten bringt). Tatsächlich hat man (und das gilt nicht nur für Wien) für sexuelle Träume erst in der Pension Zeit, weshalb es meistens auch Träume bleiben. Die beste Beschreibung des Wienerischen stammt aber aus einem Lied, das der Wiener Peter Alexander gesungen hat: „In der Stadt, wo sich jeder bei jedem beschwert." Und das einzige, was sich nie ändert: „Früher war alles vü besser." Wir sind daher immer zu spät auf die Welt gekommen.

Wir wissen also nicht, ob die Wiener zu allen Zeiten wienerisch waren. In der Literatur gibt es wenige Hinweise. Schiller schreibt über Wallenstein: „Doch das verzeihen ihm die Wiener nie, daß er um den Spektakel sie gebracht." Das mag schon ziemlich genau hinkommen, zumal Karl Kraus in bezug auf den mit Spannung erwarteten Halleyschen Kometen, der sich dann hinter einer Wolkendecke versteckt hatte, den gleichen Grant feststellen konnte. Feldherrn und Kometen, alles dieselbe Bagasch. Unverläßlich bis zum Gehtnichtmehr.

Aber gibt 's überhaupt den wirklichen Wiener? Illyrer und Kelten, Römer und Langobarden, Bayern und Franken, Tschechen, Slowaken, Ungarn, Polen, Kroaten, Italiener, alle haben sich ja zusammengetan, um zur Wesensart dieses heiteren Grantlers, verraunzten Genießers und musischen Banausen beizutragen, den jeder gern haben kann, der ihn nicht gern hat. Der Autor dieses Buches muß gestehen, kein typischer Wiener zu sein, da seine Vorfahren erst Mitte des 19. Jahrhunderts zuagrast sind. So lange halten es echte Wiener hier gar net aus, außer sie sind draufgekommen, daß es überall anders noch ärger ist. Der Verfasser geht davon aus, daß der berüchtigte genius loci schon immer hier wirksam war, und läßt die verschiedenen Typen, Pessimisten und Leichtsinnige, Querulanten und Opportunisten, Untertanen und Aufsässige, eine Familie und ihren Freundeskreis, die Jahrhunderte erleben und mit heiter-verdrießlicher Zähigkeit überdauern. Die Geschichte wird in Form von Dialogen, Erzählungen und Raunzereien an uns vorüberziehen.

Wiener, gibt 's die? Es gab einmal einen Film, der hieß: „Engel, gibt 's die?“ Nun, die Wiener sind keine Engel, nur die Wienerinnen sehen manchmal so aus, und die Engerln sind keine Wiener. Sie kommen nur manchmal auf Urlaub nach Wien. Doch nach einer Fahrt mit dem überfüllten 38er Wagen haben sie genug – alles, was recht ist!

Und, um nochmals einen echten Wiener, den Budapester Karl Farkas, zu zitieren: „Schaun Sie sich das an!“

Vom Anfang an: ka Ruah

Um das sagen zu können, müßte man sich zunächst einmal über den Begriff „Anfang“ einigen. Vor zirka 70 Millionen Jahren war im Raum südlich und östlich der Alpen noch ein Meer. Wir können davon ausgehen, daß es die ruhigste Zeit war, zumal sich ja die Fische seit jeher auf sogenannte nonverbale Konversation beschränken. Die Menschen nehmen sich leider kein Beispiel dran, obwohl es bei manchen durchaus empfehlenswert wäre. Aber die Fische haben ja keine andere Möglichkeit. Auch schriftliche Aufzeichnungen aus dieser Zeit liegen nicht vor, woraus man schließen kann, daß es hierzulande – nein, hierzuwasser – auch keine Tintenfische gab. Da sich höchstwahrscheinlich nicht einmal die ältesten Fische an diese Zeit erinnern, können wir sie ruhig übergehen.

Bis zirka eine Million vor Christi Geburt, also vor ungefähr 1,002.000 Jahren, wenn man den Wissenschaftlern glauben darf, war das Meer immer noch da, so daß man wirklich nicht von einer schnellebigen Zeit sprechen kann. Da sich nichts geändert hat, nennen die Gelehrten die erste Zeit Känozoikum, ab 70 Millionen Jahren jedoch Tertiär, damit sie die Ereignisse, die nicht stattgefunden haben, genauer zuordnen können. Aber dann tat sich doch was: Der Wasserspiegel sank, das Wasser wurde süßer, und das Wiener Becken kam zum Vorschein. Zwar wissen auch die Wissenschaftler nicht, was ein Becken ohne Wasser für einen Sinn haben soll, doch es gibt eine logische Erklärung: Aus den Becken der Bäder wird schon lange, bevor der Winter kommt, das Wasser ausgelassen. Und tatsächlich, schon 400.000 Jahre später kam die Eiszeit. Erst 10.000 Jahre vor Christi Geburt – es ging sich alles genau immer auf 10.000 aus, damit man es sich leichter merken kann – war die Eiszeit vorbei. Offenbar hat es schon damals eine Klimaerwärmung gegeben, die jedoch ohne Industrie und Motorisierung nur schwer zu erklären ist. Die Wissenschaftler, die es auch nicht plausibel erklären können, fanden aber für die Zeit nach der Eiszeit einen originellen Namen: Sie nannten sie Nacheiszeit, und da ihnen seither nichts mehr eingefallen ist, dauert diese noch heute an. Kulturgeschichtlich gibt es natürlich schon noch Unterteilungen. Es folgte zunächst einmal die Steinzeit. Aber erst zirka 10.000 Jahre vor Christi Geburt tauchten im Wiener Raum erstmals Menschen auf. Und da noch niemand da war, der „Ausländer raus!“ oder „Wir sind kein Einwanderungsland!“ gerufen hätte, ließen sie sich hier nieder. Natürlich in der nobelsten Gegend, in Hietzing, in der Nähe der Wenzgasse, wo man ihre ersten

Spuren gefunden hat. Auf die Dauer läßt sich halt nichts verheimlichen.

Jetzt war es, wie schon vorhin angedeutet, wirklich mit der Ruhe vorbei, und daran hat sich auch bis heute nichts geändert. Sie waren Jäger und Sammler, andere Lehrberufe gab es anscheinend noch nicht. Bald aber kamen Ackerbau und Viehzucht dazu, für die Gründung des Bauernbundes war es allerdings noch zu früh. Im 3. Jahrtausend gab es auch schon gezähmte Pferde, aber noch keine Fiaker. Dagegen gab es ein Model, das den Spitznamen „Venus von Willendorf" hatte, jedoch keine Ähnlichkeit mit Claudia Schiffer aufwies. Das Schönheitsideal von 2200 war noch nicht von Bulimie geprägt, offenbar spielte auch die Werbung noch nicht ganz die gleiche Rolle wie heute.

Am 1. Jänner 1900 wurde offiziell die Bronzezeit eingeführt, die erst 800 nahtlos in die Eisenzeit überging. Das ist kein Druckfehler, die Menschen zählten damals verkehrt von oben nach unten. Heute zählen sie richtig, dafür machen sie sonst alles verkehrt. Doch so weit sind wir noch nicht, sonst wäre ja das Buch schon aus. Um aber die Spannung nicht auf die Spitze zu treiben: Um zirka 2000 kamen die ersten Indogermanen, die Illyrer, dazwischen auch Iberer, schließlich um 400 noch die Kelten. Sie alle hatten ein Hobby, das sich bis in die Gegenwart bei uns erhalten hat: Sie vermischten sich. Ein Teil der Illyrer zog allerdings ab. Was aus ihnen geworden ist? Die Albaner. Durch ihren Abzug haben sie uns ein Kosovo-Problem erspart. Doch 15 vor Christi Geburt kamen die Römer. Aber alles Weitere sollen uns die jeweils Betroffenen selbst erzählen.

Ja, ja, der Wein is guat

Nachfolgendes Gespräch soll zirka um 260 nach Christi Geburt stattgefunden haben. Das heißt, es ist, wie alle folgenden Gespräche, zwar nicht erwiesen, daß es stattgefunden hat, aber ebensowenig, daß es nicht stattgefunden hat. Unserer Phantasie sind also keine Grenzen gesetzt. Zunächst muß allerdings die Familie samt ihrem Bekanntenkreis vorgestellt werden, welche die Jahrhunderte in Wien klarerweise überlebt haben. Denn das ewige „Gwirkst ohne Grund gibt uns Kern, halt' uns g'sund", wie schon Josef Weinheber wußte. Und ein echter Wiener geht ja bekanntlich net unter.

Da ist zuerst einmal der Familienvater, ein ewig grantelnder verraunzter Pessimist, der Großvater („früher war alles besser"), die stets in die jeweilige Prominenz oder die jeweiligen Besatzungssoldaten verliebte Tochter, der aufsässige Sohn, noch dazu oft mit der Tochter des ewigen Intimfeindes, Gegenspielers oder Konkurrenten liiert (Romeo und Julia), die schlaue, stets um Ausgleich in dieser schwierigen Familie bemühte Mutter, der opportunistische, optimistische Freund der Familie, und der ewig verschuldete, nicht ganz uneigennützige Bruder des Vaters, ein nicht sehr begabter Künstler, leichtsinniger, immer durstiger Spieler und Schnorrer („verkaufts mei Gwand, i fahr in Himmel"), stets vor dem künstlerischen Durchbruch stehend, der aber nie gelingt.

Das dialektgefärbte Keltisch der entern Gründ rund um das römische Vindobona wurde der leichteren Verständlichkeit halber in ein leicht wienerisch durchsetztes Schriftdeutsch übersetzt.

Der Großvater erzählt: „Warum haben uns die Götter das angetan? Unter den Illyrern war 's ja noch gut. Aber dann haben diese Kelten daherkommen müssen. Wären die doch geblieben, wo die Sonne untergeht. Ka Mensch hat s' bei uns braucht." Der Sohn: „Geh, Großvater, das ist ja schon mehr als 600 Jahre her, so alt bist net amal du, wennst auch so ausschaust." Der Vater: „Sei net frech, Bua. Aber der Alte nörgelt sowieso über alles. So schlecht waren wir Kelten gar net. Wir haben immerhin die illyrischen Terrassendörfer übernommen, weil mir net deppert san. Außerdem is er ja selber a Kelte. I weiß net, macht das die Vindobonenser Luft, daß mir dauernd über uns selber matschgern? I bin jedenfalls stolz drauf, daß i a Kelte bin, auch wann die Römer aus der Haut fahren, und basta!" Die Tochter: „Ja, Papa, aber manchmal is es schon a bisserl peinlich. Die Familien von meine Freundinnen haben schon seit Generationen römische Namen, aber wir heißen allerweil noch Raunzerix. Das is doch total unmodern. Alle lachen über uns." Und auf die Frage des Vaters, wie er sich denn ihrer Meinung nach nennen solle, meint sie, natürlich Rauncericus.

Dieser Familienstreit dauerte schon Jahre. Das Mädchen bewunderte die Römer. Überdies ist sie in einen feschen Zenturio verliebt, was der Vater, stolz darauf, daß einer seiner Urahnen angeblich Druide war, natürlich nicht wissen darf. „Net amal ignorieren", ist sein Standpunkt gegenüber den Römern. Und obwohl ein immer größerer Teil der eingesessenen Bevölkerung in römische Dienste trat, zumindest aber als Bauern, Kaufleute oder Wirte mit den römischen Beamten, mit den Offizieren und Soldaten der XIII., später XIV. und X. Legion Gemina fidelis Handel trieb und stolz auf das römische Bürgerrecht war, das der Kaiser Caracalla allen auf Reichsgebiet Wohnenden verliehen hatte, obwohl außerdem immer mehr Kelten in der Öffentlichkeit nur noch Latein sprachen, hofft das Familienoberhaupt nach wie vor, daß die Römer bald mit ihrem Latein am Ende wären.

Jetzt greift der Sohn, der zwar mit seiner Schwester selten, mit Vater und Großvater aber nie einer Meinung war, erneut ins Gespräch ein. „Einen römischen Namen nimmst net an", sagt er, „aber daß uns die Römer vor die Markomannen und die Quaden schützen, is dir recht, gell?" Aber da kommt er bei Raunzerix schlecht an: „Für das zahl ma ja Steuern. Und überhaupt: Erstens san s' eh allerweil wieder übern Danubius umme kummen, zweitens san die Herrn Römer vor zirka 100 Jahr selber nur durch das sogenannte Regenwunder vor der Vernichtung durch die Markomannen unterm König Ballomar gerettet worden und drittens ham s' die Quaden unter dem König Vannius gleich in der Näh, in Richtung Pannonien, ansiedeln müassen, daß s' a Ruah geben. Wie lang noch, weiß ma eh net." – „Aber geh", sagt die Tochter, „die sind eh liab. San halt Bauern, Gscherte. Aber fesch san s', groß und blond." – „Dir gfallt bald wer", murrt der Junior. „Aber jedenfalls hat uns der Kaiser Marc Aurel schon verteidigt, hat nebenbei noch allerhand philosophisches Zeugs geschrieben. A Stoiker war er und is sogar da gstorben." – „Typisch Stoiker", meint der Vater, „sogar der Tod is ihnen wurscht. Nein, i will von die Römer nix mehr hören. Zu unsere schönen, alten Terrassendörfer sagen s' Oppidum, a paar davon haben s' sogar zerstört, nur damit dieser Fabrikant, der Marcus Antonius Tiberianus, mit seine Ziagln a Gschäft macht."

Der Großvater, welcher während dieses Diskurses, der sich schon oft wiederholt hatte, ein bisserl eingenickt war, ergreift plötzlich wieder das Wort: „Was i allerweil sag. A Teil von die Bojer is abzogen. Dann san mir zum Königreich Noricum kommen, aber die übrigen Kelten waren zu schwach. I sag nur, wann seinerzeit die Illyrer ..." und bei diesen Worten schläft der Alte wieder ein. Egal, die liebe Familie kennt sowieso den Text.

Die Mutter hat lange zugehört, aber jetzt will sie endlich das Gespräch wieder in friedlichere Bahnen lenken. „Jede Zeit hat ihr Gutes", sagt sie. „Schließlich hindert uns ja niemand, Kelten, Bojer zu bleiben. Die Römer tun uns nichts, wenn man sie nicht provoziert, (hier blickt sie den Gatten beschwörend an), manche sind sogar sehr liebenswert und lieben auch manche von uns (hier tauscht sie mit der Tochter einen Blick heimlichen Einverständnisses). Und sie haben uns auch einiges von ihrer Kultur und Lebensart mitgebracht, das wir annehmen können, ohne deshalb unsere eigene ..."

In diesem Augenblick ertönt von draußen lauter Gesang. „Der Onkel Augustinus", ruft die Tochter freudig, „jetzt gibt 's a Hetz!" In diesen Augenblick öffnet sich die Tür, und der Genannte torkelt herein und singt: „Ja ja, der Wein is guat, i brauch an neuchen Huat. Servus die liebenswerte Familie, sei mir gegrüßt, schöne Schwägerin." – „Bruader, du schaust aus", entrüstet sich der Hausherr, „hast wieder denen Römern an Wein abbettelt? Genieren muaß ma si mit dir. Es is a Schand, bringen ihnern Wein aus Italien daher und machen si a Hetz, indem s' unsere Leut bsoffen machen."

Dazu muß man wissen, daß der gute Onkel Augustinus öfter in einer Taverne in der römischen Zivilstadt, die sich östlich der Festung Vindobona im Gebiet des heutigen 3. Bezirks befand, einkehrte. Dort sang er selbstgedichtete keltische Heurigenlieder und wurde dafür von den Römern mit Wein gelabt. Böse Zungen (die es damals schon gegeben haben soll, während man von guten Zungen bis heute nichts hört) behaupten freilich, er hätte den Wein nur bekommen, weil er während des Trinkens natürlich nicht singen konnte.

„Was heißt aus Italien, Bruderherz, dös hamma nimmer notwendig. Unser erhabener Kaiser Probus hatte die Güte, bei uns am Mons nucis, am Berg der Nuß, Reben pflanzen zu lassen, auf daß es keines Regenwunders mehr bedürfe, um die braven Legionäre bei einer neuerlichen Einschließung durch die Markomannen vor dem schrecklichsten aller Tode, dem Verdursten, zu bewahren. Und jetzt sage mir als Patriot, mein Teuerster: Sollen wir diesen edlen Tropfen, von unserm Boden genährt, von unserer Sonne beschienen, diesen ehrlosen Fremdlingen überlassen?" Er singt wieder: „Ja, i bin halt a Bojer und kann nix dafür!" – „Weit hammas bracht", schimpft sein Bruder. „Jetzt pflanzen s' bei uns Wein an, damit s' uns deppert machen." – „Bei dir is ihnen das schon ohne Wein gelungen", lacht der Großvater, der durch den Gesang seines jüngeren Sohnes wieder einmal erwacht war, „sonst müßtest du wissen, daß unsere Vorfahren schon Weinbau betrieben haben. Dazua hamma kane Römer net braucht. Aber damals ham die Leut no a Lebensart ghabt. So a Zeit kommt nimmer." – „I hab euch an Kruag mitbracht", sagt der fröhliche Onkel, „damit mir auf den erhabenen Probus anstoßen können." Er schenkt allen ein, nur sein Bruder lehnt ab. „Schlecht is er net", sagt der Großvater, „also dann Prost allerseits." – „Ein Tag der Schande", sagt der Vater anklagend. „Diese Römer zerstören nach unserer Seele auch unsere Leber. Daß du dich zu so was hergibst, Gustl! Du hat uns verraten" – „Ja, i hab euch verraten", lacht Augustinus, „und zwar, wo es dieses herrliche Getränk gibt. Und ich hab 's aus religiösen Gründen getrunken. Ich hab dem Gott Bacchus ein Opfer gebracht." – „Das wird ja immer ärger", braust sein Bruder auf. „Net nur, daß uns Legionäre aus Asien den Mysterienkult von diesem persischen Sonnen- und Lichtgott Mithras bracht ham, verdrängen die römischen Götter noch unsere alten keltischen!" – „Was hast denn dem Bacchus geopfert, Onkel?" fragt die Tochter neugierig. „Meine letzten Sesterzen", jammert Augustinus. „I laß mir doch als stolzer Kelte von die römischen Gfraßter nix schenken. Aber kloar, wann mi mei eigener Bruader in Stich laßt, muaß i mi vor die Okkupanten unserer geliebten Heimat demütigen." – „Da hast und schleich di", knurrt der Angesprochene und wirft ihm einige Münzen hin. Und dann fällt er in seiner begreiflichen Erregung sogar vorübergehend ins Lateinische. „O tempora, o mores. I sag euch: Den Wein werden mir Vindobonenser in Jahrtausenden nimmer los." – „Prost. Soll uns nix Ärgeres passieren", brummt der Großvater, bevor er wieder einschläft.

Heiß umfehdet, wild umstritten

Der Wunsch des Großvaters erfüllte sich leider nicht. Es ist noch viel Ärgeres passiert. Mit der berühmten „Pax

Romana“, jenem goldenem Zeitalter, wo von Rumänien bis Marokko, von Britannien bis Ägypten, in einem Reich also, das es in solcher Ausdehnung in Europa nie mehr geben sollte, wo es unter dem Schutz der römischen Heere blühenden Handel und Sicherheit gab, war es relativ bald vorbei. Das Zeitalter mutierte zur „guaten, alten Zeit“, was sich ja noch oft wiederholen sollte. Die Römer hatten wenig Lust, die unendlich langen Grenzen unter Einsatz ihres Lebens zu verteidigen. Gastsöldner mußten geholt werden, von den Römern hochmütig „Barbaren“ genannt. Erst viel später gab es ja für Fremde einen reicherhaltigen Wortschatz: Katzlmacher, Piefke, Tschuschen, Kameltreiber, aber den Römern mangelte es halt an Phantasie. Auch Kaiser war bald kein Traumberuf mehr. Wenn die Söldner aus irgendeinem Grund mit ihnen unzufrieden waren oder ein Feldherr ihren Posten wollte, starben sie meist keines natürlichen Todes. Dadurch ersparte sich der Staat die Pension. Die Kaiser konnten auch keine Lebensversicherung abschließen, weil es erstens noch keine solche gab und zweitens die Polizze viel zu hoch gewesen wäre.

Wie auch immer: Nach Vindobona kam sowieso lange Zeit kein Kaiser mehr. Dabei gab es später sogar deren zwei, einen in Rom und einen in Byzanz, weil das Reich angeblich zu unübersichtlich geworden war. Man sieht, schon lange vor Einführung des Parteibuchs verstand man, Posten zu schaffen. Inzwischen war nach dem Mithras-Kult mit den Legionären aus dem Osten auch das Christentum in unser Land gekommen und breitete sich rasch aus. Der alte Jupiter und sein Götterteam hatten ihre Strahlkraft verloren, die griechischen und germanischen „Kollegen“ teilten ihr Schicksal. Wenn Richard Wagner das später als „Götterdämmerung“ sah, hat das schon was für sich. Den Gläubigen dämmerte mit der Zeit, daß die Götter keine Vorbilder waren, sondern die gleichen Fehler machten wie sie selbst. Die Affären dieser Herrschaften paßten eher in eine Seitenblickegesellschaft als in eine Religion, auch wenn sich vielleicht junge Damen wie Leda nach einem Seitensprung auf den alten Schwerenöter Zeus ausredeten.

Die Christen wurden zunächst verfolgt, dann toleriert, und unter Kaiser Konstantin wurde das Christentum Staatsreligion. Inzwischen tat sich auch außerhalb des römischen Reiches einiges. Zunächst nur im Osten Europas. Aber seit jenem Börsenkrach in New York, dem Schwarzen Freitag, weiß man ja, daß sich Katastrophen auf Dauer nicht eingrenzen lassen. Wir wissen nicht, ob es auch ein Freitag war, als ein gewisser Attila mit seinen hunnischen Reitern plötzlich in der heutigen Ukraine auftauchte, wo bis dahin die Goten mehr oder weniger friedlich gelebt hatten. Man schrieb das Jahr 375. Die Goten wurden aufgescheucht, wandten sich, da die Hunnen nicht in friedlicher Absicht gekommen und außerdem militärisch überlegen waren, nach Westen. Dort wohnten freilich andere Germanenstämme, die nun auch nicht länger verweilen konnten, und so entstand die Völkerwanderung, an Dimension weit größer als unsere Fitmärsche am Nationalfeiertag.

Geht uns das was an? Leider schon. Das römische Reich konnte dem Druck der vertriebenen Germanenstämme nicht mehr standhalten. Auch im Raum Vindobona wurde es brenzlich. Unsichere Zeiten begannen, und wie immer in solchen Zeiten weit und breit keine Polizei! Deshalb führte der heilige Severin die romanische Bevölkerung nach Italien zurück, wo sie 488 von dem herulischen Söldnerführer Odoaker aufgenommen wurde, der inzwischen aus Langeweile den letzten weströmischen Kaiser Romulus Augustus abgesetzt hatte. Das kam wieder den Historikern gerade recht, die schon lange einen Anlaß gesucht hatten, das Altertum, das ihnen längst zu unübersichtlich geworden war, für beendet zu erklären. So beginnt also 476 das Mittelalter, ohne daß man die Betroffenen informierte. Vindobona selbst wird im Jahr

400 zum letzten Mal erwähnt. Man geht aber inzwischen davon aus, daß Wien kontinuierlich besiedelt war. Nicht nur, weil unsere Familie zur Zeit der Babenberger wieder auftauchen wird (zur Zeit der Herrschaft germanischer Stämme hieß sie vermutlich Raunzerich), sondern auch, weil die noch teilweise intakten Festungsmauern in diesen unsicheren Zeiten einen gewissen Schutz boten.

Die Hunnen selbst dürften, trotz gegenteiliger Darstellung im Nibelungenlied, den Wiener Raum kaum berührt haben. Heimito von Doderer behauptet zwar, sie seien, als sie hier nach dem Weg fragen wollten, auf einen besonders grantigen einheimischen Hausmeister gestoßen und sofort wieder abgezogen, aber das ist einer der Fälle, wo sich Geschichte mit Geschichten vermengt, und wird nur deshalb erwähnt, weil Doderer immerhin studierter Historiker war. Jedenfalls war unser Land damals, wie es in der Bundeshymne heißt, heiß umfehdet, wild umstritten. Vandalen, Westgoten, Ostgoten, Rugier, Heruler, Langobarden kamen und gingen. Ob alle Vandalen abgezogen sind, ist freilich nicht sicher, denn immer, wenn ein Park oder eine Telefonzelle verwüstet wird, fällt auf dieses Volk der erste Verdacht. Auf die Germanen folgten Awaren, in ihrem Gefolge Slawen, und nachdem die Awaren von Karl dem Großen geschlagen wurden (natürlich nicht von ihm allein, er hatte zur Vorsorge ein Heer dabei), kamen die Ungarn und wurden erst nach der Niederlage gegen das Heer Ottos I. 955 auf dem Lechfeld schrittweise zurückgedrängt; die endgültige Besiedlung aus Bayern und Franken konnte beginnen.

Auch der Name Wiens änderte sich jeweils. Aus dem keltischen Vedunia (Waldbach) und dem slawischen Videnice, Viden, wurde schließlich Wenia, Wienne, Wien. Aber die weitere Geschichte soll gefälligst wieder unser Großvater erzählen. Schließlich hat er jetzt schon etwas Übung.

„Wir haben ihn!"

Zunächst muß aber noch erwähnt werden, daß aus dem Namen Raunzerix längst Raunzinger geworden war. Der Vater, Leopold Raunzinger, hatte in Erdberg eine Schenke. Zwei Häuser weiter betrieb auch Herr Franz Keppl eine solche. Da in dieser Gegend immer gerne geschmaust und gezecht, gelacht und geplaudert, gesungen und gewürfelt wurde, hatten die Familien Raunzinger und Keppl ihr Auskommen, und wenn man sein Auskommen hat, kann man auch miteinander auskommen. Das ging soweit ganz gut, die beiden Wirtinnen tratschten gern miteinander, Leopolds Bruder Gustl sang in beiden Wirtshäusern selbstgedichtete Lieder und unterhielt die Gäste, welche in den Herbergen abgestiegen waren, mit Schnurren und Zoten, und daß sich Raunzingers Sohn Robert und Keppls Tochter Julia manchmal eng aneinanderschmiegten, obwohl in beiden Häusern genug Platz gewesen wäre, störte eigentlich niemanden.

Man war ja auch einmal jung.

So lebte man friedlich beisammen bis zu jenem verhängnisvollen 22. Dezember 1192. (Die Jahre wurden inzwischen von unten nach oben gezählt.) Zwei Tage vor Weihnachten sitzen Vater Raunzinger und sein Freund Friedrich, Frau Gertrud Raunzinger und Töchterchen Maria in der Wirtsstube friedlich beisammen und lauschen den Erzählungen des Großvaters. Es versteht sich von selbst, daß wir die Gespräche nicht mittelhochdeutsch, sondern wie gewohnt wiedergeben.

„Früher war ma halt unter uns", beginnt der Großvater wie gewöhnlich und seufzt tief. „Aber seit vor zwahundert Jahr dieser Luitpold aus Bamberg daherkommen und Markgraf von Ostarichi worden is, is ka Ruah mehr." – „Aber geh, du bringst ja scho wieder alles durcheinander", erwidert sein Sohn. „Damals is ja die Markgrafschaft nur bis zur Traisen gangen." Darauf redet sich der

Großvater noch mehr in Rage. „Und dort hätten diese Babenberger bleiben und uns in Ruah lassen sollen. Aber nein, zuerst hat ihnen Melk nimmer genügt, dann Klosterneuburg, bis zur Leitha san s' vordrungen. Und die Folge? Nix wia Kriag mit die Ungarn. Und vor 36 Jahren hat der Vorgänger vom jetzigen Herzog, dieser Heinrich, was allerweil gsagt hat: „Ja so mir Gott helf", sogar seine Residenz nach Wien verlegt, und jetzt können mir diese ganzen Höflinge und ihnere Damen derhalten. Und lauter so Sänger wia dieser Reinmar von Hagenau aus dem Elsaß treiben si da umeinand, machen denen Damen den Hof. Und wegen denen Schmarotzern kummen si unsere Herzöge vor wia Kunstmäzene. Typische Emporkömmlinge san s', Neureiche."

„Also diese sogenannten Dichter und Minnesänger schmeißert i a auße", stimmt Leopold Raunzinger zu „die sollen was hackeln und net Schmäh führen. Mir geht scho das Gsangl von mein Herrn Bruadern am Wecker, der glaubt a, er is a Minnesänger wia dieser Hagmar oder wia er haßt. Anderseits: Ohne diese Babenberger hätt ma vielleicht no allerweil die Ungarn da." – „Sollen aber fesche Mannsbilder sein mit kohlschwarze Haar und Schnurrbärt", ruft Tochter Maria begeistert. „Anders als diese faden Bayern, was si jetzt überall ansiedeln." Der Einwand wird natürlich nicht beachtet. Frauen sollen sich halt nicht in die Politik einmischen, und so ein junges Ding schon gar nicht. Heute denken die Wiener Männer bekanntlich ganz anders, aufgeklärter und toleranter als im finsteren Mittelalter. Inzwischen setzt aber Freund Friedrich, der sich als Nachtwächter natürlich der Obrigkeit besonders verpflichtet fühlt und das Gespräch mit wachsendem Mißmut verfolgt hatte, zu einer flammenden Lobpreisung des erlauchten Herzogsgeschlechtes an.

„I weiß gar net, was ihr habts", ereifert er sich. „Die Babenberger ham aus Wien eine wahre Metropole gemacht. Eine römisch-deutsche Kaiserwitwe und drei byzantinische Prinzessinnen haben sie geheiratet. 1153 haben sie irische und schottische Benediktinermönche aus Regensburg geholt, die bei uns ein Kloster gegründet haben." – „Byzantinische Prinzessinnen brauch ma net", sagt die Wirtin und blickt dabei stolz auf ihre Tochter, „bei uns gibt 's vü schönere Madeln." Und ihr Mann ergänzt: „Und was diese schottischen Mönche anlangt: Die san noch ärgere Schnorrer wia mei Bruader. Von denen hat no kaner a Trinkgeld geben." Jetzt muß auch der Senior seinen Senf dazugeben: „Und ka Ruah is, seit die Herrschaften, diese Babenberger, da san. Immer wieder fallen die Ungarn bei uns ein. I hab scho bessere Einfälle derlebt. Und überall mischen si unsere Landesherrn ein, sogar wann der Kaiser mit dem Papst streitet. Schaut eh nix auße dabei. Nach Canossa hat er hatschen müassen, der Kaiser, wo 's eh allerweil so haaß is, und hat sagen müassen, i werd 's nimmer tuan, daß i zruckred. Die Blamage hätt er si dersparen können. Wie stehen mir denn jetzt da?"

Aber Freund Friedrich ist mit seiner Laudatio auf das segensreiche Wirken der Landesfürsten noch lange nicht fertig. „Schlaue Diplomaten san s', unsere Babenberger. Immer auf der richtigen Seiten. Und der Erfolg? Mir san a Herzogtum und ka bayrische Markgrafschaft mehr. Die Bayern ham uns nix mehr zum sagen. Und jetzt grad hamma noch die Steiermark dazuakriagt. Kultur, Licht und Leben haben sie uns gebracht. Das Waldviertel haben sie kolonisiert. Schon 1042 hat der Kaiser Heinrich III. in Wien einen Hoftag abgehalten. Und schon der erste Kreuzzug ist von hier weggegangen, und das war gut so. Weil vor 45 Jahren hat bei dieser Gelegenheit Bischof Reginbert von Passau die Stephanskirche geweiht. Und beim letzten Kreuzzug is sogar Kaiser Friedrich Barbarossa von Wien aufgebrochen. Mit Recht hat man uns schon vor 20 Jahren als Civitas metropolitana bezeichnet."

Während seiner Rede war Friedrich immer mehr in die Rolle eines Regierungssprechers hineingewachsen und in ein Amtsdeutsch verfallen. Um seinem Publikum die Möglichkeit zum zweifellos angebrachten Applaus zu geben, genehmigt er sich einen ordentlichen Schluck Wein. Die Pause nützt der erboste Großvater zu einer Erwiderung in einer weniger gewählten Ausdrucksweise: „Und kannst uns vielleicht sagen, für was die Fahrt guat war? Dersoffen is er, der Rotbart. Das hätt er bei uns auch haben können, in der Donau, und billiger. Und Wien wär noch berühmter. Und was die Stephanskirche anlangt, zeigt es erstens, daß unsere Kirchen a nimmer im Besitz der hiesigen Grafen von Formbach san, sondern dem Bischof von Passau, also an Gscherten, unterstehen. Und der kann sagen, was er will, für mi is a Kirchen, was außerhalb von die Stadtmauern is, nie a Pfarrkirche. Merkts euch das. I geh weiter in die Ruprechtskirche." – „Und i in die Peterskirche", fügt sein Sohn hinzu, der prinzipiell anderer Meinung ist. (Beide hatten offenbar vergessen, daß sie selbst außerhalb der Stadtmauern wohnten. Anm. d. Verf.)

„Regierungssprecher" Friedrich sieht jedoch auch im Mißgeschick seines kaiserlichen Namensvetters etwas Gutes: „Immerhin: Nach dem Tod des Kaisers hat unser Herzog Leopold V. den Oberbefehl über die Kreuzritter des Reiches übernommen". – „Geh, gib a Ruah", erregt sich Leopold Raunzinger. „Der Herzog is längst daham, und recht hat er! Weil der König von die Engländer, der Richard Löwenherz, hat bei der Eroberung von Akkon a österreichisches Feldzeichen in Dreck schmeißen lassen. Aber der Herzog hat a Belohnung ausgsetzt, wann eam wer einfangt. Er soll nämlich schiffbrüchig sein. Na, wann i den derwisch, hat er a Watschen, daß eam die Krone in Straßengraben fallt." – „Geh Poldl, Europa is so groß, ausgerechnet durch Erdberg wird er kommen! Und wann er wirklich kummt, hat er die Krone bestimmt im Rucksack, damit eam niemand kennt", stellt Frau Gertrud in ihrer besonnen Art fest (und übersieht in der Aufregung, daß der Rucksack noch nicht erfunden ist). In diesem

Augenblick ertönt von draußen ein großes Geschrei: „Wir haben ihn! Wir haben ihn!" Die Tür geht auf, Onkel Gustl und Sohn Robert stürzen in die warme Stube. „Was habts ihr? Wahrscheinlich an Rausch", knurrt Leopold. „Na, den König, den Richard." – „Geh, machts kan Schmäh. Wann dös stimmt, samma reiche Leut. Bringts eam eine!" Und die Mutter will natürlich sofort wissen, wie das alles passiert ist. „Ans nach dem andern", sagt Onkel Augustin, „im Moment is er beim Keppl-Franz in der Stuben."

„Mei Julia hat ihn an sein Ring erkannt, wie er vorbeikommen is und nach dem Weg gfragt hat, und hat eam glei in die Stuben vom Keppl mitgnommen. Der Keppl hat gsagt, er kann bei ihnen in der Herberg übernachten. Und während ihm der Onkel Gustl a Lied vorgsungen und mei Julia allerweil nachgschenkt hat, damit der neben dem warmen Ofen einschlaft, is der Keppl scho in die Residenz gritten, damit eam der Herzog die Belohnung auszahlt und den König abholt!" – „Jöh, den muaß i mir anschaun", ruft Maria begeistert, „i hab no nie an König gsehn." – „Da bleibst, bledes Mensch", schreit der Vater empört, „seids ihr denn alle deppert worden? Die Keppln ham eam abgfangen. Zwa Häuser weiter, und er wär bei uns gwesen. Die Julia, dös Luader, hat den Engländer eineglockt. Uns steht die Belohnung zua." – „Aber geh", beruhigt die Mutter, „unser Robertl heiratet eh die Julia, und dann teil ma uns das Geld." – „Nix da", sagt ihr Mann, „die Keppln san Betrüger und unsere Todfeind. I will den Namen nimmer hören. Übermorgen, glei nach der Christvesper, wann der Weihnachtsfrieden vorbei is, verfluch i s' bis ins siebente Glied!"

Nun reden alle aufgeregt durcheinander. Der Großvater: „Das hätt 's früher a net geben, einen Pilger, einen Kreuzritter, was gegen die Ungläubigen kämpft hat, einsperren, statt daß ma ihm Geleit gibt. Des wird sicher a Nachspiel habm. Aber von an heutigen Fürsten kannst halt kan Verstand erwarten!" Freund Friedrich: „Unser

Herzog ist ein Staatsmann. Der hat das sicher mit dem Kaiser abgsprochen. Von dem Lösegeld, was die Engländer zahlen, werden mir alle profitieren. Hoch Herzog Leopold!" Die Maria: „Manst, ist der Löwenherz verheirat oder is er no zum ham? Und glaubst, ma kann bei die Schotten im Kloster Englisch lernen?" Die Mutter: „Is doch alles kein Grund zum streiten. I red mit dem Keppl-Franz: Der nächste König, was nach Erdberg kummt, ghört uns."

Mit diesem Deal, um es in der Sprache König Richards zu sagen, wäre vielleicht der Friede mit der Familie Keppl noch zu retten gewesen. Nur: Es kommt halt wirklich nicht alle Tage ein König nach Erdberg ...

Alles schon dagewesen?

„Alles schon dagewesen", sagte zirka 100 Jahre nach Christi Geburt der jüdische Schriftgelehrte Ben Akiba. Na ja, alles wohl nicht, aber manches bestimmt, wenn auch in anderer Form. Die Geiselnahme von Richard Löwenherz war ja leider nicht die letzte. Die Familie Raunzinger hätte von der Ergreiferprämie, welche die Familie Keppl kassieren durfte, natürlich profitieren können, wenn Robert seine Julia hätte heiraten dürfen. Nix da! Vater Leopold sagte nein, weder Sohn noch Gattin konnten ihn umstimmen, und auch die Keppls waren über diese Zurückweisung sehr erbost. Der Durchschnittswiener braucht eben ein Feindbild, und dem bleibt er auch treu. Es vererbt sich von einer Generation auf die andere. Irgendwer muß ja schuld sein, wenn man seine Ziele nicht erreicht, und so war beiden Familien gedient. Lediglich Onkel Gustl hatte einen Gewinn aus der Affäre gezogen, denn er erzählte in allen Schenken gegen Bewirtung eine rührende Geschichte von einem getreuen Diener des englischen Königs namens Blondel, der vor dem Schlosse Dürnstein Zither gespielt haben soll, sozusagen ein Vorläufer von Toni Karas, der dies für den „Dritten Mann“ tat. Das Schloß Dürnstein ist heute längst eine Ruine, aber die Mär vom Blondel hält sich noch immer.

Fest steht aber, daß Richard Löwenherz nicht freigekommen ist, weil den Dürnsteinern Blondels Gezupfe auf die Nerven gegangen wäre, sondern weil die Engländer ein Lösegeld bezahlten, mit dem der österreichische Herzog sein Budget sanieren konnte. Geld brauchte Österreich ja immer. Alles schon dagewesen! Die Babenberger verwendeten das Geld für Verteidigungszwecke. Auch nicht neu! Da es noch keine Abfangjäger gab, wurden die Stadtmauern Wiens verstärkt. Nur – die Gegengeschäfte gab es damals wirklich: König gegen Lösegeld! Aber die Bevölkerung sah schon damals nichts davon!

Die Babenberger wollten in der Europapolitik mitmischen. Immer wieder beteiligten sie sich an Kreuzzügen. Schon 800 Jahre vor Bruno Kreisky bildeten sie sich ein, das Nahostproblem lösen zu können. Alles schon dagewesen! Der letzte Babenberger, Friedrich der Streitbare, hatte innen- und außenpolitisch eine schlechte Hand. Er legte sich mit den Wienern und mit den Landständen an, da er nach einer Niederlage gegen Ungarn die Steuern erhöhen mußte. Der Landadel stand unter Führung der Kuenringer, die selbst – wenn auch ohne gesetzliche Grundlage – Abgaben einhoben und sogar den Wiener Burgschatz plünderten. Friedrich der Streitbare schlug sich mit den Reichstruppen, den Böhmen und noch einmal mit den Ungarn, gegen die er auch 1246, in der Schlacht an der Leitha, sein Leben ließ. Niederlagen gegen die Ungarn gab es seither stets mehr als Siege, zuletzt aber nur noch im Fußball. Alles schon dagewesen!

Friedrich der Streitbare war der letzte Babenberger. Was erinnert heute noch an dieses Haus außer der Babenbergerstraße? Die Heuschreckenplage von 1195 kann man ihnen nicht anlasten. Den Heuschrecken ging es auch noch nicht um die BAWAG. Erstmals wurde auch 1195 ein Jude namens Schlomo als Münzmeister genannt. Am 2. Februar 1232 wurden in der Schottenkirche bei einer Feier die österreichischen Landesfarben Rot-Weiß-Rot erstmals getragen. 1238 wurde eine Judenordnung erlassen, 1244 erhielten die Juden einen Schutzbrief, der ihnen das Recht zum Geldverleih verbriefte. Es gab bereits eine jüdische Gemeinde mit einer Synagoge und einer Schule. Die Stadt wuchs, St. Stephan war um 1221 keine kleine Kapelle mehr, sondern eine dreischiffige romanische Basilika. 1241 bescherte wieder einmal unwillkommenen Besuch aus Asien. Die gefürchteten Mongolen kamen ins Marchfeld bis knapp vor die Tore Wiens. Dann sind sie plötzlich abgezogen. Historiker behaupten, wegen des plötzlichen Ablebens ihres Großkhans Ugetai, aber wenn der schon erwähnte Ben Akiba recht hat, sind sie einfach nach einem verlängerten Wochenende im Stau stecken geblieben.

Wirtschaftlich und kulturell war die Zeit der Babenberger eine Zeit der Hochblüte. Um 1200 dürfte im österreichisch-bayrischen Raum das Versepos „Der Nibelungen Not“ entstanden sein. In der Residenz waren Spielleute und Sänger, Vorläufer der heutigen Liedermacher, stets willkommen. Meist waren sie auch Artisten, Gaukler und Schauspieler. Reinmar von Hagenau brachte die neue Kunst des Minnesangs an den Wiener Hof und wurde hier sehr gefeiert. Sicher aber weniger von den lieben Wienern, die ja bis heute jeder neue Stilrichtung mit Mißtrauen begegnen und wahrscheinlich schon damals sagten: „Der Herzog ladt alle möglichen Leut ein, veranstaltet prunkvolle Turniere, und wer brennt das alles? Mir natürlich, eh kloar.“ Auch Walther von der Vogelweide lernte, wie er selbst sagte, „ze Ostariche singen und sagen“. Natürlich traf er dabei auch Gustl Raunzinger, der ihn in die Schenke seines Bruders nach Erdberg einlud, um die Familie Keppl zu ärgern. Als der Sänger aber 1198 plötzlich abreiste, erzählte Frau Keppl, die alte Tratschen, eine Schwangerschaft der Raunzinger-Tochter sei die Ursache. Die Raunzingers wieder verbreiteten, daß der Sänger Neidhart von Reuental im Frühling das erste Veilchen gefunden und einen Hut darauf gelegt hätte, um es am Hofe zu melden und den Herrschaften zu zeigen. Der Keppl-Franz aber habe das beobachtet und inzwischen Neidharts Hut auf Kuhfladen gelegt, um den Sänger zu blamieren.

Beide Behauptungen sind natürlich nicht bewiesen und in keiner Chronik verzeichnet. Fest steht aber, daß mit dem Tod des Herzogs am 15. Juni 1246 das österreichische Interregnum begann, eine Zeit der Unordnung und Gesetzlosigkeit. Nach fünf Jahren wurde es den Ständen zu dumm und sie wählten den Böhmenkönig Ottokar Przemysl zum Herzog. Mit ihm kamen viele Leute aus Böhmen nach Wien, was sich auch später noch oft wiederholte. Damit endet aber die Gültigkeit der Worte Ben Akibas. Denn heute sind die Monate nach einer Wahl, die Zeit ohne Regierung, die ruhigste Zeit, und das Chaos beginnt erst wieder, wenn die neue Regierung gebildet ist.

Mitunter ist sie auch ungebildet.

Neuübernahme

Ottokar war – historisch gesehen – nur eine Episode, die hauptsächlich Franz Grillparzer nützte, der mehr als ein halbes Jahrtausend später daraus ein Theaterstück machte. Ottokar erbaute zwar den Schweizertrakt der Hofburg, wurde aber mit der Zeit den Österreichern, und, was noch entscheidender war, den deutschen Fürsten zu mächtig. Wie so oft, wenn der Karren verfahren ist, holte man einen Manager aus der Schweiz, einen Grafen Rudolf von Habsburg. Er sollte Ottokars Konzern in den Konkurs treiben und dann gefälligst wieder kündigen. Der Schweizer sagte „Gruezi“ und ging bedächtig an die Arbeit. Ottokar verlor Land und Leben, Rudolf aber blieb und gründete 1276 eine neue Firma, die mehr als sechs Jahrhunderte im Familienbesitz bleiben sollte: Rudolf der Erste siegte bei Dürnkrut und belehnte seine Söhne zu gleichen Teilen mit Österreich, Steiermark und Krain. Karl der Letzte verlor 1918 Österreich durch die Niederlage im Ersten Weltkrieg. Seine größte Leistung, die Heilung einer Nonne von Krampfadern, vollbrachte er erst lang nach seinem Tod, während ihm vorher alles mißlang. Trotzdem: Gratulation!

Damit sind wir aber Jahrhunderte vorausgeeilt. Kehren wir also schleunigst zurück ins Jahr 1282 und erteilen wir wieder den Raunzingers das Wort. Schließlich haben wir sie 90 Jahre in Ruhe gelassen. Zwar ist es die dritte Generation seit damals, aber in Wien vererben sich die selben Vornamen oft in der Familie, was es auch für unsere Leserinnen und Leser einfacher macht. Und der Großvater ist sowieso immer der Großvater. Hören wir also, was er sagt: „So was wia die Babenberger kriag ma nimmer. A klane Markgrafschaft haben s' übernommen, und heut samma a mächtiges Herzogtum. Und Wien is heut a Civitas metropolitana, a Metropole, größer und reicher als wia die Grabler da in Regensburg. Die Kaiser san bei uns ein- und ausgangen. Dös verzeih i denen Ungarn nie, daß sie den Herzog Friedrich an der Leitha derschlagen ham, obwohl s' genau gewußt ham, daß er vor lauter Kriag führen noch net dazuakommen is, daß er einen Erben zeugt. Hätten die Gfraßter net noch a paar Jahr warten können? Dann hätt ma heut noch die Babenberger, und das ganze Gwirkst mit dem böhmischen Ottokar und dem Schweizer da, dem Rudolf, wär uns derspart blieben."

„So, bist jetzt endlich fertig?" murrt Leopold. Aber der Großvater hatte gerade seinen Mittagsschlaf hinter sich und war noch relativ munter: „A Stadtrecht hamma auch kriagt und vor 100 Jahr hamma die Steiermark dazuakriagt. Damit samma a Großmacht – was haaßt Großmacht, a Weltmacht samma." – „Geh, gib a Ruah", empört sich sein Sohn. „Die kropferten Steirer ham uns grad noch gfehlt. Und was hamma von Wien als Civitas monopolis oder wie dös haaßt? Alles is teurer worden. Bis zu uns nach Erdberg gspürt ma 's. Und was hamma von die Kaiser? Wien ham s' zwar zur unmittelbaren Reichsstadt gmacht, aber kaum waren s' weg, war alles wieder wie vorher. Und kaner von die Kaiser is zu uns ins Lokal kommen. Is ja ka Wunder, daß si kaner hertraut, wann i denk, wia die Kepplischen, die Bagasch, seinerzeit den Löwenherz behandelt ham. A ewiger Schaden für unsern Fremdenverkehr."

Jetzt ist die Reihe an Robert, dem jüngsten Sproß der Familie. „I sag euch, um den Ottokar is schad. Der hat große Pläne ghabt. Von der Ostsee bis zur Adria hat er regiert. Da wären mir ein richtiger Verkehrsknotenpunkt." – „Und fesch waren s', die böhmischen Ritter", fügt seine Schwester seufzend hinzu. „Na, das fehlt grad noch, daß uns das Mensch an böhmischen Eidam daherschleppt", murrt der Vater. „Aber geh", nimmt Frau Gertrud ihr Töchterchen in Schutz, „wann die Mitzi wirkli an Böhm heirat, is der Sohn scho a echter Erdberger und das Enkerl schimpft scho über die Ausländer. Das war allerweil so und wird immer so bleiben." Die Mutter war eben eine lebenskluge Frau. Friedrich, der Freund der Familie, hat die längste Zeit mit gerunzelter Stirn den staatsfeindlichen Reden zugehört. Jetzt ist es Zeit einzugreifen!

„Unser erhabener König Rudolf ist ein Fürst für das Volk", sagt er feierlich. „Zum ersten Mal hat Wien einen eigenen Bürgermeister, einen Magister civium, den hochgeachteten Konrad Poll." – „Geh, Fritzl, der Poll is a reicher Kampel, a Kaufmann und Weinhändler. Der hat für die klanen Leut nix über. Die Politiker wollen si alle nur bereichern. Der und der Stadtrichter Greif – a Bund Hadern. I sag dir, die san alle im Bandl." Es war vielleicht das erste, aber sicher nicht das letzte Mal, daß ein Leopold Raunzinger solche Worte sprach. „Und was deinen erhabenen Rudolf anlangt, der bereichert si a. Seine Buam, den

Albrecht und den Rudi, hat er scho mit unsere Länder belehnt oder wia das heißt."

„Müssen denn die Mannsbilder allerweil politisieren?" fragt die Mutter ärgerlich. „Spielts euch lieber an Humpen aus. Die da oben machen eh, was s' wollen." Fritz, der getreue Untertan, kann das nicht unwidersprochen lassen. „Und habt ihr nicht gelesen, wie der König bei seinem Einzug in Wien vor zwei Jahren Tränen in den Augen hatte, als der treue Ottokar von Hornegg, Dienstmann des edlen Ritters Ott von Liechtenstein, die unsterblichen Worte sprach: „Es ist ein gutes Land, wohl wert, daß sich ein Fürst sein unterwinde." – Da fährt Onkel Gustl, der sich seinen Humpen schon vollgeschenkt hatte, ohne auf die Aufforderung seiner Schwägerin zu warten, empört auf. „Die unsterblichen Worte und die ganze Rede an Österreich hab i eam schreiben müassen, weil i meine Spielschulden net zahlen können hab. Und da hat kaner plaatzt." Er konnte natürlich nicht ahnen, daß Franz Grillparzer rund 550 Jahre später dasselbe einfallen würde, und daß spätere Wiener Dienstmänner ganz andere Aufgaben haben würden. Das Schlußwort bleibt, wie so oft, dem Großvater vorbehalten. „I glaub, diese Habsburger bring ma lang nimmer los", murmelt er und schläft ein.

Die Alma Mater nährt nicht alle

Wahrscheinlich konnte der Großvater nicht lang ungestört schlafen, denn unruhige Zeiten kamen auf Wien und Österreich zu. Kaum saßen die neuen Herrn, die Habsburger, fest im Sattel, begannen sie sich tatsächlich des Landes zu unterwinden, und obwohl bis heute außer Grillparzer niemand mit dem Begriff „unterwinden" was Rechtes anzufangen weiß (der Dichter und Hofrat hat 's uns ja leider nicht erklärt), zeigten Rudolf und seine Nachfolger bald, was sie darunter verstanden. Schon 1288 verlor

Wien seine Stellung als freie Reichsstadt. Es muß allerdings gesagt werden, daß die Wiener in den ständigen Auseinandersetzungen zwischen den Habsburgern und den adeligen Landständen immer wieder die Seiten gewechselt haben. Auch eine Gewohnheit, die sie bis in die Gegenwart beibehalten haben. („Ma waaß ja net, wer am End der Stärkere is“, rätselten schon die Vorfahren des Herrn Karl.)

Jedenfalls: Je nachdem, ob sich die Bürger gegen die jeweils regierenden Habsburger grad erhoben oder sie unterstützten, erhielten oder verloren sie Privilegien. Im Lauf der Zeit hatten sie allerdings immer weniger zu reden und immer mehr zu raunzen. Natürlich hätten sie wie die Schweizer im 14. Jahrhundert die Habsburger verjagen können, aber erstens hatten sie keinen Wilhelm Tell und zweitens hätte auch ein Rütli-Schwur in Wien keinen Sinn gehabt, da ja jeder jedem einen Meineid zugetraut hätte. („Der wird si 's scho irgendwie richten, der Halawachl.“)

Das soll nicht heißen, daß man sich alles gefallen lassen hätte. Mehrere Wiener Bürgermeister bezahlten den Kampf für die Rechte der Bürger mit dem Leben. Konrad Vorlauf wurde 1408 enthauptet, Wolfgang Holzer 1453 gevierteilt. Bei den in der damaligen Zeit sehr zahlreichen Hinrichtungen gab es überhaupt viele Varianten, wobei auch viel Abwechslung geboten wurde. Das heißt nun nicht, daß sich die Delinquenten die Todesart aussuchen konnten, aber das schaulustige Publikum konnte wählen, was es sehen wollte. Auf der Gänsewiese in Erdberg wurde man verbrannt, bei der Spinnerin am Kreuz gehängt oder gerädert, ebenso in der Roßau, auf dem heutigen Lobkowitzplatz enthauptet und auf dem Hohen Markt gevierteilt. Zur Entschuldigung der Wiener muß aber gesagt werden, daß es damals noch keine Fußballspiele gab und auch harmlosere Vergnügungen sehr beliebt waren. Zum Beispiel das Scharlachrennen auf dem danach benannten Rennweg, das aus drei Teilen bestand: einem Wettritt, einem Wettlauf der jungen Männer und einem solchen der

Freudenmädchen. Das Bordell beim heutigen Theater an der Wien befand sich übrigens im Besitz des frommen Herrscherhauses und dürfte zum Unterschied von späteren Staatsbetrieben, wie der Bundesbahn, durchaus nicht defizitär gewesen sein. Es gab auch die lustigen Badstuben im Stubenviertel, bei denen man auch die Anatomie des jeweils anderen Geschlechtes studieren konnte, eine Art Naturkundeunterricht für Erwachsene und somit Vorläufer der heutigen Volkshochschulen. Zusätzlich gab es auch mehrere Pranger und später auf dem Hohen Markt den Narrenkotter, eine Art Gitterkäfig zur vorübergehenden Verwahrung von Dirnen, Unruhestiftern, Trunkenbolden und Wahrsagern als Ersatz für den Lokalteil der noch nicht existierenden Boulevardpresse oder von Doku-Soaps. Wir erinnern uns wieder an Ben Akiba: Alles schon dagewesen.

Gevierteilt wurde aber nicht nur auf dem Hohen Markt. Auch Wien wurde in vier Viertel geteilt: Schottenviertel, Widmerviertel, Kärntnerviertel und Stubenviertel. Als Bürgermeister scheinen immer wieder auch Mitglieder der Familien Poll und Eslarn auf. Ab 1396 verloren die Patrizier viel von ihrem Einfluß. Die Habsburger bestimmten, daß der Bürgermeister und die Räte jedes Jahr zu gleichen Teilen aus den Reihen der Erbbürger, der Kaufleute und der Zünfte der ehrbaren Handwerker zu wählen sei. Man kann sich vorstellen, was die Erbbürger gesagt haben werden. Es sind jene bekannten Sätze, die sich seither von einer Generation auf die andere vererben: „Erstens das war immer so, zweitens das hamma noch nie gmacht, drittens da könnt ja jeder kummen!“

Die Reform war aber berechtigt: Sie wurde damit begründet, daß in dem Rat nicht wie bisher „Gebrüder und Vettern beisammensitzen“. Auch hatte sich die soziale Struktur der (heutigen Inneren) Stadt sehr verändert. Die letzten Grünstreifen innerhalb der Stadtmauern waren verschwunden, um Platz für 1200 Gebäude zu schaffen, die zirka 50.000 Einwohner beherbergen mußten. Die

Gebäude, ursprünglich einstöckig, umfaßten vereinzelt bis zu vier Stockwerke, die Dachböden dienten als Speicher, die Keller als Weinlager. Immer mehr Fremde aus Deutschland, Böhmen, Frankreich, Spanien und anderen Ländern („Was brauch ma de?") waren zugewandert, 1307 wurde sogar ein „Zuagraster", Dietrich von Kahlenberg, Bürgermeister, was sich später noch oft wiederholte. Also, da hört si alles auf!

Im Mittelalter gab es eine Reihe von Katastrophen für Wien. Sicher hätten sich die Wiener gefreut, hätten sie gewußt, daß das Mittelalter 1493 mit der Entdeckung Amerikas zu Ende ging. Von beidem wußten sie aber damals nichts. Und auch nicht, daß aus der Entdeckung erst recht Katastrophen resultieren würden. Denn einen George W. Bush hätten nicht einmal die Wahrsager im Narrenkotter vorherzusagen gewagt. Jedenfalls wurden Wien und Umgebung abwechselnd von Feuersbrünsten, Hungersnöten nach Mißernten, Heuschreckenplagen und Epidemien heimgesucht, besonders von der Pest, die 1399 ganz Europa fast entvölkerte. Wer war schuld? Die sogenannten Flagellanten meinten, Gott sei erzürnt über ihr sündhaftes Leben, und wollten Buße tun, indem sie sich selbst geißelten. Aber so etwas ist nur für Masochisten ein Quell der Freude. Also mußten andere Schuldige gefunden werden und wurden auch gefunden: die Juden! Bürgermeister Hans Musterer fand einen Vorwand: angebliche Hostienschändung. 1421 wurden die Juden teils vertrieben, teils getötet. Herzog Albrecht V. war sehr zufrieden, denn er hatte große Schulden bei den Juden und zeigte eine bei seiner Familie traditionell sehr seltene Eigenschaft: Dankbarkeit. Er schenkte Musterer das beste Haus, das zuvor einem Juden gehört hatte: Wir sehen, auch die Schande der „Arisierung" ist nichts Neues.

In der Zwischenzeit hat sich auch außenpolitisch einiges getan, und obwohl die Wiener seit jeher glaubten, Wien wäre der Mittelpunkt der Welt und was außerhalb der Stadt, etwa schon in Schwechat, Mödling oder Klosterneuburg geschähe, ginge sie „einen Schmarrn" an, werden sie immer wieder eines Schlechteren belehrt. 1308 wurde Heinrich VII. von Luxemburg deutscher König. Die Luxemburger residierten damals in Prag. Man sieht, die Habsburger hatten zu dieser Zeit kein Abonnement auf diesen Titel, und Wien war wieder Provinzstadt. Jedenfalls entstand dadurch eine Rivalität zwischen Habsburgern und Luxemburgern, zwischen Wien und Prag. Besonders unter Herzog Rudolf IV., dem Stifter. In Prag regierte damals Kaiser Karl IV., Rudolfs Schwiegervater. Karl war Kaiser, Rudolf nur einfacher Herzog! Bei der in Wien seit jeher tief verwurzelten Titelsucht konnte das nicht gutgehen. Rudolf ließ von seiner Hofkanzlei ein sogenanntes Privilegium majus fälschen. Man stelle sich vor, Staatsbeamte – wenn auch noch nicht pragmatisiert – als Dokumentenfälscher! Na servus! Der Herzog von Österreich sollte sich danach Erzherzog nennen dürfen und auch sonst gegenüber den deutschen Fürsten diverse Vorrechte genießen. Die Beamten opferten ein noch älteres Privileg (ihren Büroschlaf!) und machten sich an die Arbeit. Freilich – ein österreichischer Beamter ist halt zum Fälschen nicht ausgebildet. Karls Berater, der Dichter Petrarca, erkannte die Fälschung, und erst, als die Herrn Fälschungsräte schon längst selig entschlafen und die Habsburger wieder Kaiser waren, wurde das Privilegium majus sanktioniert.

Aber noch einmal fühlte sich Rudolf der Stifter vom Schwiegerpapa provoziert. Der Kaiser gründete in Prag die erste deutsche Universität. Im Gegenstoß schaffte Rudolf den Ausgleich zum 1:1 und gründete in Wien die Alma Mater Rudolphina. Almus heißt Nahrung, so wurde die Alma Mater zur Nährmutter. Leider nur für eine Minderheit, denn die Mehrheit der Bevölkerung zog Schweinsbraten und Stelzen der Speisung mit Wissen vor. Heute ist das natürlich ganz anders! Heute sind Schnitzel und Tafelspitz dazugekommen. Viele Fremde ließen sich nun in Wien nieder. Handwerker, da Rudolf den Zunftzwang aufhob, aber vor allem natürlich Studenten. Da auch diese sich mit der geistigen Nahrung der Alma Mater nicht zufrieden gaben, sondern sie durch geistige Getränke, vor allem Bier, ergänzten, erkannte auch die liebe Familie Raunzinger die Chance. Sie verließ Erdberg, wo sowieso kein König mehr hinkam, und eröffnete in der Gegend des Fleischmarkts ein Wirtshaus mit einem Hund auf dem Wirtshausschild. Leider hatte Rivale Keppl eine ähnliche Idee (Wirthausschild mit Katze), was das nicht gerade freundschaftliche Verhältnis beider Familien nicht wirklich besserte. Aber der Herzog führte die Getränkesteuer ein und hobelte beide gleich.

Zu dieser Zeit begann der endgültige Ausbau des Stephansdoms, des Wiener Wahrzeichens. Der Nordturm, dessen Bau 1511 aus finanziellen Gründen „vorläufig" eingestellt wurde, ist bis heute nicht vollendet und zeigt, daß in Österreich nichts dauerhafter ist als ein Provisorium. Jedenfalls ist nicht bekannt, daß sich eine Bürgerinitiative dagegen ausgesprochen hätte. („Was brauch ma dös?") Grüne gab es damals noch nicht. Unterschriften dagegen hätten sie auch nicht sammeln können, da die meisten trotz Alma Mater nur drei Kreuze machen konnten, was man sicher als Zustimmung zum Ausbau des Doms ausgelegt hätte. Aber was die seinerzeit in Babel nicht konnten, ging hier jedenfalls ohne Sprachenverwirrung auch nicht. (Siehe wieder Ben Akiba!)

Was ist noch passiert? Österreich ist weiter gewachsen. Tirol (durch Margarete Maultasch) und 1382 auch Triest kamen dazu, die Türken stießen auf dem Balkan vor, ihre Streitscharen kamen erstmals bis in die Steiermark. Vom Norden her griffen ab 1420 die Hussiten an. In der zweiten Hälfte des 15. Jahrhunderts hatten die Habsburger wieder die deutsche Kaiserkrone, diesmal aber für Jahrhunderte. Das hinderte den Ungarnkönig Matthias Corvinus nicht, 1485 Wien zu erobern. Dem phlegmatischen Kaiser war das wurscht. Er regierte halt von Linz aus und tröstete sich mit dem Wahlspruch A.E.I.O.U. Alles Erdreich Ist Österreich Untertan. Die lateinische Version (Austria erit in orbe ultima) wollen wir mit Rücksicht auf prominente Austria-Anhänger nicht übersetzen. Absolventen der Alma Mater sollen das selbst tun. Friedrich III. ist sowieso gestorben, Matthias Corvinus auch, das ungarische Reich zerfiel in Thronwirren, und der junge Kaiser Maximilian zog 1490 in Wien ein. Die Ungarn haben hier viel Prestige verloren, erst Franz Léhar konnte Jahrhunderte später einiges davon wieder gutmachen. Kaiser Maximilian aber ging als der letzte Ritter in die Geschichte ein. Wenn man jedoch Don Quijote de La Mancha mitzählt, ist er nur der vorletzte.

Das weitere sollen aber gefälligst Raunzinger & Co. erzählen, schließlich haben wir sie jetzt 230 Jahre in Ruhe gelassen. Am 11. August 1522 sitzen sie wieder beisammen. Wir werden gleich erfahren, warum.

Nur ka Politik!

„Waaß ma scho was?“ fragt Maria, die Tochter der Wirtsleute Leopold und Gertrud Raunzinger nervös, als Friedrich, der Freund der Familie, eben erst bei der Türe hereinkommt. „Du hast no nie was gwußt“, brummt ihr Vater ärgerlich, „und du brauchst a nix wissen. Politik is Männersach.“ Friedrich, seines Zeichens Stadtschreiber im Wiener Rathaus, ist sich der Spannung, die sein Eintritt unter den Anwesenden hervorgerufen hat, voll bewußt. Er nimmt ohne sonderliche Eile Platz, setzt seine Amtsmiene auf und räuspert sich. „Es ist noch kein Bote aus Wiener Neustadt kommen, aber wenn er kommt, erfahre ich es als erster. Ich bin sicher, es wird ein gerechtes Urteil. Natürlich kann Dr. Martin Siebenbürger nie mehr Bürgermeister sein. Das hat er sich selbst zuzuschreiben. Aber vergeßt nicht: Erzherzog Ferdinand ist ein gnädiger und gütiger Landesherr."

Der Großvater lacht meckernd. „Gnädig und gütig waren s' alle, die Herrschaften. Trotzdem san scho zwa Bürgermeister okragelt wordn. Und der Ferdinand, was grad erst zwa Adelige, den Puchheim und den Eitzing, um an Kopf kürzer machen lassen hat, also insgesamt um zwa Köpf, wird si um an Bürgerlichen scho gar nix pfeifen." Der Stadtschreiber läßt das nicht gelten: „Bei allem Respekt, Opa Raunzinger, grad da zeigt sich die Weisheit des Erzherzogs. Er unterscheidet genau zwischen Hauptverantwortlichen und den verführten kleinen Mitläufern. Die Schuldigen haben ihre gerechte Strafe erhalten. Bei den anderen kann man Gnade vor Recht ergehen lassen. Bürgermeister Siebenbürger ist ja immerhin Historiker, Universitätsprofessor und ein geachteter Kommunalpolitiker. Aber natürlich, Strafe muß sein. Insubordination kann nicht geduldet werden. Wo kämen wir da hin?"

Jetzt fährt der Hausherr auf: „I glaub, i hör net recht, Fritzl. Du warst doch selber dabei, wia mir die kaiserlichen Beamten mit nasse Fetzen davongjagt ham und der kaiserlichen Kommission die Huldigung verweigert ham. Trotzdem hat der Kaiser Karl den Dr. Siebenbürger als Bürgermeister bestätigt." – „Freilich war ich dabei. Als Stadtschreiber mußte ich ja meine Pflicht erfüllen. Aber im Herzen war ich immer auf Seiten unseres erlauchten Landesherrn, das habe ich ihm auch geschrieben. Und als Seine Majestät, der Kaiser Maximilian, in Mailand zu sterben geruhten, hat Kaiser Karl seinen Bruder Ferdinand beauftragt, in Österreich für Ruhe und Ordnung zu sorgen. Fortan haben wir eben eine spanische und eine österreichische Linie, weil der Kaiser in seiner Weisheit erkannt hat, daß man ein Reich, in dem die Sonne nicht untergeht, nicht von einem Punkte aus regieren kann."

Nach dieser langen und salbungsvollen Rede blickt Friedrich selbstzufrieden und auf Beifall wartend in die Runde und wird bitter enttäuscht. „Eh klar“, höhnt der Großvater, „daß in dem Reich die Sonne nicht untergeht, weil s' gar net aufgeht. Unter die Habsburger wird 's allerweil finster sein. Schon den Max hätten s' net einelassen sollen, merkts euch dös. Und i sag euch no was: So guat wia unter dem Corvinius-Motzl wird 's uns nimmer gehen. Er war zwar a Ungar, aber scho wia er kummen is, hat er glei an ungarischen Hilfszug organisiert, mit 3000 Schlachtrinder. Unsere Privilegien hat er bestätigt, und die Gelehrten und Künstler aus aller Welt san bei ihm ein und ausgangen.“

Der Großvater erhält unerwartete Unterstützung. Sein jüngerer Sohn Augustin, der bis jetzt schweigend seinen Wein getrunken hat, springt mit leuchtenden Augen auf: „Wo der Vater recht hat, hat er recht. I hab mit die Ungarn musiziert. I war damals a junger Bursch. A Gaudi hamma ghabt, Tokajer hamma gsoffen, und zum Schluß hat 's allerweil an Mulazsag geben.“ Frau Gertrud seufzt. „Stimmt, fast unser ganzes Gschirr is dabei draufgangen.“ – „Und stimmt das, Onkel Gustl“, fragt das Mädchen Maria mit leuchtenden Augen, „daß die Ungarn soviel Temperament ham und so gut Csardas tanzen können?“

„Das is jetzt alles wurscht“, sagt der Vater ernst, „wichtige Entscheidungen stengan vor der Tür. Wenn man an mich herantritt – und man wird an mich herantreten –, muß ich wohl den bitteren Kelch leeren und das Amt des Bürgermeisters übernehmen.“ Und – plötzlich aus dem gespreizten Politikerdeutsch in die gewohnte Umgangssprache zurückfallend, fügt er hinzu: „Sunst wird 's der depperte Keppl, und dös wär a Katastrophen.“ – „Bruader“, jubelt Augustin, „wannst willst, schreib i amal deine Memoiren. I hab s' scho im Kopf: In dieser historischen Stunde beschloß ich, Politiker zu werden. Den Titel waaß i a schon: Mein Kampf.“

Es scheint sich tatsächlich in der Weltgeschichte manches zu wiederholen. Zunächst gilt es aber, die Situation zu erklären. Raunzinger und sein Intimfeind Keppl waren zu einem gewissen Wohlstand gekommen. Sie hatten Weingärten vor der Stadt, handelten mit Wein und galten als ehrbare Kaufleute. So waren sie beide Ratsherrn geworden und strebten beide das Amt des Bürgermeisters an. Nicht, weil sie so ehrgeizig waren, sondern nur, damit es der jeweils andere nicht werde. Sie konnten einander zwar nicht aus dem Weg gehen, da sie demselben Fähnlein der Bürgerwehr angehörten, aber dies tat ihrer Feindschaft keinen Abbruch.

„Leopold, das mit der Bürgermeisterkandidatur tät ich mir an deiner Stell gut überlegen“, empfiehlt ihm Friedrich. „Sonst wird unser Erzherzog noch auf dich aufmerksam. Glaube mir, es hat sich herumgesprochen, daß du und dein Robert heimlich der ketzerischen Lehre von diesem Doktor Luther angehörts. Und der Keppl ist dem katholischen Glauben treu geblieben. Österreich ist ein katholisches Land und Wien seit 1409 endlich Bistum.“ „Aber nimmer lang“, ruft Robert aufmüpfig, „mir werden immer mehr, und in etlichen Jahren wird Wien lutherisch sein, wart ’s nur ab. Die Leut wollen verstehen, was predigt wird und was in der Bibel steht. Und sie wissen genau, daß ma si von die Sünden net loskaufen kann, so schaut ’s aus!“ – „Und überhaupt“, empört sich Raunzinger, „der Keppl-Franz is zwar katholisch, aber a Trottel. Nur über mei Leich wird der der nächste Bürgermeister.“ – „Geh bitte“, beschwört ihn sei Frau, „nur ka Politik, dös bringt nur Unglück. Und i will net Wittib werden, dös hat no a bisserl Zeit.“

„Du gib a Ruah und halt di da auße“, weist Leopold sie zurecht, „Politik is Männersach.“ Gertrud gibt sich nicht geschlagen. „Gell, aber wie die Helene Kottannerin, die Bürgermeistertochter von Ödenburg, die ungarische Königskrone nach Komorn gschmuggelt hat, damit der klane Ladislaus Postumus, was vier Monat, nachdem sei Vater Albrecht gsturben is, auf die Welt kummen is, König von Ungarn werden kann, hat kaner gsagt, misch di da net ein, du bist ja nur a Weib." – „Dabei hat der Ladislaus noch a Glück ghabt", lacht der Großvater, „manche Gschroppen kummen erst auf d' Welt, da is der Vatter scho zwa Jahr tot. Dös nennt ma dann Postumissimus."

„Im übrigen is Ungarn sowieso wertlos", doziert Leopold. „In a paar Jahr kummt der Türk und überrennt Ungarn in a paar Tag. Und dann schau ma guat aus." Onkel Augustin erhebt sein Glas. „Was gibt es Schöneres an Sonn- und Feiertagen, als ein Gespräch von Krieg und Kriegsgeschrei, wenn hinten, weit in der Türkei, die Völker aufeinander schlagen. Man steht am Fenster, trinkt sein Gläschen aus ..." – Wie bitte? Hat auch Geheimrat Goethe womöglich von Onkel Augustin abgeschrieben?

In diesem Moment wird die Tür aufgerissen und – die Welt steht nimmer lang – Franz Keppl stürzt in die Stube. „Leopold", ruft er, „i hab mir 's überlegt. Du bist der Fähigere von uns zwa. Du muaßt Bürgermaster werden, jawohl! I verzicht und unterstütz di." – „Franz, das hätt i mir nie denkt, daß du", Raunzinger schluckt, dann umarmt er Keppl. „Daß du meine Größe neidlos anerkennst. Aber du sollst es net bereuen. Du wirst mei Stellvertreter!" Jetzt springt Robert jubelnd auf. „Wann dös so is, kann i ja die Keppl-Julia heiraten." – „Von mir aus", brummt der Keppl, „aber nur katholisch. Übrigens, habt 's scho ghört? Der Bürgermeister Siebenbürger und sechs Stadträte san heut köpft worden." Der Raunzinger wird blaß. „Wann i mir 's recht überleg, Franz, bist du der Gscheitere von uns zwa. Du muaßt Bürgermeister werden, du hast es verdient." – „Na, du", schreit der Keppl, „du hast so a profundes Wissen. Jetzt kann i dir 's ja sagen: I hab di schon allerweil beneidet!"

Die Frau Raunzinger stemmt die Hände in die Hüften: „Ah, da schau i ja! Ihr seids mir zwa schene Helden. Jetzt will auf amal kaner mehr Burgermaster werden. I hab 's ja scho immer gsagt: Alles, nur ka Politik! Aber laßts euch von mir net beeinflußen: Mir Frauen kennen uns ja net aus."

Glaubensterror, Kriege und andere Seuchen

Das vorübergehende Tauwetter zwischen Raunzinger und Keppl hielt noch einige Zeit an. Daß beide dem damals lebensgefährlichen Bürgermeisteramt entronnen waren, erfüllte sie mit kollektiver Dankbarkeit. Robert Raunzinger bekam diesmal sogar seine Julia. Sie heirateten zwar katholisch, besuchten aber protestantische Gottesdienste, was nicht sonderlich schwierig war, denn die neue Lehre breitete sich ziemlich schnell aus. Dazu trugen nicht nur die Thesen des Doktor Luther bei, sondern auch – wie so oft – der Grant der Wiener. Infolge der dynastischen Verflechtungen mit Spanien erschienen zunehmend spanische Höflinge in der Hofburg. Sie führten das spanische Hofzeremoniell ein, das den Wienern fremd war. Sie traten als Repräsentanten des Katholizismus auf, galten als arrogant, und die Bürger hatten den Eindruck, daß sie immer mehr Einfluß auf den Monarchen gewännen und ihn vor den Österreichern abschirmten. Mit anderen Worten, die Spanier kamen den Wienern spanisch vor. („Was brauch ma denn die Gfraßter bei uns? Die sollen daham bleiben und uns net den Ferdl deppert machen!“) So predigten immer mehr Pfarrer im Sinne der neuen Lehre, und immer mehr Wiener hörten ihre Predigten.

Wieso ist es aber dazu gekommen, daß so viele Spanier an den Wiener Hof kamen? Schon die Babenberger verstanden es, ihren Einfluß und ihren Besitzstand durch eine geschickte Heiratspolitik zu mehren, und die Habsburger brachten es in dieser Disziplin zu wahrer Meisterschaft: Böhmen, Ungarn, das Königreich Burgund, zu dem die Niederlande samt dem heutigen Belgien gehörten, Spanien mit seinen überseeischen und pazifischen Besitzungen wurden so „derheiratet“. „Bella gerant alii, tu felix Austria nube“, sagten die Lateiner (zu was halt ma uns denn die Uni?). Für die, die schon mit ihrem Latein am Ende sind, ohne erst damit angefangen zu haben: Kriege mögen andere führen, du glückliches Österreich heirate. Jedenfalls konnte man sagen, daß im Habsburgerreich die Sonne nicht unterging, was natürlich nicht heißt, daß es kein Nachtleben gab.

Aber nicht nur die Habsburger heirateten, sondern auch ihre Untertanen, auch wenn es sich für sie oft nicht „auszahlte". Denn erstens war es seit jeher so üblich. – Bei Adam und Eva natürlich noch nicht. Da sie ja noch keine Trauzeugen hatten, mußten sie in wilder Ehe leben. (Heute sind die Ehen halb so wild, weshalb die meisten erst gar nicht geschlossen werden.) – Zweitens repräsentierten die „bürgerlichen" Ehen eben das „felix Austria", denn zum Unterschied von ihren Herrschern, bei denen die Ehe quasi eine politische Aktion war, heirateten die Untertanen meist aus einem rational nicht nachvollziehbaren Grund, nämlich aus Liebe.

Den Raunzingers brachte die dynastische Verbindung mit dem Hause Keppl keinen Raumgewinn, denn die Familie Keppl hatte einen Sohn, der natürlich das Katzenwirtshaus erbte. Auch Robert und Julia hatten zwei Söhne, die sie, um konfessionelle Versöhnung bemüht, Martin und Pius nannten. Erst später bürgerten sich die gewohnten raunzingerischen Vornamen wieder ein. Noch etwas verband Katholiken und Protestanten noch eine Zeitlang: gemeinsame Feinde, die ja stets der beste Kitt für eine brüchige Freundschaft sind.

Die ersten Feinde waren innerhalb der eigenen Stadtmauern zu finden: Es war die Sekte der Wiedertäufer. Bis in die Gegenwart ist es ja bei uns leichter, sich über das zu einigen, was man nicht will, als über das, was man will. Man löste das Problem auf eine zwar nicht gerade humane, aber wirkungsvolle Art. Am 16. März 1328 wurden die Führer der Wiener Wiedertäuferbewegung, der Regensburger Domprediger Balthasar Hubmaier und seine Ehefrau, auf der Gänseweide in Erdberg öffentlich verbrannt.

Mit den Feinden, die von außen kamen, war es weniger einfach. Die Türken, die nach dem Fall von Konstantinopel endgültig das Erbe des byzantinischen Reiches angetreten hatten, wußten nämlich nichts davon, daß das glückliche Österreich lieber heiratet, als Kriege führt (wobei es ja Leute geben soll, die sich schwertun, zu entscheiden, welches das kleinere Übel ist). Sie schlugen nämlich das ungarische Heer 1526 bei Mohács, wobei König Ludwig II., weil ein Unglück bekanntlich selten allein kommt, nicht nur sein Leben, sondern darüber hinaus auch sein Land verlor. Letzteres sogar doppelt, denn die Erben waren wie so oft die Habsburger, einen Großteil des Landes besetzten aber die Türken, denen ja die Verträge der Habsburger ziemlich gleichgültig waren. Das ist eben der Unterschied zwischen de jure und de facto. Und nach der Einnahme von Ofen war derselbe für Habsburg in Ungarn aus.

Unser Nachbarland war nun dreigeteilt: in Siebenbürgen, also im Osten des Landes, herrschten rebellische Fürsten, die weder die Türken noch die Habsburger als Herrn anerkannten, der Großteil war türkisch, und nur ein kleiner Streifen im Westen habsburgisch. Von dieser Grenze war es sozusagen nur ein Katzensprung bis Wien. 1529 war es dann so weit: Sultan Süleyman (Soliman) erschien vor Wien, was niemanden gestört hätte, hätte er nicht 120.000 Mann mitgebracht, so daß man mit Recht annehmen durfte, daß es sich nicht um einen Staatsbesuch handelte. Es wurden auch keine Hymnen gespielt. Außerdem hatte er seinem Kollegen Ferdinand in einem unfrankierten Brief angekündigt, daß er ihn seiner Krone berauben wolle, womit dieser natürlich nicht einverstanden war, da er ja keinen anderen Beruf als den eines Erzherzogs erlernt hatte und es damals noch kein Arbeitsmarktservice gab.

Da die Türken nicht eingeladen waren, sah Ferdinand natürlich keinen Grund, sie zu begrüßen. Er verließ Wien in großer Eile, wie es in seiner tapferen Familie bei Angriffen, Seuchen und Revolutionen immer der Brauch war. Der Adel und die reichen Bürger folgten, aus Loyalität und nicht etwa aus Feigheit, ihrem Brauch. Aber irgendwer mußte schließlich die Stellung halten. Das waren eben die weniger privilegierten Wiener, darunter Leopold Raunzinger und Franz Keppl, die noch einmal Seite an Seite kämpften. Der Protestant Raunzinger konnte natürlich nicht wissen, daß die Protestanten unter den Türken wesentlich mehr Freiheiten hatten als unter den fanatischen Habsburgern.

Niklas von Salm wurde die Verteidigung der Stadt anvertraut. Er erkannte sofort, daß die Vorstädte nicht zu halten waren, also brannte man sie einfach nieder. Schließlich war man Brände gewöhnt, der letzte fand ja erst 1525 statt, wobei ein Drittel der Wiener Häuser verbrannte, wodurch das Baugewerbe immer Konjunktur hatte. Wie auch immer: Graf Salm hatte nur 5000 Wiener Bürger zur Verfügung, außer Raunzinger und Keppl also noch 4998. Dazu kamen noch 12.000 Söldner, also 17.000 Mann gegenüber 120.000 Türken, was eigentlich gegen alle sportlichen Regeln war. Jeder Bundesligaschiedsrichter hätte das Match erst gar nicht angepfiffen. Nach anderen Schätzungen waren sogar 300.000 Türken da. Aber wie bei Demonstrationen und Maiaufmärschen weichen ja die Schätzungen der Polizei immer von denen der Veranstalter ab. Aber wurscht: Egal, ob es der Widerstand der Verteidiger war, oder der plötzliche, von den Meteorologen wie gewöhnlich nicht vorhergesagte Schlechtwettereinbruch: Die Türken zogen am 14. Oktober ab. Vielleicht war das Ganze auch eine Generalprobe für 1683. Die Türken machten jedenfalls einen entscheidenden Fehler: Hatten die Römer durch den Weinbau die Herzen der Vindobonenser im Sturm erobert, so hatten die Türken durch die Verwüstung der Weinberge jede Chance einer Bekehrung zum Islam vergeben: ka Wein, ka Muezzin!

Nun war die anfängliche Toleranz Ferdinands gegen die Evangelischen natürlich nicht ganz freiwillig. Zum Kriegführen gehören nämlich, nach einer Erkenntnis des in habsburgischen Diensten stehenden Feldherrn Montecuccoli,

Sieger gegen die Türken in der Schlacht bei St. Gotthard, drei Dinge, nämlich Geld, Geld und Geld. Da die Habsburger keines der drei Dinge besaßen, benötigten sie die Zustimmung der damals mehrheitlich protestantischen Stände, um es eintreiben zu können. Aber kaum waren die Türken vorübergehend zurückgedrängt, wurden auch die Habsburger von Ferdinand zu Ferdinand immer katholischer. Im gleichen Ausmaß wurde auch die Mitbestimmung der Wiener Bürger eingeschränkt. Die Jesuiten wurden nach Wien berufen. Unter Kaiser Rudolf II. wurde die Residenz wieder einmal auf einige Zeit nach Prag verlegt.

Inzwischen waren große Teile des Reiches evangelisch geworden, doch die Habsburger und die Wittelsbacher waren katholisch geblieben. Beim Augsburger Religionsfrieden von 1555 einigte man sich auf die Formel: Cuius regio, eius religio. Kurz gesagt, was der jeweilige Landesherr glaubte, hatten auch seine Untertanen zu glauben. Das heißt, so wie der Chef dachte, sollte auch das Personal denken. Da viele Fürsten gar nichts dachten, war für deren Untertanen die Latte nicht sehr hoch gelegt.

Die Habsburger überließen das Denken dem Papst. 1576 gab es zwar in Wien einen evangelischen Bürgermeister, Christoph Hutstocker, aber schon 1577 fand der vorläufig letzte protestantische Gottesdienst statt. Erlaubt war noch einige Zeit das sogenannte „Auslaufen" zum evangelischen Gottesdienst nach Hernals, wo dieser unter dem Schutz des Adelsgeschlechts der Jörger noch stattfinden durfte. Zu dieser Zeit kehrten aber die Raunzinger („Zu was soll is so weit hatschen, wenn i glei daham a Kirchen hab. Der Herrgott is sowieso derselbe.") wieder zum angestammten Glauben zurück. Die Wiener und Österreicher – zunächst schon mehrheitlich evangelisch – taten es ihnen gleich. Denn wer nicht als Katholik daran glauben wollte, mußte „dran glauben" – oder auswandern, was auch viele taten. Aber einer der Ferdinande sagte: „Lieber möchte ich über eine Wüste herrschen, als über ein Land von Ketzern.“ Ersteres hätte er zwar leichter haben können, falls er in die Sahara ausgewandert wäre, stattdessen machte er Österreich wieder katholisch, denn die Leute wollten schon damals „a Ruah ham“.

Nur, wie man bei uns sagt: Spieln tan s’ es net. Längst waren die Habsburger wieder nach Wien zurückgekehrt, da warfen die Prager die noch nicht durch die Beamtengewerkschaft geschützten Statthalter zum Fenster hinaus. Die fielen zwar in einen Misthaufen, aber der hat offenbar so gestunken, daß der Kaiser die Nase voll hatte und den Dreißigjährigen Krieg begann.

Ob der Krieg 30 Jahre gedauert hat, wurde bis heute nicht berechnet, denn im Winter wurde damals nicht gekämpft, weshalb auch ein Protestant als „Winterkönig“ in Prag regieren konnte. Nach seiner Vertreibung mischten sich nach und nach immer mehr Mächte von Schweden bis Spanien ein, zunächst unter dem Vorwand, den jeweils einzig wahren Glauben zu schützen. Und wieder mußten viele „dran glauben“. Der kaiserliche Feldherr Wallenstein war sehr erfolgreich. Erfolgreiche Leute wollten die Habsburger nie. Wallenstein hatte zwar, eingedenk der vorhin zitierten These Montecuccolis, seine Armee selbst finanziert, aber daß Eigeninitiative bei Hofe nicht gern gesehen war, begriff er erst nach seiner Ermordung, also etwas zu spät. Auch sein Astrologe Seni hatte ihn nicht gewarnt, er war offenbar eher viel später für die Kreuzworträtsel besser zu gebrauchen. „Dank vom Hause Österreich“, schrieb Schiller, falls er nicht auch vom Onkel Gustl abgeschrieben hat. In der Folge kamen die Schweden unter Torstensen bis vor die Tore Wiens, hatten aber keine Schlüssel und zogen wieder ab. Schließlich kam es zum Frieden von Münster und Osnabrück. Deutschland war zwar verwüstet, aber sonst blieb alles wie vorher. Der ganze Dreißigjährige Krieg – leere Kilometer!

Na gut, Glaubensterror und Krieg haben wir hier versprochen und Wort gehalten. An Abwechslungen fehlte es insofern, da Österreich ein ausgesprochen hexenarmes Land war. Es war wie verhext! Während allenthalben die Scheiterhaufen brannten, gab es hier nur eine einzige Hexenverbrennung. Kein Grund, uns besonderer Humanität zu rühmen, denn schuld an allen Unglücksfällen waren halt immer die Juden, die dafür gedemütigt und bestraft und vertrieben, doch wenn man sie brauchte, auch wieder geholt wurden.

Ach ja, Seuchen haben wir in diesem Kapitel auch angekündigt. Am ärgsten war die Pest von 1679. Darüber könnte eigentlich Ulrich Megerle, bekannt unter dem Künstlernamen Abraham a Sancta Clara, berichten, und hat es auch getan: „In der Herrengasse hat der Tod geherrscht. In der Singerstraße hat der Tod vielen das Requiem gesungen. In der Riemergasse hat der Tod aus fremden Häuten Riemen geschnitten. Auf dem Fleischmarkt hat der Tod keinen Fasttag gehabt. Auf dem alten Fleischmarkt hat der Tod seine Fleischbank gehabt. Auf der Freyung waren wenig befreit vom Tod. Summa, es ist keine Gassen noch Straßen, welche der rasende Tod nicht hätte durchstrichen." Da aber auch die Raunzinger-Familie von dieser Zeit und den folgenden Ereignissen betroffen war, wollen wir ihr wieder einmal das Wort erteilen.

„Alles is hin!"

„Was ham mir verbrochen?" jammert Leopold Raunzinger. „Noch nie is a Generation so hamgsuacht worden wia unsere. Zuerst die Pest im neunaziebzger Jahr. 50.000 Tote und dazua 30.000 in die Vorstädte. Und jetzt, vier Jahr später, die Türken. Heute hamma den 17. August. Seit 16. Juli, seit 32 Tag, samma eingschlossen. Und seither versuchen die Türken, daß sie unsere Bastei unterminieren und in d' Luft sprengen. Und irgendwann wird 's ihnen gelingen." – „Tua dir nix an", empört sich der

Großvater, der seit Tagen herumgrantelt, weil ihn das türkische Geschützfeuer ständig beim Mittagsschlaf stört, „ihr halts ja überhaupt nix mehr aus. I war noch dabei, wia mir die Schweden zum Teufel gjagt ham. Und der Torstensen war a anderes Kaliber wia jetzt der Kara Mustapha." – „Kann scho sein", entgegnet sein Sohn, „aber der Schwed is ja von selber wieder abzogen." – „Bleder Bua, der is abzogen, weil er unsere entschlossenen Gsichter gsehn hat, wia mir auf der Bastei patrouilliert san. Da ham s' vor Angst in d' Hosen gmacht, weil mir san a Generation von Helden. Wann die Türken euch Manderln von der Bürgerwehr derblicken, machen sie si auch an, aber vor Lachen. Und mit die 50.000 Pesttoten brauchst mir a net kummen. Mir ham s' alle überlebt, sogar dei Bruader Gustl, der Falott, obwohl er bsoffen in der Pestgruaben glegen is. Und heut hamma eh scho wieder 60.000 Einwohner, leider. Wann net die reichen Leut mitsamt dem feigen Leopold abgfahren wären, hätt ma scho jetzt nix mehr z' fressen. Leider san dafür die Leut aus die abbrennten Vorstädt kummen!"

„Aber Vater, was redst denn zsamm", beschwichtigt Frau Gertrud, „der Leopold is eh da." – „Der Großvater mant ja den Kaiser" erklärt Robert, da der Genannte grad eine Feuerpause benützt, um den versäumten Mittagsschlaf nachzuholen. „Und im übrigen is es ganz egal, ob die Türken kommen oder net. Die scheren si an Schmarrn um unsern Glauben, die brauchen Wien, damit s' weiter nach Deutschland vorstoßen können. Und wann mir wirklich Moslems werden, is a nix dabei. Hamma halt am Steffl den Halbmond."

Nun ist es für Friedrich, den Freund der Familie, der erst kürzlich Leutnant der Rumorwache geworden war, höchste Zeit, das immer staatsfeindlicher werdende Gespräch zu unterbrechen. Er setzt seine strengste Amtsmiene auf: „Das will ich jetzt aber nicht gehört haben. Unser Glaube, unsere Gebete und die Predigten von Abraham a

Sancta Clara haben uns vor der Pest gerettet. Sie werden uns auch vor der Eroberung durch die Ungläubigen retten. Und was unseren geliebten Kaiser anlangt: Seine Majestät hatten Tränen in den Augen, als die kaiserliche Familie die geliebte Residenzstadt verlassen mußte." Leopold: „Wahrscheinlich hat er bemerkt, daß er seine Noten da vergessen hat. Außer der Musik interessiert er si ja eh für nix." – „Und darauf dürfen wir stolz sein. Seine Majestät sind ein begnadeter Compositeur. Und ein genialer Diplomat. Er hat Bündnisse mit dem Kurfürsten Max Emanuel von Bayern und mit König Johann Sobieski von Polen abgeschlossen."

Daraus entwickelte sich eine hitzige Diskussion. Leopold: „Nau und wo san s' denn jetzt, wo mir s' brauchen täten, unsere sauberen Herrn Verbündeten?" Maria: „Das wird unser Quartierant, der Schorsch, scho herausbringen. Aber jetzt mach ich mir schon Sorgen um ihn. Tagelang is er schon als Kundschafter unterwegs. Er is zwar sehr gschickt, er kann auch Türkisch. Aber er muß ja doch durch die türkischen Linien. Wann ihm nur nix passiert is." Leopold: „Was, du bist schon per „Schorsch" mit diesem Kolschitzky? Du, das paßt mir aber gar net. Der is 25 Jahr älter wie du, der is 43." Gertrud: „Ka Sorg, Poldi, auf die Mitzi kann ma si verlassen. Die weiß genau, wie weit sie gehen kann." Leopold: „Der Tschusch is bestimmt scho bei die Türken, der Verräter. Und das Quartier hat er a no net brennt. Übrigens: Der Keppl-Franz, der Tachinierer, is natürlich a net da, wo ma jeden Mann dringend brauchen." Robert: „Der is auf der Löwelbastei, sagt die Julia. Und dort droht die Hauptgefahr. Es is ka Zufall, daß der Großwesir sei Zelt bei St. Ulrich aufgstellt hat." Leopold: „Bist scho wieder mit der depperten Julia zsammgsteckt? Du waaßt doch, daß mir das Keppl-Mensch net ins Haus kummt." Gertrud: „I hab so a Angst vor die Türken. Die führen uns alle als Sklaven weg. Und vorher vergewaltigens uns noch." Maria (keck): „Ka Angst, Mama, ich opfer mi scho für di." Robert: „Mach dir kane falschen Hoffnungen. Bei die Moslems gibt 's Vielweiberei, die san scho müad, bis sie zu dir kummen." Gertrud: „Du Rüpel, jetzt entschuldigst di aber bei deiner Schwester."

Während also alle durcheinanderreden, öffnet sich die Tür, und man hört den Gesang einer wohlbekannten Stimme: „O du liaber Augustin, 's Geld is hin, 's Mensch is hin, O du liaber Augustin, alles is hin." – „Der Onkel Gustl!" schreit die Maria entzückt. „Jetzt gibt 's a Hetz." Aber Leopold springt zornig auf: „Das auch noch! Du weißt genau, daß i dir das Haus verboten hab, seit du uns so blamiert hast und bsoffen samt dein Dudelsack in die Pestgruabn gfallen bist. Ganz Wien hat uns pflanzt. Verschwind!" Frau Gertrud, immer um Versöhnung bemüht, schaltet sich ein. „Geh, sei net so, der Gustl is doch dei Bruader. Außerdem hat er damals den Leuten wieder Lebensmut geben."

„Danke, schöne Schwägerin", sagt Augustin, „aber ihr werds alle sehr stolz auf mich sein. Ich habe nämlich heute nacht unser schönes Wien gerettet." Leopold, angewidert: „Geh, hör auf mit deine Schmäh." Aber seine Kinder rufen: „Erzähl, Onkel Gustl, erzähl!" Und der läßt sich nicht lange bitten. „I bin heut nacht in der Nähe von der Burg in an Weinkeller glegen und hab gschlafen." – „Bis daher glaub i 's", brummt sein Bruder. Augustin läßt sich nicht unterbrechen: „Auf amal hör i dicht unter mir Stimmen. Türkische Stimmen. Da war mir klar: Die graben a Mine, wollen a Luckn in die Stadtmauer sprengen. I renn zum nächsten Kommandanten, der laßt sofort a Gegenmine legen, und die Türkenmine wird gsprengt. Und da" – er zieht einen Orden aus der Tasche – „is der Orden, was mir der Stadtkommandant Starhemberg verliehen hat." – „Kannst dei Zimmer wieder ham", brummt Leopold widerwillig, „unser Gast, der Kolschitzky, kummt eh nimmer." – „Danke, Bruderherz, aber das ist noch nicht alles. Der Bürgermeister Liebenberg hat mir die Hand gedrückt.

Er hat gesagt: ‚Mir ist nicht bange um diese Stadt, solang sie solche Bürger hat.‘“ (Unglaublich, wer aller später von Onkel Augustin abgeschrieben hat.)

In diesem Augenblick öffnet sich erneut die Tür, und Georg Kolschitzky stürmt in die Stube. „Der Schorsch!“ ruft Maria und fällt ihm um den Hals. Und noch ehe jemand etwas einwenden kann, berichtet er: „Ich gerade Meldung machen bei Bürgermeister. Rettung sein nahe. Ich gegangen zweimal durch türkisch Lager, lustig türkisch singend. Niemand Verdacht. Bringen Brief von Stadtkommandanten an Karl von Lothringen, Entsatzheer soll sich beeilen! Sind im Anmarsch 65.000 Mann, darunter 14.000 Polen samt König!“ Friedrich springt auf: „Ich wußte es ja, unsere Gebete werden erhört. 1683 wird noch ein Glücksjahr. Nicht umsonst hat mein Freund Wilhelm von Hörnigk ein Buch geschrieben: ‚Österreich über alles, wenn es nur will.‘“ – „Aber einiges Zeit wir noch müssen durchhalten“, dämpft der Kundschafter die aufkommende Euphorie. In diesem Augenblick schlägt in der Nähe eine türkische Kanonenkugel ein. Der Großvater, aus dem Schlaf aufgeschreckt, schimpft: „Kruzitürken, von mir aus sollen tausende Türken kummen und da bleiben, aber schiaßen sollen s’ net. Damit ma schlafen kann.“

Der Großvater konnte nicht ahnen, daß noch drei Jahrhunderte vergehen sollten, ehe sein Wunsch in Erfüllung ging.

Ein Vorposten wird zur Metropole

Eigentlich war Wien im Lauf der Jahrhunderte immer ein Vorposten, eine Grenzfestung gewesen. Unter den Römern – gemeinsam mit Carnuntum – gegen Markomannen und Quaden. Damals war die Donau die Grenze. 600 Jahre später, als die Babenberger ihr Herrschaftsgebiet bis zur March und zur Leitha ausgedehnt hatten, gegen die Ungarn. Selbst unter den Habsburgern, wie wir gesehen haben, erreichten die Ungarn vorübergehend etwas, was ihnen nicht einmal zur Zeit der Babenberger gelungen war: Sie besetzten durch längere Zeit Wien. Und den Wienern war 's recht, solange es genügend zu essen und zu trinken gab. Dieses Kriterium spielte ja seit jeher in puncto Akzeptanz des jeweiligen Regimes keine unwichtige Rolle, egal, ob es sich um Babenberger oder Habsburger, böhmische oder ungarische Herrscher handelte: „Solang ihr uns in Ruah laßts, lassen mir euch a in Ruah, und solang 's a Gaudi gibt, kennen mir kan Nationalitätenhaß!"

Diese halbwegs gemütlichen Zeiten waren aber vorbei, als statt der längst vertrauten Ungarn ein weit gefährlicherer Feind, die noch unbekannten Türken, nach einem raschen Siegeszug den gesamten Balkan durchquerten und bis Westungarn, also bis vor die Tore Wiens, gelangten. Und sie hielten sich nicht an die Spielregeln, die bei den gewohnten gutnachbarlichen Kriegen üblich waren: „Tuast ma nix, tua i dir a nix." Sie mordeten und brandschatzten, wo sie hinkamen. Und sie kamen oft in bedrohliche Nähe. Wien war, obwohl Residenzstadt des Heiligen Römischen Reiches Deutscher Nation, zugleich Frontstadt. Zweimal mußte es eine türkische Belagerung über sich ergehen lassen. Aber die zweite Belagerung, jene, bei der wir der Familie Raunzinger den zuvor geschilderten Besuch abgestattet hatten, brachte die Wende!

Das von den Wienern sehnlichst erwartete, von Kolschitzky angekündigte Entsatzheer, von dessen Anmarsch der im Kampf verwundete Bürgermeister Andreas Liebenberg gerade noch erfahren hatte, bevor er an der Ruhr starb, kam buchstäblich im allerletzten Moment. Es war den Türken zahlenmäßig unterlegen, aber der türkische Feldherr Kara Mustapha beging einen schweren Fehler. Statt seine gesamte Streitmacht dem von den Hängen des Wienerwalds anstürmenden Entsatzheer entgegenzustellen, teilte er sie, um doch noch im letzten Moment Wien zu erobern. Mit dem Mut der Verzweiflung wehrten die Wiener den Angriff ab und unternahmen einen Gegenstoß. Das Entsatzheer unter König Sobieski von Polen und Herzog Karl von Lothringen errang einen glänzenden Sieg. Nach mehrstündigem harten Kampf befand sich das Türkenheer auf einer zügellosen Flucht.

Die Folgen dieser Schlacht waren mannigfaltig: Großvater Raunzinger konnte endlich wieder ungestört schlafen, Wien hörte auf, Frontstadt zu sein und wurde Mittelpunkt sowie Metropole eines großen Reiches. Denn Österreich war fortan Großmacht mit einer eigenständigen Entwicklung, die nur noch zeitweise mit der Deutschlands identisch war. Wien war nun nicht mehr bedroht, so daß auch Kaiser Leopold sich zurückwagte, um hier ungestört zu komponieren und in der Freizeit ein bisserl zu regieren, ohne daß dabei größerer Schaden entstand. Etliche türkische Gefangene blieben hier, ließen sich taufen und nahmen bodenständige Namen an, 651 allein in Wien. Einer davon wurde Hausknecht bei Raunzingers und schließlich, bei dem bekannten Faible aller Raunzinger-Töchter kein Wunder, von Mitzi geheiratet. Denn Kolschitzky war bald kein Kandidat mehr. Er starb nach einigen Jahren – Dank vom Haus Österreich – völlig verarmt. Das erste Wiener Kaffeehaus – bald aus dem Leben der Wiener nimmer wegzudenken – wurde nämlich nicht von ihm, sondern von einem Armenier namens Johannes Deodato 1685 eröffnet. Die Armenier waren dann lange führend in dieser Branche – fast so wie heute im Gastgewerbe die Chinesen, die nur noch von McDonald's halbwegs in Schach gehalten werden. Von den Türken blieb den Wienern also nur noch der Türkenschanzpark und, wenn irgend etwas schiefgeht, der befreiende Ausruf: Kruzitürken!

Inzwischen warfen die kaiserlichen Armeen die Türken weit zurück. Sie eroberten ganz Ungarn und stießen bis Belgrad vor. Wieder war es ein „Gastarbeiter", kein Polenkönig, sondern Prinz Eugen von Savoyen, der bei der

Schlacht vor den Toren Wiens noch als Offizier mitgekämpft hatte und schließlich zum Oberbefehlshaber der Kaiserlichen aufstieg. Nachdem er mit seinen Soldaten auch noch im Spanischen Erbfolgekrieg gemeinsam mit den Briten die Franzosen in mehreren Schlachten besiegt hatte (er wollte sowieso mit den Franzosen ein Hühnchen rupfen, da sie sein Stellengesuch abgelehnt hatten, und so rupfte er bei dieser Gelegenheit gleich den gallischen Hahn), wurde er Präsident des Hofkriegsrates und Besitzer des Belvedere und eines Winterpalais. Er war somit einer der wenigen, denen wirklich der sonst eher berüchtigte „Dank des Hauses Österreich" zuteil wurde.

Die Siege unter Prinz Eugen veränderten die politische Landschaft Europas nachhaltig. Das osmanische Reich war fortan kein bedeutender Machtfaktor mehr im europäischen Kräftespiel, Frankreich nicht mehr alleinige Vormacht in Europa, Großbritannien wieder stärker in die kontinentalen Kabalen eingebunden, und Österreich rückte für die nächsten zwei Jahrhunderte in die Reihe der europäischen Großmächte auf. Den musischen Kaiser Leopold scheint der Krieg, der sich immer weiter von Wien entfernte, nicht mehr interessiert zu haben. Er ließ seinen erfolgreichen Feldherrn noch „Stadt und Festung Belgerad" erobern, um dessen Ruhm zu vermehren, dann verzichtete er auf einen weiteren Vormarsch und machte seinen Frieden mit dem Sultan. Leider aber sind Staatschefs, die lieber komponieren als Krieg führen, eine Ausnahme. Den Prinz-Eugen-Marsch hat er allerdings nicht komponiert. Auch nicht Onkel Gustl, obwohl er natürlich behauptete, bei der Eroberung von Belgrad dabeigewesen zu sein und Text und Melodie geschaffen zu haben. Aber wer glaubt schon einem versoffenen Dudelsackpfeifer, dem der Rum genauso wichtig ist wie der Ruhm?

Wie aber ging es den Geschlagenen? Vae victis, wehe den Besiegten, sagten schon die alten Römer. Relativ gut ging es noch den Gefangenen. Sie wurden getauft, überwiegend bei reichen Leuten als Diener angestellt und somit Zaungäste der damaligen Seitenblickegesellschaft, also Statussymbole. („Was, Sie ham kan Türken? Schamen S' Ihnen!") Sie wurden integriert, waren bald „ohne Islam daham" und leisteten ihren Beitrag zur Entstehung des ortsüblichen fremdenfeindlichen Völkergemischs. Der geschlagene Feldherr Kara Mustapha hatte leider nicht das Glück, in die rettende Gefangenschaft zu geraten und als getaufter Hausdiener zu enden. Feldherrn sind ja selten an vorderster Front anzutreffen, und wenn ein flüchtender Soldat seinem General begegnet, weiß er, er ist in Sicherheit oder zumindest weit vom Schuß. Nun, der Großwesir hatte eigentlich Pech, denn ursprünglich wollte Sultan Mohammed IV. selbst den Oberbefehl übernehmen. Aber in Belgrad verlor er offenbar die Lust, oder er ahnte, daß der ganze Feldzug mit einem Fiasko enden könnte. Also übergab er Kara Mustapha den ganzen Krempel, mit dem bekannten Resultat und dem für den Sultan angenehmen Ergebnis, daß ein anderer an allem schuld war. Vielleicht hätte der Sultan jetzt sagen können, man kann sich auf niemanden verlassen, wenn man nicht alles selber macht, und den Großwesir in Pension schicken, was ja erst richtig teuer geworden wäre, wenn später der gesamte Harem die Witwenpensionen beansprucht hätte. Aber man weiß ja, daß geschlagene Feldherrn in ihren Memoiren immer anderen die Schuld geben, und das wollte Mohammed nicht riskieren, zumal die Untertanen vielleicht gesagt hätten, „es wird scho was dran sein". Und so schickte er mit Eilboten seinem Feldherrn statt des seidenen Fadens, an dem die Eroberung Wiens nur noch gehangen war, die für alle Fälle vorbereitete seidene Schnur samt Gebrauchsanleitung, die damals noch nicht in englischer Sprache abgefaßt war. Darauf stand offenbar: „Vorsicht, sachgemäße Verwendung kann Ihre Gesundheit gefährden."

Kriege kosten aber bekanntlich Geld, wie ja bereits Montecuccoli festgestellt hatte. US-Präsidenten haben von ihm leider noch nichts gehört. Wenn der Krieg gut ausgeht, rechnet er sich, besonders dann, wenn man das zerstörte Land der Besiegten gleich in einem Aufwaschen wieder aufbaut. Nur die im Krieg Gefallenen muß man als Verlust abschreiben. Auch der Kaiser mußte den Krieg irgendwie finanzieren, aber die Geldknappheit der Habsburger war leider so was von chronisch, daß sie sich nahtlos auch auf die Republik übertragen hat. Also, woher nehmen? Zum Glück gab es da den Hofjuden und Geldverleiher Samuel Oppenheimer. 1683 war er gerade im Gefängnis, angeblich wegen falscher Rechnungen, aber wahrscheinlich, weil sich die Schuldner des Gläubigers, der kein Gläubiger im Sinne der katholischen Kirche war, entledigen wollten. Als nun die Türken heranrückten, wurde er enthaftet, denn aus dem Gefängnis konnte oder wollte er den Krieg nicht finanzieren. 6 Millionen Gulden schuldete ihm der Staat, und nach seinem Tod war dieser 1706 bankrott. Um 1700 aber stürmte der Pöbel das Haus Oppenheimers nahe der Peterskirche. Ein Jude geriet mit einem Rauchfangkehrer in Streit. Als die Rumorwache (möglicherweise unter Führung des braven Raunzinger-Freundes Friedrich) zugunsten des Juden eingriff, wurden zuerst mit Steinen die Fenster zertrümmert und dann das ganze Haus geplündert und verwüstet. Beschämt müssen wir leider zugeben, daß sich auch in Wien wie anderswo stets ein latenter Antisemitismus erhalten hat und nachfolgender Dialog wohl oft geführt worden sein dürfte: „Wer is schuld?" – „Der Jud." – „Wieso?" – „Aber weil 's wahr is!" Zur Ehre Raunzingers und Keppls: Sie mischten sich nicht unter den Pöbel. Hoffentlich!

Mit der Großmachtwerdung des Reiches ging auch der Aufstieg der Haupt- und Residenzstadt zu einer Metropole einher, zumal der frühere Grenzposten nun von auswärtigen Feinden „in Ruah glassen" wurde. Prachtvolle Barockbauten und Paläste entstanden, darunter das schon erwähnte Stadtpalais des Prinzen Eugen in der Himmelpfortgasse, das später leider zum Finanzministerium verkommen ist und zum Unterschied von den meisten Burgen der Raubritter bis heute erhalten geblieben ist. Große Baumeister, wie Fischer von Erlach und Lukas von Hildebrandt, trugen zum Glanz der Stadt bei. 1688 gab es in der Dorotheergasse die erste Straßenbeleuchtung, damit man, wie die Wiener lästerten, „die Finsternis besser sieht". Die Pestsäule am Graben entstand 1693. Mit dem Bau von Schönbrunn wurde 1695 begonnen. Um 1700 wurde die Bevölkerung Wiens auf 80.000 Einwohner geschätzt. Ab 1703 gab Johann Baptist Schönwetter das „Wienerische Diarum" heraus, die heutige „Wiener Zeitung", somit die älteste heute noch existierende Zeitung der Welt. Obwohl schon 1492 der Rheinländer Hans Winterburger in der Krugerstraße Wiens erste Buchdruckerei eröffnet hatte, diente die „Schwarze Kunst" zunächst der Verbreitung von Wissen und wurde erst später auch zu Zwecken der Manipulation mißbraucht.

1706 wurde die erste Bank eröffnet, und für diejenigen, die nicht nur kein Geld anlegen konnten (die Wiener, mißtrauisch wie sie waren und sind, trauten Banken sowieso nicht), sondern, wie der Staat, mehr ausgaben als sie einnahmen, ein Jahr später das Dorotheum. 1726 wurde Josef Stranitzky Prinzipal des Kärntnertortheaters. Mit der Figur des Hanswurst begeisterte er sein Publikum und wurde Mitbegründer der Wiener Volkskomödie. Bisher gastierten hier hauptsächlich italienische und englische Theatergruppen. Seither sind die Wienerinnen und Wiener ein Volk von Theaternarren. Film und Fernsehen konnten daran nichts ändern, und erst dem Regietheater gelang es, ihnen die Lust am Theater zu nehmen, das nach Stranitzky und vor Schlingensief & Co. so viele Menschen erfreute, heute allerdings hauptsächlich den Kritikern gefällt. 1716 wurde der Grundstein zur Karlskirche gelegt. Seit 1722 ist Wien Erzbistum. 1735 wurde die „Winterreitschule" für die Lipizzaner eröffnet.

Außenpolitisch erlebte das Land nach dem Ende des Spanischen Erbfolgekrieges bis auf einige kleinere Konflikte eine Zeit relativer Ruhe. Kaiser Leopold I. starb 1704, sein Nachfolger, Joseph I., 1711, ihm folgte Karl VI. Aber man darf über all dem höfischen Glanz und Prunk nicht vergessen, daß ein Großteil des Volkes daran keinen Anteil hatte und ohne Besitz und Rechte dahinvegetierte. Mitunter wurde es auch dem an sich gutmütigen Volk von Wien, im Untertanengeist erzogen, zuviel, und sie rebellierten gegen eine Ordnung, die man ihnen als „gottgewollt" einredete. 1722 revoltierten die Schuhknechte. Die Revolte endete mit zwei Hinrichtungen am 31. Oktober, denn es gab noch keine Solidarität der Unterdrückten und Besitzlosen.

Kaiser Karl VI. freilich hatte andere Sorgen. Nachdem der ersehnte Thronerbe bald nach der Geburt gestorben war, gab es „nur" eine Tochter, die 1717 geborene Maria Theresia. Sie war die letzte „echte" Habsburgerin. Mit ihrem Gatten Franz Stephan von Lothringen begründete sie die Dynastie Habsburg-Lothringen, denn die damalige Gepflogenheit, daß die Frau den Namen ihres Mannes anzunehmen hatte, galt nur für die Maiers, Müllers, Bergers. Die Frage war, ob die eher unübliche Nachfolge einer Frau von den „Kollegen" anerkannt würde. Denn es kann bekanntlich der Frömmste nicht in Frieden leben, wenn es dem bösen Nachbarn nicht gefällt. Karl versuchte, die Regentschaft seiner Tochter durch die Pragmatische Sanktion zu begründen (Österreich hatte mit Sanktionen ja noch nie viel Glück) und durch ein Netz von Verträgen abzusichern, aber der erfahrene Prinz Eugen mahnte, daß ein starkes Heer und eine gefüllte Kriegskasse (schon wieder Montecuccoli!) nützlicher wären als Verträge. Doch der alte Feldherr, vor dem die Nachbarn Respekt hatten, starb 1736, und am 20. Oktober 1740 starb auch Kaiser Karl VI. und hinterließ Maria Theresia, einer jungen Frau von 23 Jahren, ein Reich, umgeben von raffgierigen Nachbarn.

Doch das weitere soll wieder einmal Großvater Raunzinger erzählen, er ist ja inzwischen um manche Erfahrung reicher geworden.

Keuschheit ist erste Bürgerpflicht

Warm prasselt das Feuer im Kamin der raunzingerischen Wirtsstube, denn es ist Ende 1752 und ziemlich kalt. Alle Familienmitglieder sitzen behaglich um den Tisch herum und plaudern, Leopold macht eben wieder gemütlich eine Weinflasche auf und schenkt den männlichen Familienmitgliedern mit Ausnahme von Onkel Gustl ein, denn der war eben bereits mit einer ziemlichen Fahne vom Kegeln nach Hause gekommen, obwohl er selbst gern die Geschichte von einem Handwerker erzählt, der seine Seele dem Teufel verkauft hätte, und von diesem geholt wurde, da er sich mit dem Satan nicht zu einem bestimmten Zeitpunkt an einem bestimmten Ort getroffen hatte, weil er sich vom Kegeln nicht losreißen konnte.

Augustin wußte überhaupt eine Menge von Wiener Sagen zu erzählen und immer wieder neu auszuschmükken, so daß ihm alt und jung gern zuhörten. Zum Beispiel die Sage vom Donauweibchen oder vom Basilisken, einem besonders häßlichen Tier, das in einem Brunnen in der Schönlaterngasse hauste, und bei dessen Anblick jeden der Schlag traf, bis endlich jemand auf die Idee kam, das Viech in einen Spiegel schauen zu lassen, womit der Fall erledigt war. Eben ruft die Tochter wieder „Erzähl uns was, Onkel Gustl“, während Leopold gerade dem Großvater einschenken will. Aber dieser lehnt zur allgemeinen Überraschung brüsk ab. „Der Wein is auch nimmer das, was er war. Kein Wunder bei diese lausigen Zeiten. Dös Weiberregiment hamma grad no braucht. Früher, wia noch der selige Kaiser und der Prinz Eugen glebt ham, ham alle die Hosen voll ghabt vor uns. Aber seit dös dalkerte Madel in der Burg hockt, fallen alle über uns her, und jeder nimmt si, was er will. Logisch, weil der anzige, was si vor dera fürcht, is ihr Oider, der Franz Stephan."

Gertrud, seine Schwiegertochter, sieht sich verpflichtet, ihrer Geschlechtsgenossin beizustehen: „Aber Vater, die Kaiserin hat doch eh alle Länder behauptet, bis auf Schlesien. Und da hamma noch den Teil mit Troppau und Jägerndorf. Die Bayern sind nur bis St. Pölten kommen, und der Franz Stephan is ja doch no deutscher Kaiser worden." – „Trude, du bist a guate Hausfrau und a guate Mutter, wia es si ghört, und beten tuast a fleißig", sagt der Großvater milde, „aber red net über Sachen, was d' net verstehst". Dann setzt der Alte unter dem ergebenen Seufzen seiner Familie zu einer längeren Rede an: „Erstens is die Maria Theresia gar ka Kaiserin, sondern nur Königin von Ungarn und Erzherzogin von Österreich, verstehst? Kaiserin is die nur, weil sie die Frau von einem Kaiser is, so wie du a Wirtin bist, weilst an Wirten gheirat hast, unverständlicherweis. Und der Poldl is a nur a Wirt, weil er dös Wirtshaus von mir geerbt hat. Der Franz Stephan hat aber net amal die Krone geerbt und is überhaupt nur Kaiser worden, weil der Wittelsbacher, der Koarl Albert, gstorben is. Die Maria Theresia is nur noch da, weil die Bayern nach Böhmen abzogen san, obwohl die Leut dem König zuagjubelt ham, weil s' ka Weiberregiment net wollen ham." Der Großvater nimmt nun doch einen Schluck und setzt seine Ausführungen erfrischt fort. „Und mitten im Kriag macht s' in der Burg a Theater auf, wo s' glei von ihrer Wohnung in d' Loge kummt, richtet in Schönbrunn a Menagerie ein und holt si einen Leibarzt aus Holland, einen gewissen Van Swieten, als ob 's bei uns kane Dokta gabert. Und überhaupt hat s' zwa Kriag gegen die Preußen gführt und alle zwa verloren. Schlesien is futsch, merkts euch dös." Vielleicht hätte er noch hinzu gefügt „da fahrt die Eisenbahn drüber", aber die war ja noch nicht erfunden. Trotzdem war es eine der längsten Reden, die je im Wirtshaus der Raunzinger gehalten wurden.

Die ganze Politik interessiert Maria herzlich wenig, aber wenn es um Liebes- oder Heiratsangelegenheiten geht, nimmt sie sofort lebhaften Anteil. „Aber warum hat denn die Maria Theresia net den Friedrich von Preußen gheirat? Dann wären die Kriege um Schlesien unnötig gwesen und die Bayern, die Franzosen und die ganzen Gfraßter hätten si gar net traut, daß sie uns angreifen." Statt dem Großvater, der, erschöpft von seiner Grundsatzerklärung, wieder einmal eingeschlafen war, antwortet Leopold: „Tschapperl, die Unsrige is katholisch, und der Preiß protestantisch, dös erlaubt der Papst nia net, zweitens tät der König Friedrich liaber den Franz Stephan heiraten als die Maria Theresia, drittens brauch ma kane Preißen und viertens is eh jeder Kriag unnötig, weil es geht allerweil nur um den Vorteil von die Großkopferten."

Bei diesen Worten war Friedrich in die Stube getreten. Nicht der Preußenkönig, sondern der langjährige Freund des Hauses. Diesmal schien er aber nicht als Freund, sondern als korrekter Beamter gekommen zu sein, denn er setzt sofort seine strengste Amtsmiene auf. „Wo brennt 's denn, Fritzl?" fragt Leopold, dem Böses schwant. „Bei euch! Gleich zwei Mitglieder deiner Familie haben gegen Recht und Ordnung verstoßen. Bei aller Freundschaft, Leopold, ich muß leider Anzeige erstatten. Eine hochnotpeinliche Untersuchung ist unabwendbar." Er zieht sein Notizbuch hervor und wirft einen Blick hinein. „Dein sauberer Sohn wurde beobachtet, als er eben ein Haus nahe der Löwelbastei verließ, in dem sich Mitglieder der seit zehn Jahren verbotenen Freimaurerloge Aux Trois Canons zu treffen pflegen." (Aus Friedrichs Munde klang es wie Otto Kanton.) „Stimmt net", antwortet Robert frech, „sonst wär ja der Kaiser auch dort gwesen. Es waaß ja eh jeder, daß er zu uns" – er verbessert sich – „zu die Freimaurer ghört". Und Leopold springt seinem Sohn sofort bei: „Außerdem, was geht di das an, Friedrich? Du bist ja bei der Keuschheitskommission, über die was ganz Europa lacht." – „Ob Europa über uns lacht, tut nichts zur Sache, Ihre Majestät gehen unbeirrt ihren Weg. Der allgemeine Sittenverfall kann nicht länger geduldet werden. Außerdem ist jeder Bürger verpflichtet, jeglichen Gesetzesverstoß sofort zur Anzeige zu bringen, daher muß ich ermitteln, sintemalen die Freimaurerei eben nicht legal ist. Außerdem" – hier macht er eine wirkungsvolle Pause – „ermittle ich gegen Robert Raunzinger auch als Kommissär der Keuschheitskommission. Er wurde beobachtet, in einem Haustor in der Wollzeile eine Frauensperson namens Julia Keppl insgesamt sechsmal in einem Zeitraum von 8 Minuten innig geküßt zu haben, wobei der längste Kuß auf eine Dauer von 48 Sekunden geschätzt wird." – „Alle Achtung", sagt Augustin anerkennend und wohl nicht ganz ohne Neid. „Wo sollen mir uns denn abbusseln, wann der Keppl und mei Vater net erlauben, daß ma uns treffen?" braust Robert auf. Und Gustl, der sich inzwischen schon zweimal eingeschenkt hatte, versucht, die Situation zu entschärfen. „Geh Fritzl, sei net so fad. Bist jetzt unser Spezl oder net? Hock di her, trink ma a Glasl miteinander. Wirst doch ka Denunziant sein?" Aber da kommt er schön an. „Das ist versuchte Beamtenbestechung, Augustin Raunzinger! Auch du hast Dreck am Stecken. Du hast am Allerheiligentag zehn Minuten nach elf im neuen Michaeler Bierwirtshaus der Kellnerin auf den Hintern gegriffen. Rechtfertige dich!" – „Nix leichter als dös", lacht der Angesprochene. „Wann sie si umdraht hätt, hätt i ihr eh auf die Brust griffen."

Die kluge Frau Gertrud hat schon seit Einführung der Keuschheitskommission mit einer solchen Situation gerechnet und vorgebaut. Sie sucht Blickkontakt mit dem Rest der Familie und sagt: „Ja, einige von uns haben schwer gefehlt. Laßt uns alle zur Abendmesse gehen und unsere Sünden bekennen und bereuen. Du, Mitzi, bleibst da, falls noch Gäste kommen." Sofort eilen alle zur Tür. Friedrich will sich anschließen, aber Maria jammert: „Bleib bei mir, Onkel Fritz. I fürcht mi allein." (In Wien heißen die Freunde der Eltern auch Onkel oder Tante.) „Und du hast ja eh ka Sünd zu bereuen." – „Is eh der Großvater da", meint der Herr Keuschheitskommissär. „Ja, aber wann der schnarcht, hört und siecht er nix. Da schlaft er durch bis in der Fruah." Auch ein österreichischer Beamter hat ein Herz, und außerdem ist ein fester Schlaf zu jeder Tageszeit für ihn durchaus glaubwürdig. Friedrich setzt sich wieder hin. Nach einigen Minuten jammert das Mädchen wieder. „Mir is so kalt, i hol mir no a Lungenentzündung. Kannst mi net a bissel wärmen. Es san scho Leut daran gstorben, und i bin doch noch so jung!" Sie hat Tränen in den Augen und zittert am ganzen Körper. (Dabei prasselt das Feuer im Ofen!) Friedrich zögert nur kurz. Ist es nicht seine Pflicht zu helfen, als Beamter, Christ und Mensch? (Er denkt es in dieser Reihenfolge!) Er setzt sich zu ihr und legt seinen Arm um ihre Schultern. Sie schmiegt sich schutzsuchend an ihn. Mein Gott, sie ist fast noch ein Kind mit ihren 17 Jahren! Ein Kind, dem Liebe fehlt. Welche Verantwortung!

„Glaubst, Onkel Fritz, is mei Dekolleté net zu sündhaft? Du bist ja als Keuschheitsfachmann dafür zuständig?" Der Keuschheitsfachmann nimmt das Dekolleté aus nächster Nähe in Augenschein, wie es seine Pflicht ist. Also, gar so ein Kind ist sie eigentlich auch wieder nicht, kommen ihm bei diesem Lokalaugenschein nun doch Zweifel. In diesem Moment wird die Tür aufgerissen, Familie Raunzinger, die vor dem Fenster gewartet hatte, stürmt herein. Alle schreien durcheinander. Frau Gertrud: „Mein Kind, mein armes Kind!" Leopold: „Sowas will mei Freund sein? Macht si an a halbes Kind heran!" Augustin: „Aber an die andere Hälfte. Dem ungebetenen Gast weis ich die Tür!" (Ah, von da hat es Schillers Miller in „Kabale und Liebe".) Maria: „Hilfe! Er will mir die Dings, die Unschuld rauben!" Robert:

„Zum Glück hat er s' net gfunden." Plötzlich ist auch der Großvater wieder wach: „Alles hab i gsehn. Lustmolch! Untern Rock hat der dem Kinderl griffen, der Falott, der ausgschamte Keuschheitskieberer!"

Friedrich zerreißt eilig sein Notizbuch. „Bagatelldelikte fallen unter die kommende Weihnachtsamnestie", murmelt er leichenblaß und verläßt eilig das Lokal. Wie man hört, hat er am nächsten Tag seine Versetzung zu einer anderen Dienststelle beantragt.

Fernes Donnergrollen – das Gewitter zieht heran!

Maria Theresia war keineswegs so einfältig, wie es vielleicht nach der Geschichte mit der Keuschheitskommission den Anschein hat. Sie war eben das Produkt einer überaus bigotten Erziehung, wie sie am Habsburgerhof üblich war, wo Beichtväter und andere Geistliche den Eltern weitgehend die Erziehung abnahmen. Sie hatte freilich auch eine gute Erzieherin, die Gräfin Charlotte Fuchs. Zum Unterschied von ihrem Gegenspieler Friedrich von Preußen, an dessen Hof Deutsch als „Pöbelsprache" verpönt war und nur Französisch parliert wurde, sprach sie im Wiener Dialekt. Als ihr zweiter Sohn, Leopold, Vater wurde, rief sie aus ihrer Loge fröhlich ins Theaterpublikum: „Der Poldl hat an Buam!" Neben ihrer Frömmigkeit mag auch das Mißtrauen gegenüber ihrem Herrn Gemahl, ihrem geliebten Franzl, zur Installierung der Keuschheitskommission beigetragen haben. Franz Stephan war nämlich nicht nur – wie wir gesehen haben – Freimaurer, er war auch ein großer Schürzenjäger. Dennoch nahm er sich die Zeit, auch zu Hause noch 16 Kinder zu zeugen. Das Haus Habsburg-Lothringen sollte – zum Unterschied von den Habsburgern – nicht aussterben. Hätte es damals schon Familienbeihilfen gegeben, hätte der Haushalt dauerhaft saniert werden können. Doch Maria Theresia gab ihren Beruf nicht auf. Sie regierte – und wie!

Kein Zweifel, Maria Theresia war eine der ganz großen Herrscherpersönlichkeiten Österreichs. Außenpolitisch eher glücklos, weil ihr auch in einem dritten Krieg gegen Preußen die Rückeroberung Schlesiens nicht gelang, wurde sie durch die Teilung Polens einigermaßen entschädigt. Auch der Versuch, durch einen Vertrag mit den Wittelsbachern Belgien gegen Bayern zu tauschen, was dem Habsburgerreich ein großes geschlossenes Territorium beschert hätte, scheiterte am Widerstand des Preußenkönigs, der um seinen Einfluß in Deutschland fürchtete. Immerhin gewann Österreich das Innviertel, was später aber nicht zu unserem Ansehen beitrug, da auch Braunau dazugehört.

Maria Theresia gelang es aber, sich mit einem Stab hervorragender Ratgeber zu umgeben, deren Loyalität so groß war, daß sie heute noch zwischen kunst- und naturhistorischem Museum um ihre Herrscherin herumstehen. Damals sind sie aber nicht herum-, sondern Maria Theresia bei ihrem gewaltigen Reformwerk beigestanden. Da war der Justizreformer Haugwitz, der Heeresreformer Graf Daun, der Kanzler und Staatsmann Fürst Kaunitz und der schon erwähnte Arzt van Swieten. Österreich erhielt eine moderne Zentralverwaltung, die nicht mehr primär nach Territorien, sondern nach Sachgebieten gegliedert war. Die größte Leistung aber war die Schulreform von 1774, auf der im wesentlichen noch heute die Gliederung unseres Schulwesens beruht.

Daneben zog der Glanz Wiens auch viele Künstler an, besonders Musiker. Der kleine Wolferl Mozart spielte Maria Theresia vor, aber auch Gluck und Haydn lebten hier. Auch ein Prominenter, der eine Zeitlang in Wien lebte, war Casanova, der aber ein anderes Fachgebiet hatte. Es muß nicht extra erwähnt werden, daß er von den Keuschheitskommissionen nicht sonderlich begeistert war und sich in seinen Erinnerungen ziemlich negativ darüber geäußert hat. Die Wienerinnen haben ihm recht gut gefallen und er ihnen anscheinend ebenfalls. Auch im Gasthof Raunzinger wurde er oft gesehen, Onkel Gustl – wer sonst? – war es natürlich, der ihn dort eingeführt hat. Casanova soll nicht nur mit der Tochter, sondern auch der Mutter gemeinsame Interessen gehabt haben, behaupteten die Keppls, aber die Leut reden ja viel. Tatsache ist, daß neun Monate nach Casanovas eiliger Abreise Leopold und Gertrud Raunzinger Großeltern und der Großvater Urgroßvater wurde. „So was hätt 's früher auch net geben", murrte er wie üblich. Hier aber zeigte „Onkel" Friedrich menschliche Größe und machte vieles wieder gut! Der ehemalige Keuschheitskommissär, wenngleich 30 Jahre älter als Mitzi, sprang als Bräutigam ein. Es war auch höchste Zeit, denn das weiße Brautkleid wölbte sich schon ein bißchen, wie Frau Keppl feststellte. Sie muß es ja wissen: Es handelte sich nämlich um eine Doppelhochzeit, Casanova hatte ja auch im Gasthaus Keppl verkehrt, weshalb ihre Julia nun doch Robert Raunzinger heiraten durfte. Frau Gertrud konnte leider nicht an der Hochzeit ihrer Kinder teilnehmen, denn sie hatte am Vortag überraschend einem Nachzügler das Leben geschenkt. – Diese Italiener!

1780 starb Maria Theresia, 63 Jahre alt. Ihr Sohn Josef II., schon seit dem Tode Franz Stephans Mitregent, konnte nun jene Reformen durchführen, die seine Mutter nie zugelassen hätte. Er war sehr liberal und erließ Toleranzpatente für Protestanten und Juden, ließ auch die Freimaurer wieder zu und schloß zahlreiche Klöster. 1782 besuchte deshalb Papst Pius VI. Wien, konnte aber den Kaiser nicht umstimmen. Obwohl Italiener wie Casanova besuchte er auch das Gasthaus Raunzinger nicht. Josef II. überstürzte, in seiner Ungeduld, die gut gemeinten Reformen. Durch seine Versuche, die Verwaltung noch mehr zu zentralisieren, fühlten sich die Völker der vielsprachigen

Monarchie herausgefordert, und mitten in den daraus resultierenden Turbulenzen starb plötzlich der Kaiser. Sein Bruder Leopold II., ein hochbegabter Verwaltungsfachmann, konnte durch behutsames Vorgehen das Chaos beenden, starb aber leider schon nach zwei Jahren. Mit ihm hatte das Haus Habsburg-Lothringen sein Pulver verschossen, die letzten vier Kaiser waren unbegabt, einfältig, stockkonservativ, phantasielos, teilweise dumm, und die hochbegabten Erzherzöge Karl und Johann gelangten leider nicht auf den Thron.

Das Leben in Mitteleuropa, der sogenannte aufgeklärte Absolutismus, wie ihn Josef II. und Friedrich der Große praktizierten („Alles für das Volk, nichts durch das Volk") wäre noch Jahrzehnte weiter ungestört geblieben, wären nicht im Westen die Bürger allmählich selbstbewußter geworden. Zunächst noch sehr weit im Westen. Die Menschen in den britischen Kolonien in Amerika kamen zur Ansicht, alle Menschen würden gleich an Rechten und Würden geboren. Diese Erkenntnis führte zur Tat. Die Amerikaner erhoben sich, vertrieben die Kolonialherrn und verbrieften die neuen Freiheiten. Die Bewegung und das neue Selbstbewußtsein schwappten nach Europa über. Zunächst nach Frankreich. Dort feierte der Hof in Versailles verschwenderische Feste, Adel und Klerus lebten wie die Maden im Speck, das einfache Volk aber darbte. Am 14. Juli 1789 erstürmten die Bürger die Bastille! Ein neues Zeitalter begann: „Liberté, Égalité, Fraternité", also Freiheit, Gleichheit, Brüderlichkeit. Wenn auch bald wieder Rückschläge kommen sollten und für manches die Zeit noch nicht reif war, auf die Dauer ließ sich die Uhr nicht mehr zurückdrehen.

Halten wir hier ein wenig inne und schauen wir, was sich indessen in Wien ereignete. Die Wiener selbst konnten ja noch kaum in das Geschehen eingreifen, denn die ohnehin eher spärlichen Kompetenzen der Ratsherren wurden unter allen Herrschern immer weiter eingeschränkt, und selbst die Bürgermeister bedurften der Bestätigung durch den Kaiser! Die Wiener reagierten darauf nicht wie die Pariser. Von den Ideen der Französischen Revolution übernahmen sie nur die Gleichheit: Es war ihnen alles gleich. Dabei gab es durchaus bedeutende Bürgermeisterpersönlichkeiten wie Josef Georg Hörl. Der Zentralismus Josefs II. führte dazu, daß der Magistrat überhaupt seit 1783 dem Staat und nicht mehr der Stadt unterstand.

1763 wurde das abgebrannte Kärntnertortheater wieder eröffnet. 1766 gab Josef II. den Prater zur allgemeinen Benützung frei. 1775 wurde die Gloriette eröffnet und der Augarten für die Bevölkerung zugänglich gemacht, 1776 das Burgtheater vom Hof übernommen und zum Nationaltheater erklärt. In dieser Zeit begann auch ein Wirtschaftsaufschwung mit dem aufkommenden Manufakturwesen. Um 1780 entstanden 64 Elementarschulen für die „unteren Stände" für Lesen, Schreiben und Rechnen, denn Wien hatte bei der ersten Volkszählung 1775 bereits 175.000 Einwohner, darunter übrigens 600 Juden, die bereits eine eigene Gemeinde waren. Auch Gymnasien wie das Schottengymnasium entstanden, die zwar unter der Ägide der Orden standen, dafür wurde aber die Universität verstaatlicht und den Jesuiten entzogen.

1784 begann auch der Bau des Allgemeinen Krankenhauses in der Alservorstadt. Sonst war es mit der Sozial- und Gesundheitspolitik nicht weit her. Laut einer Verordnung vom 18. Februar 1787 durften Kinder vor Antritt des 9. Lebensjahres „nicht ohne Not" zur Fabriksarbeit herangezogen werden. Die Industriellenvereinigung sah dadurch nicht „den Wirtschaftsstandort bedroht", da sie noch nicht existierte. An Vergnügungen, musikalischen Höhepunkten und, wie man heute sagen würde, „Events" wurde einiges geboten. Opern von Gluck und Mozart wurden uraufgeführt, große Festivitäten veranstaltet, und am 6. Juli 1791 stieg Jean-Pierre Blanchard mit einem Ballon im Prater auf und landete in der Nähe von Großenzersdorf. Doch nicht jede Vergnügung gereichte den Wienern zur Ehre. Im heutigen 3. Bezirk (Hetzgasse 2) gab es von 1708 bis 1796 (als das Gebäude abbrannte) in einem 3000 Personen fassenden Amphitheater „animalische Spektakel", nämlich Hetzjagden mit Löwen, Panthern, Bären und Hunden, die trotz hoher Eintrittspreise großen Zulauf hatten. So gesehen war das von Qualtinger zitierte Match „Simmering gegen Kapfenberg" geradezu ein humanitärer Quantensprung.

Inzwischen kam das Donnergrollen aus dem Westen näher. Auch in Mitteleuropa entstand Unruhe im Bürgertum. Bürger, die gleichfalls mitbestimmen, das Regieren nicht mehr allein den Monarchen überlassen wollten, eine „Konstitution" forderten, fanden sich in geheimen Zirkeln zusammen, und als nach dem Tod Leopolds II. der engstirnige Franz II. die Regierung übernahm, nahm die Furcht vor „Jakobinern" hysterische Formen an, etwa so, wie Karl Kraus in den „Letzten Tagen der Menschheit" die Spionenfurcht zu Beginn des Ersten Weltkriegs schildert. Machen wir also zwischendurch einen kurzen Blick zu unseren Freunden und schauen wir, ob diese Atmosphäre des Mißtrauens und der gegenseitigen Bespitzelung auch dort Spuren hinterläßt.

Diesmal besuchen wir ausnahmsweise das Café Keppl. Nein, das ist kein Mißverständnis. Kaffeehäuser sind inzwischen populärer geworden, sie sind ein Bestandteil des Wiener Lebens und gelten doch als etwas „feiner" als die Wirtshäuser, sprechen auch ein anderes Publikum mit einer etwas anderen Erwartungshaltung an. Man schreibt das Jahr 1792, es ist Herbst geworden, was ja früher, als sich die Jahreszeiten noch voneinander unterschieden haben, weil der Auspuff der Pferde auf das Klima keinen Einfluß hatte, noch bemerkt wurde.

Franz Keppl hatte auch schon eine Kellnerin, die Babette, so daß er nicht mehr ständig im Lokal sitzen mußte. Wozu ist man schließlich Chef? Außerdem war es lästig, ständig mit den Gästen zu plaudern und jedem recht geben zu müssen. Im Kaffeehaus sitzen ein fremder Herr und eine Dame. Zwar ist es damals noch nicht üblich, daß Damen ohne Begleitung ein Lokal besuchen, aber Frau Winkler ist die Besitzerin des Hauses in der Rotenturmstraße, in dem sich das Café Keppl befindet. Schließlich sitzt auch noch Augustin im Lokal, der bei seinem Bruder Leopold wieder einmal Lokalverbot hat und deshalb bei Franz Keppl automatisch willkommen ist. Der Gustl stört sowieso nicht, denn er hat schon eine längere Lokaltour hinter sich, sitzt friedlich in einer Ecke und schläft. Eben hat Babette der Dame eine Torte serviert, nachdem diese behauptet hatte, sie hätte schon zwei Stunden gerufen, obwohl sie erst zehn Minuten im Lokal war. Die Zeitbegriffe sind eben verschieden, einem Patienten vergeht die Zeit ja auch langsamer als dem Zahnarzt, der eben dessen Zahn anbohrt.

Die Kellnerin fragt jetzt auch Augustin nach seinen Wünschen, wenn auch vergeblich, denn Schlafende sind meist wunschlos glücklich, und wendet sich dann an den Fremden: „Und der Herr? Vielleicht noch einmal Kaffee und Brioche?" – „Ich bin so frei." Jetzt fährt Frau Winkler auf: „Babette, rufen S' mir sofort den Herrn Keppl!" Babette gehört zu den Menschen, die automatisch immer schuldbewußt sind. „Den Herrn Keppl – bitte, gnä Frau, es wird nimmer vorkommen, daß Sie so lang warten müssen." – „Es geht doch net um Sie, einfältige Person. Also hol sie schon den Chef!" Die Kellnerin eilt, während Augustin schnarcht, und holt ihren Chef, der auch sogleich erscheint. „Oh, küss die Hand, Madame Winkler, was steht zu Diensten?" Sie winkt ihn zu sich und flüstert. „Herr Keppl, kennen Sie den Herrn?" Keppl: „Na freilich, das ist der Augustin." Frau Winkler: „Aber den kennt doch jeder. Ich mein den anderen." Keppl, auch leise: „Nein, der war noch nie da." Frau Winkler: „Seien Sie auf der Hut. Das ist ein Spion. Ein Jakobiner." Keppl: „Frau

Winkler, meine Gäste sind keine Jakobiner! Wie kommen Sie darauf?" Frau Winkler: „Ich hab selber ghört, wie er gsagt hat: ‚Ich bin so frei.'" Herr Keppl: „Na ja, das ist nur so eine Redensart. Wenn ein österreichischer Untertan sagt, ich bin so frei, darf man das nicht wörtlich nehmen."

Inzwischen bringt Babette den Kaffee. „Ist der Kaffee zu dunkel? Soll i noch Milch dazu geben?" Als der Fremde antwortet: „Wie Sie glauben, mir ist das ganz gleich", gerät Frau Winkler in höchste Erregung: „Ham S' es ghört? Es ist ihm gleich! Riechen Sie den Braten?" Keppl ist etwas verwirrt. „Ich riech nur den Kaffee." Die Dame blickt ihn streng an: „Sie sind viel zu wenig wachsam! Die ganze Stadt ist voll von Spionen und Jakobinern, und Sie merken nichts? Den Aufstand der Zeugmachergesellen haben diese Leute auch angezettelt. Und in Ihrem Kaffeehaus fühlen die sich sicher. Zuerst hat er gesagt, ich bin so frei, und jetzt, das ist mir gleich. Na?" Da riecht auch Franz Keppl endlich den Braten: „Jetzt kapier ich 's. Ich bin so frei. Das ist mir gleich. Wenn er jetzt noch brüderlich sagt, ist er entlarvt!"

Inzwischen ist für alle überraschend Augustin plötzlich erwacht. „He, Wirtschaft, noch einen – ah so, i bin ja im Kaffeehaus. Kellnerin, für mi auch so a Kipferl, was der Herr dort hat." Babette bedauert. „Es tut mir leid, Herr Augustin, aber das ist die letzte Brioche." Der fremde Herr lacht: „Das macht nichts, ich will sie mit dem Musjöh brüderlich teilen." Augustin: „Vergelt 's Gott." Er nimmt aus seinem Bündel eine Flasche: „Wollen S' anzahn? A echter Nußberger." Der Fremde lehnt freundlich ab. „Danke, ich trinke nur Blaufränkischen, Weißburgunder oder Rotgipfler."

Jetzt ist für Frau Winkler alles klar: „Ham S' es ghört? Blaufränkisch, Weißburgunder, Rotgipfler, die Farben der Trikolore. Musjö hat er auch gsagt und brüderlich. Er ist ein Jakobiner." – „Wer is a Jakobiner?" fragt Augustin. „Pst. Schlaf er seinen Rausch aus", sagt die Dame. Und zu

Keppl: „Wir müssen so tun, als wären wir auch Jakobiner, vielleicht demaskiert er sich." Keppl ist ratlos: „Wie macht man dös? Ich hab noch nie kan Jakobiner net gsehn." – „Ich auch nicht", sagt die Dame unglücklich, „aber das macht nichts." Und dann, laut: „Recht haben s', der Marat und der Robespierre. Wir brauchen eine Republik!" Sofort stimmt Keppl zu: „Hoch Marat. Wer is denn dös?" Augustin: „Jawohl wir brauchen a – was, a Republik? Also, i brauch kane. Zuwas soll dös guat sein?" – „Da braucht ma kan Kaiser und kan König mehr." – Augustin: „Dös müaßts ma erst vorhupfen, wia ma ohne König Karten spielen kann."

Die Hoffnung, daß sich der Fremde zu einer weiteren hochverräterischen Äußerung provozieren läßt, geht nicht auf. Im Gegenteil. Der Fremde befreit sich von Perücke, Schnurrbart und Bart. Er ist natürlich Friedrich, Leopold Raunzingers Freund, der pflichtbewußte Staatsbeamte: „Ich bin ein Konstabler, ich fordere Sie auf, wegen jakobinischer Betätigung mitzukommen." Er zeigt eine Kokarde vor.

Zur allgemeinen Überraschung zeigt auch Franz Keppl eine Kokarde vor: „Es tut mir leid, aber ich muß Sie festnehmen, ich bin auch ein Konstabler!" Jetzt ist Friedrich, wie man in Wien sagt. „im Eck". Aber geistesgegenwärtig sagt er: „Ich bin höher als Sie, ich bin Doppelagent!" Das ist dem Gustl jetzt aber zu viel: „Lauter Agenten, und für sowas zahlt ma Steuer!" Franz Keppl, ein braver Steuerzahler, fühlt sich von dem – wie man heute sagen würde – Sandler provoziert: „Halt die Goschen, du hast no nie a Steuer zahlt." Und Friedrich steht dem Kollegen bei: „Augustin Raunzinger, äußern S' Ihnen nicht, sonst muß ich Sie auch arretieren." Gustl, unbeeindruckt, zieht auch eine Kokarde: „Tuat mir leid, Kollegen, ich bin auch ein Dings – i kann das Wort net konstabieren – aber der Herr Stadthauptmann zahlt mir einen Humpen für jeden Jakobiner, was i dingfest mach." Nun ist auch die vornehme

Frau Winkler an der Reihe, ihre Kokarde zu ziehen: „Das werde ich überprüfen, der Herr Stadthauptmann ist nämlich mein Wahlonkel."

In diesem Moment erscheint Babette und fragt: „Haben die Herrschaften noch einen Wunsch?" – „Ja", sagt Friedrich, „nämlich, daß Sie mitkommen. Sie haben sich verdächtig gemacht, mit den Jakobinern zu konspirieren." Die Kellnerin erschrickt: „I hab ja nix gsagt" – „Eben", sagt Friedrich, „das ist ja das Verdächtige!"

Aber wie sonst hätte die Geschichte enden sollen? Vier Konstabler und kein Verdächtiger, das wäre denn doch eine miese Ausbeute gewesen. Das Ganze war ein falscher Alarm. Auch unsere arme Babette wurde bald freigelassen.

Aber zwei Jahre später wurde wirklich eine „Jakobinerverschwörung" aufgedeckt. Unter den Festgenommen befanden sich Träger klingender Namen, wie Magistratsrat Prandstätter, Oberleutnant von Hebenstreit und Professor von Riedl. Es gab strenge Urteile, darunter ein Todesurteil. Aber, was typisch österreichisch ist, die angebliche Verschwörung und die Verhaftungen kamen zu einem Zeitpunkt, als die Jakobiner in Frankreich schon fast am Ende ihrer Macht waren. Der Schreckensherrschaft der Jakobiner fiel ja bald der blutrünstige Robespierre selbst zum Opfer, ebenso wie schon vorher der König und die Königin, die naive Österreicherin Marie Antoinette, Tochter Maria Theresias, auch viele Revolutionäre und Jakobiner, wie etwa Danton. Die Revolution fraß ihre Kinder! Denn zur Zeit des öffentlichen Anklägers Robespierre verloren viele infolge von Denunziationen im wahrsten Sinne des Wortes ihren Kopf.

Was dann kam, war zunächst ein zwar nicht brutales, aber unfähiges und korruptes Direktorium. Ihm folgte die Diktatur, später das Kaiserreich Napoleon Bonapartes, 1769 in Korsika geboren. Beethoven hatte ihm zuerst die Eroica gewidmet, aber als sich der Korse zum Kaiser krönen ließ, zerriß er die Widmung. Bonaparte ging seinen

Weg wie einer, der 120 Jahre nach ihm, in Braunau am Inn geboren war. Er überzog ganz Europa mit Krieg, wobei er zweimal, 1805 und 1809, auch Wien eroberte. Wie der Braunauer griff er, nachdem es ihm nicht gelungen war, in England zu landen, Rußland an, und die Grande Armee scheiterte an der Weite des russischen Raums. „Mit Mann und Roß und Wagen, hat ihn der Herr geschlagen", wie ein Dichter schrieb. Nur wenige von den 600.000 Soldaten kehrten in die Heimat zurück. Aber der Empereur gönnte seinem ausgebluteten Volk keine Ruhe. Noch einmal versuchte er sein Glück.

Der Kongreß tanzt

Der Kaiser der Franzosen stand am Scheideweg. Bei Leipzig entschied sich 1813 sein Schicksal. Eine russisch-preußisch-schwedische Streitmacht stand ihm gegenüber. Für welche Seite würde sich Österreich entscheiden? Außenminister Metternich verhandelte mit Napoleon, der schließlich durch seine Hochzeit mit Marie Louise Schwiegersohn des Kaisers Franz war. Metternich riet dem Korsen, alle früheren Eroberungen aufzugeben und die ursprünglichen Grenzen Frankreichs zu akzeptieren. Wie? 24 Jahre Krieg sollten vergeblich gewesen sein? Der Empereur lehnte ab. Österreichs Eingreifen entschied die Völkerschlacht bei Leipzig zugunsten der Alliierten. In der Folge war Napoleon endgültig geschlagen und wurde auf die Insel Elba verbannt. Österreich aber war eine der führenden Mächte Europas. Kein Wunder also, daß der Kongreß, der Europa neu ordnen sollte, in Wien stattfand, kein Wunder, daß auch das Gasthaus Raunzinger von der Neuordnung Europas wie gewöhnlich nicht unberührt blieb.

Es ist der 5. März des Jahres 1815, als man im erwähnten Lokal am Abend friedlich beisammensitzt. Neben

Poldl Raunzinger ist es – man höre und staune – Franz Keppl! Seit sich beide gemeinsam 1805 zur Bürgermiliz gemeldet hatten, waren sie sozusagen Kameraden, außerdem waren sie ja, seit die Keppls Cafetiers waren, keine direkten Konkurrenten mehr. Auch ein weiterer Kamerad aus der Bürgermiliz war anwesend, der Buchhändler Hermann Motschger, der uns samt seiner Familie auch in den späteren Jahrzehnten begleiten wird. Gemeinsam durchgemachte schwere Zeiten hatten sie zusammengeführt: Die zweimalige Besetzung Wiens und die Beschießung anno 1809, die damit verbundenen Engpässe in der Lebensmittelversorgung, die zu einer zeitweiligen Hungersnot unter den nunmehr auf 150.000 Einwohner angewachsenen Bevölkerung Wiens und der Vorstädte innerhalb des Linienwalls geführt hatte, und der Staatsbankrott von 1811.

Dabei hätten die zwei Franzosenbesetzungen Wiens unterschiedlicher nicht sein können. 1805 waren die Wiener den Franzosen gegenüber durchaus freundlich gestimmt und von einer gewissen Bewunderung für Napoleon erfüllt. Wien wurde auch gegen die heranrückenden Franzosen nicht verteidigt. Im Gegenteil, der Langzeitbürgermeister Stephan Wohlleben, übrigens der erste, der nicht mehr von den Stadträten gewählt, sondern vom Kaiser ernannt wurde, überreichte dem Marschall Murat, der mit 15.000 Mann in Wien einrückte, bei der Mariahilfer Linie feierlich den Schlüssel der Stadt. Von sonderlichem Patriotismus keine Spur, trotz der am 12. Februar 1797 erstmals aufgeführten, bei Joseph Haydn in Auftrag gegebenen Hymne „Gott erhalte Franz den Kaiser“, die als Antwort auf die zündende „Marseillaise“ (übrigens von dem Niederösterreicher Ignaz Pleyl komponiert) für ein österreichisches Nationalgefühl sorgen sollte. Auch Napoleon wandte sich zum Abschied mit einer freundlichen Proklamation an die Wiener, wobei er sich seiner Milde rühmte. Er schrieb freilich nicht „Diese Stadt ist eine Perle ...“, das war ein anderer, 133 Jahre später.

Ganz anders die Situation 1809. Als der Außenminister Graf Stadion, in der Hoffnung, Napoleon sei durch den Guerillakrieg in Spanien, dem ersten dieser Art übrigens, gebunden, doch auch in der Hoffnung, die vom Korsen geknechteten Völker Europas mitzureißen, auf einen neuerlichen Krieg gegen Napoleon hinarbeitete (übrigens gegen den Rat des erfahrenen Feldherrn Erzherzog Karl), entsprach dies auch der Stimmung der Bevölkerung. Schon vor Kriegsbeginn erhoben sich die Tiroler unter der Führung von Andreas Hofer gegen das französische Satellitenregime in München, vom Wiener Hof zunächst ermutigt, zuletzt im Stich gelassen. Wieder einmal der sprichwörtliche „Dank vom Hause Österreich". Napoleon reagierte blitzartig auf die österreichische Kriegserklärung. Ein von Friedrich von Gentz verfaßtes Manifest fand bei den nach der schweren Niederlage der Preußen gegen Napoleon deprimierten Deutschen kaum Widerhall. Bereits am 10. Mai, kaum einen Monat nach der Kriegserklärung, erschien die Grande Armee vor Wien, das diesmal, obwohl sich die Verteidigungsanlagen in desolatem Zustand befanden, erst nach heftiger Beschießung der Stadt genommen werden konnte. Napoleon residierte wieder in Schönbrunn, das ihm ja schon fast so vertraut gewesen sein mußte wie Versailles oder die Touillerien. Aber die Haltung der Wiener war diesmal feindselig. Der Wiener Pastorensohn Friedrich Staps büßte ein Attentat gegen den Kaiser mit dem Tod. Noch einmal schöpften die Wiener Hoffnung! Die österreichische Armee fügte Napoleon bei Aspern die erste Niederlage seines Lebens zu. Tagelang wurden Verwundete in die Stadt gebracht. Aber nach einem Sieg bei Wagram war der Krieg zugunsten Frankreichs entschieden. Zur Strafe gibt es in Paris einen Boulevard Wagram, aber keinen Boulevard Aspern. Aber inzwischen haben die Asperner gelernt, sich mit ihrem Schicksal abzufinden.

Auch im Leben der kleinen Mitzi Raunzinger spiegelte sich der Unterschied zwischen 1805 und 1809 wider. Als sie 1805 mit ihrem Verehrer, einem feschen französischen Leutnant, durch die Straßen der Wienerstadt stolzierte, spürte sie anerkennende, wenn auch neidige Blicke. Später bekam sie die Verachtung der einheimischen Burschen zu spüren, die sie, wie man hierorts sagt, „anglahnt" ließen. Vier Jahre später, als die Franzosen – wie sie insgeheim dachte, ihretwegen – zurückkehrten, hielt die Familie sie, was bei ihrem bekannten Faible für fremde Uniformen verständlich war, trotz ihrer Tränen vorsorglich unter Verschluß.

Jetzt aber, 1815, erlebte Wien glanzvolle Zeiten, die es für manches Ungemach entschädigten. Mehr als 400 Monarchen und Diplomaten aus ganz Europa logierten hier, und täglich gab es irgendwo Festivitäten, Bälle, Paraden oder sonstiges Spektakel. Da nur ein kleiner Teil der Kongreßteilnehmer jeweils an den Beratungen teilnahm, gab es genug Möglichkeiten zu feiern, zu trinken und zu lieben, von denen auch ausgiebigst Gebrauch gemacht wurde. Geschäfte und Lokale profitierten davon, und wenn auch die Wienerinnen und Wiener merkten, daß alles teurer wurde, und durchaus zu Recht das Gefühl hatten, Kaiser Franz und damit natürlich sie selbst als seine Untertanen müßten letztendlich für alle Unkosten aufkommen, schmeichelte es ihnen doch, für eine Weile Mittelpunkt Europas zu sein, auch wenn der Fürst de Ligne mit Recht die mangelnden Fortschritte der Beratungen bemängelte und den bekannten Satz prägte: „Der Kongreß tanzt."

Auch unsere Mitzi – pardon, immer, wenn sie ein Verhältnis hat, Maria –, also unsere Maria profitierte von dem Glanz dieser Tage. Jetzt sperrten sie auch ihre Eltern nicht mehr ein, denn sie war inzwischen 28 Jahre und am Höhepunkt ihrer Schönheit, das mußte den vielen Gästen doch auffallen, und es war höchste Zeit für einen Schwiegersohn! Zumal Bruder Robert vor zwei Jahren endlich wieder einmal seine geliebte Julia Keppl heiraten durfte, und zwar auf Druck Napoleons. Nicht, daß der Korse persönlich interveniert hätte, aber Robert mußte ins Feld, um an der Völkerschlacht bei Leipzig teilzunehmen, und da wollte man ihm noch schnell eine Freude machen. Mitzi-Maria aber wurde ständig ausgeschickt, um Besorgungen zu machen, und dabei lernte sie den um zirka zehn Jahre älteren Alexej kennen, ein Mitglied der russischen Delegation. Bald verbrachte er fast jeden Abend im Hause Raunzinger. Mitunter übernachtete er auch hier, da im Winter die Nächte lang waren, und Frau Gertrud meinte, bei einem Ortsunkundigen könne man nichts riskieren, da er sich ja in Wien nicht auskenne. Dieser Meinung pflichtete auch Raunzinger-Freund Friedrich bei, derzeit Geheimpolizist, der angeblich die Bekanntschaft vermittelt hatte. Jetzt sitzt er dauernd in der Stube, wobei er sich ständig Notizen macht, immer wieder auch die Meinung Alexejs zur Zukunft Europas hören will. Oft kommt er auch am nächsten Morgen und will wissen, was der Russe in der Nacht gesagt hatte, aber Maria schüttelte nur errötend den Kopf. Gestern allerdings hat sie strahlend erwidert: „Er hat gesagt: Ich muß dich haben, Maria Leopoldowna! Ja, das hat er gesagt. Also ich glaube, es kann nichts mehr passieren!“ – Ahnungsloser Engel!

Aber, zum Kuckuck, unsere Freunde wollen endlich zu Wort kommen. Einen Moment müssen sie noch warten, denn inzwischen haben sie ja Verstärkung erhalten. Und in mehrfacher Hinsicht sind sie sehr unterschiedlich. Leopold Raunzinger ist skeptisch, mißtrauisch, zur Unzufriedenheit neigend, liest gerne die satirischen „Briefe eines Eipeldauers an den Herrn Vettern in Kagran“, die wöchentlich erscheinen, Franz Keppl ist fromm (auch wenn behauptet wird, er habe ein Panscherl mit Kellnerin Babette. Aber Näheres weiß wohl nur der Herr Pfarrer, und der ist durch das Beichtgeheimnis gebunden). Jedenfalls:

Franz ist seinem geliebten Kaiserhaus und der Obrigkeit treu ergeben. In seinem Lager ist Österreich, sagt Augustin. Hermann Motschger, der dritte Musketier, schwärmt für die alten Germanen, kann das Nibelungenlied auswendig und träumt von einem großen, starken, einigen Deutschen Reich. Seine drei Hunde heißen Gunther, Gernot und Giselher. Man sieht also, für künftigen Konfliktstoff zwischen den Dreien (den Männern, nicht den germanischen Hunden) ist gesorgt.

Aber jetzt geben wir endlich das Gespräch frei, es wird sowieso bald gestört werden. Jedoch ein bißchen gedulden müssen Sie sich noch, denn das erste Wort hat – wie meistens – der Großvater. „I sag euch, es war a Fehler, daß sie den Napoleon verjagt ham, dös anzige politische Genie, was mir in Europa ham. Jetzt hocken s' alle in Wean und können si net einigen. Und der Bonaparte, was den Kontinent geeint, geordnet und zu neuer Größe gführt hätt, sitzt auf Elba und kann nimmer eingreifen. Aber sie werden ihn no zruckholen, werd 's sehgn. Und sei Alte, die Marie Louise, was sie jetzt mit dem Grafen Neipperg vergnügt, wird no reuig zu ihm zruckkummen." Leopold fährt auf: „Aber Vater, unser ‚guater Kaiser Franz' hat dös arme Madel verkuppelt, und der Metternich hat das Ganze eingfadelt. Die hat ganz recht, wann s' dem alten Weiberhelden den Pschisterer geben hat, sonst wär 's ihr noch so gangen wia der Marie Antoinette. Und der Napoleon hat die französische Armee rücksichtslos geopfert, glei am Anfang in Ägypten und zum Schluß in Rußland. Frankreich is ausgeblutet!"

„Unser Kaiser hat sei Tochter net verkuppelt, sondern das schwerste Opfer bracht, was a Vater bringen kann", verteidigt Keppl seinen Souverän. „Und nur, um uns den Frieden zu sichern. Aber er hat alles vorhergsehn. Heut san mir die führende Macht in Europa, und unser Fürst Metternich weist allen den richtigen Weg!" – „Wo bleibt nur mei Alexej?" jammert Maria. „Aber geh, Schatzerl, du weißt ja, daß er heut beim Ball vom Fürsten Metternich is. Er wird scho kummen." Frau Gertrud streicht ihrer Tochter liebevoll übers Haar.

Inzwischen ist es auch für Hermann Motschger Zeit, sein Statement abzugeben. „Freunde, die Neuordnung, wia si 's unser lieber Herr Außenminister vorstellt, könnts vergessen. Alles bleibt beim Alten, Deutschland in 41 Fürstentümer und freie Städte aufteilt, ohne Freiheit, ohne Mitsprache. I sag euch, nur von Preußen kummt die Rettung, kummen die Reformen, was mir brauchen!" – „Vom Hardenberg aber net", wendet Leopold ein, „der ist genauso verzopft wia der Metternich." Und Keppl ergänzt: „Die Hohenzollern san sowieso ungeeignet, nur das Haus Habsburg is zur Führung legitimiert." – „Nau und warum hat dann der Kaiser Franz II. die deutsche Kaiserkrone zruckglegt und is auf amal als Franz I. Kaiser von Österreich worden?" fragt Hermann. „Weil er gsehn hat, daß deine deutschen Fürsten auf eam pfeifen und nur mehr aum Napoleon hurchen", höhnt Leopold. In diesem Moment wird die Tür aufgerissen, Geheimpolizist Friedrich stürzt in die Stube, schreckensbleich: „Alarm! Der Napoleon is bei Cannes gelandet und is im Vormarsch. Die depperten Franzosen jubeln ihm zu, alles geht wieder von vorn an!" schreit er, in der Erregung seine Würde vergessend und in den Dialekt verfallend. „I hab 's ja gwußt, der Klane is a Genie!" triumphiert der Großvater. Die „Leopoldowna" jammert: „Hoffentlich muaß jetzt mei Alexej, mei Xandl, net furt!" Onkel Gustl beruhigt sie: „Geh, lächerlich, Mitzerl, er is ja net der Zar." Friedrich blickt die junge Frau mitleidig an. „I hab 's ja leider aus Staatsräson net sagen dürfen, Maria. Er is der Zar."

„Mein Gott", jammert da Frau Gertrud, „amal hätt ma einen Schwiegersohn kriagt, was a bissel a Geld hat. Und wann i dös wem derzähl, glaubt mir 's kaner." – Also, wenn es die Familie Raunzinger tröstet, glauben wir 's halt.

Mund halten und nicht auffallen!

Zunächst einmal die gute Nachricht: Für unsere Mitzerl Leopoldowna, die wir ja inzwischen liebgewonnen haben, gibt es ein Happy End: Zwar wäre der Geheimpolizist Friedrich, der ja das Ganze eingefädelt hatte, liebend gern wieder als Retter eingesprungen, wie schon sein Vorgänger zur Zeit Casanovas, doch schon am nächsten Tag erscheint ein junger Mann von der russischen Botschaft und hält um Marias Hand an. Er bekommt gleich beide Hände und die ganze Maria dazu. Die beiden werden ein glückliches Paar, leben teilweise in Wien, teilweise in St. Petersburg und bekommen drei Söhne. Der erste ist ein Siebenmonatskind, so was kommt ja vor. Ob er ein kleiner Zarewitsch ist? Nun, da mag sich jeder seinen Reim darauf machen.

Für Europa sah es zunächst auch nach einem Happy End aus. Napoleons Comebackversuch hatte auch etwas Gutes: Die fast schon zerstrittenen Alliierten einigten sich vor lauter Schreck über die Neuordnung Europas. Österreich erhielt seine Besitzungen in Dalmatien und Italien zurück, verzichtete auf Belgien und den Breisgau, gewann Salzburg und Venezien und verfügte nun über ein geschlossenes Staatsgebiet. Nach 100 Tagen war das Intermezzo mit Bonaparte vorüber. Nach anfänglichen Erfolgen wurde er bei Waterloo von Briten und Preußen vernichtend geschlagen, das österreichische Expeditionskorps unter Schwarzenberg mußte erst gar nicht eingreifen, Kaiser Franz, Zar Alexander und König Friedrich Wilhelm von Preußen ritten in Paris ein und setzten die Bourbonen wieder als Könige ein. Napoleon aber wurde nach St. Helena verbannt und lebte dort noch sechs Jahre in der Überzeugung, er sei das größte Genie gewesen, aber seine blöden Marschälle hätten alles verpatzt. So wie 130 Jahre später – na ja, siehe wieder einmal Ben Akiba!

Für die Völker Europas gab es kein Happy End. Die Herrscher von Rußland, Österreich und Preußen bildeten die „Heilige Allianz". Unser Kontinent sollte wieder so regiert werden wie vor 1789, als wäre nichts geschehen. In ganz Europa mit Ausnahme Großbritanniens und der Schweiz herrschte wieder die finsterste Reaktion, von St. Petersburg bis Neapel, von Wien bis Madrid wurde jede freisinnige Regung gewaltsam unterdrückt. Nur: Das Wissen um die Möglichkeit einer Demokratie war nicht mehr auszumerzen, und die anschließende napoleonische Unterdrückung hatte auch überall das nationale Selbstbewußtsein geweckt. Für diese nationaldemokratischen Ideale, für Freiheit und Selbstbestimmung hatten Tausende junger Freiwilliger zu den Waffen gegriffen, Studenten und Teile des Bürgertums, Intellektuelle, Dichter und Schriftsteller hofften auf ein Zeitalter der Freiheit. Und nun sollte alles vergeblich gewesen sein?

Natürlich läßt sich der Geist des Freisinns nicht gänzlich unterdrücken. 500 Studenten und Professoren aus Deutschland und Österreich kamen im Oktober 1817 auf der Wartburg zu einer Kundgebung für die nationale Einheit zusammen. In Wien entstand die Künstler- und Dichtervereinigung „Ludlamshöhle", zuerst im Gasthaus „Zum Blumenstöckchen" in der Ballgasse, später im Gasthaus „Haidvogel" im Schloßergäßchen. Ignaz Castelli, Franz Grillparzer und Carl Maria von Weber gehörten neben vielen anderen dazu. Auch Augustin Raunzinger behauptete, bei mehreren Zusammenkünften dabeigewesen zu sein, aber man weiß ja, was von seinen Erzählungen zu halten ist.

Metternich reagierte auf diese Entwicklungen. Er setzte Joseph Sedlnitzky als Präsident der obersten Polizei- und Zensurbehörde ein, der ein Netz von Spitzeln schuf. Auch Friedrich war natürlich wieder dabei. Theaterstücke, Druckerzeugnisse und Briefe wurden von der Zensur erfaßt. Viele Zensoren zeichneten sich durch Borniertheit und Mangel an Bildung aus. 1826 wurde auch die „Ludlamshöhle" als staatsgefährlich verboten. Das kulturelle Leben spielte sich mehr und mehr in privaten Wohnungen in Form von literarischen Salons und Hausmusik ab. In der Öffentlichkeit galt: Mund halten und nur net auffallen! Der Dichter Castelli aber, der übrigens auch den Tierschutzverein gegründet hatte, nannte seine Hunde nach dem verhaßten Polizeipräsidenten „Sedl" und „Nitzky".

Trotzdem: Ebensowenig wie Maria Theresia die Liebe, die sich ja durch Jahrtausende bewährt hatte, verbieten hatte können, gelang dies Clemens Metternich und Joseph Sedlnitzky mit Literatur und Kunst. 1818 wurde im Gasthof „Römischer Kaiser" erstmals ein Werk von Franz Schubert aufgeführt und im Burgtheater Grillparzers „Sappho". 1820 gab es in Wien 27 Druckereien, 50 Buchhandlungen (darunter die von Hermann Motschger, wie wir wissen), 18 Kunsthandlungen und 10 lithographische Anstalten. In der Stadt waren 550 Schriftsteller ansässig. Ob sich Onkel Augustin dazuzählte, wissen wir nicht. 1822 wurde das umgebaute Theater in der Josefstadt mit Beethovens „Weihe des Hauses" eröffnet, 1823 Ferdinand Raimunds „Barometermacher auf der Zauberinsel" uraufgeführt, 1824 im Kärntnertortheater Beethovens „Neunte", 1825 im Burgtheater Grillparzers Trauerspiel „König Ottokars Glück und Ende". Vier Jahre nach Raimund, 1827, trat auch Johann Nepomuk Nestroy mit seinem „Zettelträger Papp" erstmals an die Öffentlichkeit. Am 26. März 1827 ereignete sich in Wien ein seltsames Naturschauspiel: Während noch einmal heftiger Schneefall einsetzte, ein Sturm tobte, verfinsterte sich der Himmel und ein um diese Jahreszeit seltenes Gewitter brach los. Die Menschen fürchteten sich sehr, manche dachten, die Welt ginge unter.

In der gleichen Stunde starb Ludwig van Beethoven.

Nach dem Tod dieses Titanen wollen wir uns wieder anderen Begebenheiten zuwenden. Politisch tat sich nicht viel. Es herrschten Ruhe und Ordnung: die Ordnung des Exerzierplatzes, die Ruhe des Friedhofs. Hie und da tagten die Repräsentanten der „Heiligen Allianz", um sofort Truppen zu entsenden, wenn irgendwo die Ruhe der Welt durch „revolutionäre Umtriebe" gestört wurde.

Auch in Wien herrschten „Ruhe und Ordnung", doch es gab auch Abwechslung. 1816 wurde die Nationalbibliothek errichtet. Das war nicht riskant, dafür sorgte schon die Zensur. Aber die Untertanen konnten nun einmal lesen, das war nicht mehr rückgängig zu machen. Doch wenn schon nicht die zensurierte Lektüre, brachte wenigstens die ab 1817 eingeführte Gasbeleuchtung in der Wiener Innenstadt etwas Licht ins Dunkel. Aber sicher fanden die Liebespaare noch Plätzchen, die im Dunkeln lagen. Einer, der aus anderen Gründen das Licht scheute, der Räuberhauptmann Grasl, wurde am 31. Jänner 1818 in Wien hingerichtet. Und im Sommer desselben Jahres unternahm das Dampfschiff „Carolina" erste Probefahrten auf der Donau bei Wien. Es erreichte immerhin 9 Kilometer Stundengeschwindigkeit. 1825 trennten sich die beiden Protagonisten des Wiener Walzers, Johann Strauß Vater und Joseph Lanner, und traten künftig mit eigenen Kapellen auf. Ein Jahr nach Beethoven starb auch Franz Schubert (1797 bis 1828).

Ungefähr um diese Zeit dürfte es gewesen sein (das Tagebuch von Gertrud Raunzinger, das eine genaue Datierung ermöglicht hätte, ist leider verlorengegangen), daß Friedrich einen Kollegen, den er Pepi nannte, ins Gasthaus Raunzinger mitbringt. Der Gast bestellt für sich und Friedrich eine Flasche Wein. Friedrich erzählt dem Großvater, der als einziger anwesend ist, sein Freund sei ein bekannter Alpinist und schon viel herumgekommen. Nach einiger Zeit muß Friedrich ins Amt, und der Großvater ist wieder einmal eingeschlafen. Als Leopold und Gertrud heimkommen, ist auch der Gast weg, das Geld für die Zeche liegt genau abgezählt auf dem Tisch. Aber – o Schreck – in die Tischplatte ist mit großen Buchstaben ein Name eingeritzt: KYSELAK. Leopold bekommt fast einen Tobsuchtsanfall. Er beschimpft seinen Vater, weil er geschlafen hat, er beschimpft den abwesenden Bruder Augustin, den er beschuldigt, im Suff den Tisch ruiniert zu haben. Erst als Friedrich einige Tage später wieder einmal zu Besuch kommt, klärt sich alles auf: der Beamte Josef Kyselak ist ein bekannter Sonderling, der – damals noch ungewöhnlich – viele Bergeshöhen bestiegen hat. Diese Wanderungen hat er aber benützt, um auf Felsen mit Farbe überall den Namen Kyselak zu malen. So ist er bekannt geworden, und angeblich soll Kaiser Franz ihn deswegen sogar gerügt haben. Seither halten die Raunzingers den Tisch in Ehren, und über dem Eingang prangt ein Schild: „Gasthaus zum Kyselak." Franz Keppl bestürmt Friedrich vergeblich, Kyselak in sein Kaffeehaus zu lotsen. Aber in die Marmortischchen hätte er sein berühmtes „Kyselak" sowieso nicht einritzen können.

1830 wurde Europas Friedhofsruhe gestört. In Frankreich und Belgien brachen Revolutionen aus. In Frankreich bestieg Bürgerkönig Louis Philippe („der König mit dem Regenschirm") den Thron, Belgien wurde selbständig, die konservativen Staatsmänner wurden nervös, aber die Wiener beschäftigte eher ein Eisstoß auf der Donau, das Ableben der – nicht nur von Ferdinand Raimund – vergötterten 29jährigen Soubrette Therese Krones und eine Cholera-Epidemie, die 2000 Tote forderte.

Am 2. März 1835 starb der „gute Kaiser Franz". Er war sehr unter dem Einfluß seines Außenministers und späteren Staatskanzlers Metternich gestanden. Sein Nachfolger war sein Sohn Ferdinand „der Gütige". Gütig war eine milde Umschreibung – Ferdinand war geistig zurückgeblieben. Leider gibt es auch heute noch zahlreiche „gütige" Politiker, das ist also kein österreichisches Spezifikum. Grillparzer schrieb damals in sein Tagebuch: „Auf Trottel I. folgt Trottel II." Angeblich stammte der Satz natürlich von Augustin Raunzinger. Tatsache ist, daß an Stelle des gütigen Ferdinand eine „geheime Staatskonferenz" eingesetzt wurde, der neben Erzherzog Ludwig und dem reaktionären Staatskanzler Metternich immerhin auch der liberale Staatsminister Graf Kolowrat-Liebsteinsky angehörte. Trotz der daraus resultierenden Meinungsverschiedenheiten blieb Metternich weiterhin dominant.

Aber das Leben ging weiter (was ja nichts Neues ist). Für Ferdinand Raimund leider nicht, denn er beging 1836 in Gutenstein Selbstmord, da er meinte, an Tollwut erkrankt zu sein. Sein jüngerer Rivale Johann Nestroy meinte, für so einen Fall habe er bereits eine Liste, wen er aller beißen würde. 1837 nahm die Kaiser-Ferdinand-Nordbahn die Fahrt von Floridsdorf nach Wagram auf. Die Fahrzeit betrug 26 Minuten. 1838 wurde das Sophienbad in der Marxergasse 13 (die späteren Sophiensäle) eröffnet. 1844 debütierte Johann Strauß (Sohn) beim Dommayer in Hietzing mit einer eigenen Kapelle. Damit begann sein Triumphzug – sehr zum Verdruß des eigenen Vaters.

Inzwischen aber begann sich auch im lange Zeit geduldigen und obrigkeitshörigen Österreich ein politisches Erdbeben anzukündigen. Es bedurfte nur noch eines Anstoßes von außen, das System Metternichs ins Wanken zu bringen.

Zauberwort „Konstitution!“

Zunächst ist nur ein leises Murren zu vernehmen. 1844 verabschiedete der niederösterreichische Landtag eine Petition an den Kaiser, in der der Zehent als Hemmnis der Landwirtschaft bezeichnet wurde. Ein Jahr später folgten weitere Petitionen. 100 Wiener Schriftsteller, darunter Franz Grillparzer und Eduard Bauernfeld, forderten – beileibe nicht die Aufhebung der Zensur, das wäre ja fast schon die Anarchie – immerhin ein geordnetes Zensurverfahren. Man wollte wenigstens wissen, was man nicht schreiben dürfe und warum, damit man sich danach richten könnte. Durch die Zensur wird ja auch der Buchhandel geschädigt. Hermann Motschger wußte ein Lied davon zu singen. Das heißt, wir wissen natürlich nicht, ob er singen konnte. Auch in der Wiener Theaterzeitung erschien eine Karikatur zur Zensur. Und in immer anderen Petitionen forderten die niederösterreichischen Stände die vollständige Wiederherstellung ihrer Rechte.

Doch nicht nur das Bürgertum wurde durch steigenden Wohlstand selbstbewußter, auch bei den in unbeschreiblichem Elend dahinvegetierenden Arbeitermassen der Industriestädte kam es wegen Teuerungen und Entlassungen zu Unruhen. 1847 führten Mißernten zur Hungersnot und zu Plünderungen in den Geschäften der übervölkerten Vorstädte. Die starke Zuwanderung vom Land verbilligte die Arbeitskraft. Trotz dieser Hungerlöhne betrug die durchschnittliche Arbeitszeit 12 bis 16 Stunden pro Tag, bei Kindern 12 Stunden. Auch an Sonntagen wurde bis Mittag gearbeitet. „Herrendienst geht vor Gottesdienst", erklärten die Pfarrer. Gemeint war aber nicht der Herr, gemeint waren die Herren. Der Winter 1847/48 verschärfte die wirtschaftliche Not.

So also sah es aus, als von außen der erwähnte „Anstoß" kam. Im Februar 1848 brach in Paris die dort fast schon traditionelle Revolution aus, die sich rasch ausbreitete. Der Ruf nach „Konstitution" (Verfassung) hallte durch Europa. Am 3. März hielt der ungarische Politiker Lajos Kossuth vor dem Reichstag eine flammende Rede. In Wien – aber das wollen wir mit der Familie Raunzinger und ihren Freunden gemeinsam erleben.

Am 13. März drangen Studenten und Bürger während einer Sitzung des Landtags ins niederösterreichische Landhaus in der Herrengasse ein, weil ihre Petition nicht beantwortet wurde. Von da an überstürzten sich die Ereignisse: Der 74jährige Metternich trat zurück und floh nach England. Der Kaiser hob die Zensur auf und stimmte der Pressefreiheit zu. In den Vorstädten zerstörten Arbeiter Maschinen. Freiherr von Pillersdorf arbeitete bald darauf eine Verfassung aus. Da sie vom Kaiser erlassen wurde, forderten Nationalgarde, Studenten und Arbeiter ihre Rücknahme. Am 26. Mai kam es zum 3. Aufstand gegen die beabsichtigte Auflösung der Akademischen Legion. Ein Sicherheitsausschuß unter Vorsitz von Dr. Adolf Fischhof wurde gebildet, am 28. Juni auch ein „Erster allgemeiner Arbeiterverein."

Am 22. Juli wurde der erste Reichstag gewählt. Am 21. August kam es wegen der Herabsetzung der Löhne zu einem Arbeiteraufstand, der von der Nationalgarde niedergeschlagen wurde. Damit war es mit der Einheitsfront von Bürgern und Arbeitern vorbei. Am 6. Oktober brach ein neuer Aufstand aus, weil sich ein Wiener Grenadierbataillon weigerte, gegen das revolutionäre Ungarn zu marschieren. Nationalgarde und Studenten schlossen sich an, Kriegsminister Theodor Latour wurde gelyncht. Nun rückten die kaiserlichen Truppen unter Windischgrätz von Prag und 50.000 Kroaten unter Jellacic von Osten gegen Wien vor. Am 20. Oktober erreichten sie die Stadt. Nach schweren Kämpfen in den Vorstädten drangen sie am 29. Oktober bis zur Inneren Stadt vor.

Und unsere Freunde? Leopold Raunzinger meldet sich natürlich, ebenso wie Hermann Motschger, zur Nationalgarde, ihre Söhne, Robert Raunzinger und Siegfried Motschger, zur Akademischen Legion. Beide studieren Medizin und bewundern Dr. Adolf Fischhof, Assistenzarzt am allgemeinen Krankenhaus, der auch die berühmte Rede am 13. März im Hof des niederösterreichischen Landhauses gehalten hatte. Ja, Robert ist der erste Raunzinger, der studiert. Sein jüngerer Bruder Leopold wird einmal das Lokal übernehmen. Leopold Raunzinger und Franz Keppl gehören dem Wiener Gemeinderat an, wo ersterer stets für eine demokratische Verfassung, letzterer für Ruhe und Ordnung eintritt. Augustin hat endlich eine ordentliche Beschäftigung, er ist Türmer im Stephansturm. Sein Bruder meint allerdings, er sei getürmt. Freund

Friedrich dient wie immer treu der Obrigkeit. Diese ist aber jetzt für ihn der Leutnant Wenzel Messenhauser als Kommandant der revolutionären Streitkräfte. So ändern sich die Zeiten. Momentan ist Friedrich in geheimer Mission unterwegs und ebenso wie Hermann Motschger, der in die deutsche Nationalversammlung in Frankfurt entsandt wurde und dort für eine gesamtdeutsche parlamentarische Demokratie eintritt, und Onkel Gustl, der in der Türmerstube in St. Stephan Dienst macht, nicht anwesend. Es ist am späten Nachmittag des 30. Oktober 1848, als eben Raunzinger und Keppl, von der Sitzung des Gemeindrates kommend, die Gaststube des Wirtshauses „Zum Kyselak" betreten. Die Stimmung ist gedrückt.

„Was is los?" fährt der Großvater die beiden Mandatare an, „is endlich a Ruah? Vor aner halben Stund hat die depperte Schiaßerei aufghört. Kamma endlich wieder in Ruhe schlafen?" Leopold ist empört: „Natürlich, das is das anzige, was di interessiert, was? Die ganze Freiheit wird bald wieder eingschlafen sein. Der Kommandant Messenhauser hat gsagt, es hat kan Sinn mehr. Mir ham kane Lebensmitteln und ka Munition mehr. Es is aus." – „Der Gemeinderat hat beschlossen, die Stadt auf Gnade und Ungnade zu übergeben. Die kaiserlichen Truppen werden einmarschieren, und es werden wieder Ruhe und Ordnung herrschen", sagt Keppl.

„Na alsdern", empört sich Frau Gertrud, „dös habts davon, ihr Mannsbilder mit eucherer depperten Revolution. Wegen dera dalkerten Konstitution, wo ka Mensch weiß, was das sein soll." – „Aber Mama", begehrt Robert auf, aber die Mutter schneidet ihm das Wort ab. „Du verschwind! Ziag die Uniform aus und versteck s'. Wann die Kaiserlichen kommen, derschiaßen s' di. Oder willst bei dem Gsindel um Gnade winseln? Und Sie, Herr Siegfried, verstecken Ihnen derweil im Weinkeller." Frau Gertrud ist wie immer Herrin der Situation. „So gehts scho, ihr zwa", schreit Julia Keppl ängstlich. Sie sitzt zwischen den Brüdern Raunzinger, aber deutlich näher bei Robert. Und während die beiden Studiosi eilig abgehen, sagt sie energisch: „I versteck den Berti in mein Zimmer! Bei unserer frommen Familie suachen s' ihn bestimmt net." Und als ihr Vater aufmucken will, fügt sie hinzu: „Und daß du 's weißt, Papa, wir sind verlobt! Und wenn alles vorbei is, wandern wir nach Amerika aus, ins Land der Freiheit!"

„Und i sag euch, wann unser guater Kaiser Franz noch lebert, wär alles net passiert", setzt der Großvater zu seiner lang erwarteten Rede an. „Oder wann er wenigstens den Erzherzog Johann als Nachfolger eingsetzt hätt statt dem depperten Ferdinand. Dann wär die Anna Plochl, die Postmeistertochter, Kaiserin. Aber besser a gscherte Kaiserin, was in der Burg jodelt und uns klanen Leut versteht, als so a adelige Inzüchtlerin, was wieder so einen Trottel zur Welt bringt, statt daß sie si glei in die Kapuzinergruft legt." Der Großvater lehnt sich erschöpft zurück, während Herr Keppl, der ihn entsetzt angestarrt hat, sich wiederholt bekreuzigt.

Indessen erscheint Hermann Motschger in der Gaststube. Er ist aus Frankfurt zurückgekehrt und im Trubel der Kämpfe gerade noch rechtzeitig in die Stadt gelangt. Motschger scheint deprimiert und erregt. „Wo ist mein Bub?" (Die Nationalbewußten sagten damals noch nicht Junge.) „Der Siegfried is bei uns und in Sicherheit", beruhigt ihn Frau Gertrud. Und ihr Mann will wissen: „Und wia schaut 's draußen aus? Helfen uns die Deutschen?" – „Die haben uns abgeschrieben. In Deutschland herrscht schon überall Ruhe. Sie wissen, daß sich Wien noch hält, und daß wir gegen Windischgrätz und Jellacic keine Chance haben. Der revolutionäre Dichter Ferdinand von Freiligrath hat geschrieben: ‚Wenn wir noch knieen könnten, wir lägen auf den Knien, wenn wir noch beten könnten, wir beteten für Wien.'"

Die jungen Frauen, Maria und Julia, haben Tränen in den Augen, die jungen Herrn kommen, jetzt in Zivil, wieder in die Stube, Hermann umarmt seinen Sohn. Frau Gertrud stellt eine nüchterne Frage an die Männer: „Und was habts jetzt von eurer Revolution? Was bleibt, außer a paar tausend Särge?“ Leopold rechtfertigt sich, als ob er den Aufstand angezettelt hätte: „Was bleibt, Trude? Immerhin tagt noch der Reichstag, wenn er auch wegen der unruhigen Lage nach Kremsier verlegt worden is. Und immerhin hat er auf Antrag von Hans Kudlich, dem jüngsten Abgeordneten, aus Untertanen von die Grundherrn die Bauern zu Eigentümern von Grund und Boden gmacht. Das werden s' uns nie vergessen.“ Der Großvater lacht meckernd: „Poldl, du kennst die Welt net. Die Bauern ham erreicht, was sie wollen. Die werden wieder in d' Kirchen rennen und beten, wie der da.“ Er deutet mit dem Kopf geringschätzig auf Keppl. „Die pfeifen si nix mehr um Freiheit und Konstitution. Und i a net. Mei Konstitution is in Ordnung.“ – „Und die Arbeiter haben wir auch verloren, weil wir auf sie gschossen haben“, klagt Siegfried. „Was hätten wir denn tun sollen?“ murrt Robert. „Wir wissen ja gar nicht, was die wollen. Obwohl mein Fräulein Schwester mit diesem Redakteur aus Trier, was im Sommer bei uns logiert hat, diesem Doktor Marx, dauernd parliert und sogar geschmust hat.“ – „I hab net gschmust, i hab mi nur a bisserl an ihn druckt, weil i mi gfürcht hab vor seine Geistergschichten. Dauernd hat er gsagt, ein Gespenst geht um in Europa, das Gespenst des Kommunismus. I weiß zwar net, was er gemeint hat, aber sogar in der Nacht im Bett hab i mi noch gfürcht vor dem Gspenst.“ Zur Ehre unserer Mitzi sei gesagt, daß sie ein gänzlich unpolitischer Mensch war. Sie wußte wahrscheinlich ebenso wenig wie Kaiser Ferdinand, warum „die Wiener a Revolution machen“. Wie viele Wiener Mädeln gilt ihre Liebe (wenn sie nicht grad wen anderen liebt) dem Theater, und in ihren Träumen sieht sie auf dem Theaterzettel stehen: „Ophelia, Tochter des Polonius – Demoiselle Maria Raun“ (der Künstlername, den sie sich zurechtgelegt hat, um nicht vom plötzlichen Ruhm überrascht zu werden).

Wie gewöhnlich springt ihr Frau Gertrud bei. „I hab a net verstanden, was der Doktor Marx der Mitzi alles derzählt hat: ‚Wir haben nämlich die Restauration der modernen Völker geteilt, ohne ihre Revolution zu teilen‘, oder: ‚Die Philosophen haben die Welt nur verschieden interpretiert, es kommt aber darauf an, sie zu verändern.‘ Und soviel Fremdwörter. Er hat si beschwert, daß 'n die Arbeiter net verstengan. Aber wurscht, jetzt müaß ma die Madeln verstecken. Mitzerl, Julia, abe in Keller. Wann dem Jellacic seine Krowoden kummen, vergewaltigen s' uns." Aber die künftige Tragödin fällt ihr weinend um den Hals: „Na, Mama, i bleib da! I opfer mi für di!"

In diesem Moment wird an die Tür gepocht. „Die Kaiserlichen san da", schreit Leopold. „Jetzt sollt der Gustl da sein und mit seiner lauten Stimme das ‚Gott erhalte‘ singen, damit s' stramm steh müassen. Aber natürlich, braucht ma eam, is er net da. Is er da, is er net zum brauchen!" Irrtum, Herr Raunzinger, der Gustl is da! Er reißt die Tür auf und stürzt herein. „O du liaber Augustin, alles is hin!" höhnt sein Vater. „Nix is hin, mir san gerettet! I hab 's vom Stephansturm gsehn: Das ungarische Revolutionsheer steht vor Schwechat! I hab 's schon dem Messenhauser gsagt. Der Kampf wird sofort wieder aufgenommen! Poldl, hol den Tokajer, damit mir die Befreier begrüßen können!" Hermann Motschger springt auf: „Heil Augustin! Siegfried, Robert, Kameraden! Uniform wieder anziehen! Auf die Barrikaden! Kampf bis zum Endsieg, und wenn alles in Scherben fällt!" Und während die Kameraden gehorsam in den Keller eilen, während Gertrud und Julia die Hände ringen und Mitzi sich nicht auskennt, hört man wieder Schüsse. Der Großvater: „Schweinerei, das machen s' mir zfleiß, die Gfraßter, nur damit i net schlafen kann!" Auch Gemeinderat Keppl ist empört: „Vertragsbruch! Gsindl, undankbares! Wo doch unser Kaiser alle Forderungen erfüllt hat. ‚Wir haben nunmehr solche Verfügungen getroffen, die Wir zur Erfüllung der Wünsche Unserer treuen Völker erforderlich erkannten', hat Er proklamiert. Und so schaut die Treue aus? Pfui Teufel!"

Doch während die Studenten wieder heraufkommen, mit Uniform und Gewehr, und die Frauen sie aufhalten wollen, steht plötzlich Friedrich in der Tür: „Seids wahnsinnig. Ich komme von einem Erkundungsritt zurück. Jellacic hat die Ungarn bei Schwechat und Rauchenwarth zurückgeschlagen, der Kampf ist aus. Legt sofort die Waffen weg, sonst muß ich euch vors Kriegsgericht bringen!" –

„Fritz, auf welcher Seite stehst du jetzt?" fragt Leopold wütend. „Als österreichischer Beamter immer auf Seiten der jeweiligen Legitimität", erwidert Friedrich ruhig. Und während Robert und Siegfried sich zum drittenmal umziehen gehen, meint Augustin gleichmütig: „Mir Wiener waren eigentlich immer unpolitisch." (Hallo, Herr Karl, woher haben Sie das?) Frau Gertrud sagt ruhig: „Heut wird nimmer viel passieren, es ist schon fast Nacht."

Gertrud hat wie immer recht. Ja, es ist Nacht. Und diese Nacht wird viele Jahre dauern ...

Mit halben Mitteln und mit halber Tat

„Dies ist der Fluch von jenem edlen Haus, mit halben Mitteln und mit halber Tat zu halben Zielen zauderhaft zu streben." Auf keinen Habsburger trifft dieser Satz Grillparzers mehr zu als auf den Kaiser Franz Joseph, in dessen langer, viel zu langer Regierungszeit jene Entscheidungen gefallen sind, die schließlich zum Untergang des Reiches geführt haben, und jene Entscheidungen unterblieben sind, die es vielleicht noch hätten retten können. Denn Franz Joseph besaß keinerlei Befähigung für sein ererbtes Amt, weder sonderliche Geistesgaben noch Phantasie, Visionen oder die Begabung, die Folgen seines Handelns wenigstens mittelfristig zu erfassen. Er war der Typ des braven, fleißigen subalternen Beamten, bescheiden, pflichtbewußt, der von früh bis spät seine Akten erledigte, ein Chef, der selbst einen Chef gebraucht hätte.

Aber zunächst saß noch Ferdinand auf dem Thron und unterschrieb alles, was man ihm vorlegte, schließlich auch seine Abdankung. Die Sieger zelebrierten ihre Rache an den Revolutionären. Messenhauser, der Kommandant der Aufständischen, der sich selbst stellte und die volle Verantwortung übernahm, der Abgeordnete Robert Blum und zwei Journalisten wurden standrechtlich erschossen, Nationalgarde und Akademische Legion aufgelöst, der Belagerungszustand verhängt. Die einmarschierenden Truppen, besonders Jellacics Kroaten, benahmen sich wie fremde Eroberer. Den Raunzingers passierte nichts, denn immer, wenn Soldaten ins Wirtshaus kamen, sprang Gustl auf den Tisch und sang das „Gott erhalte", so daß sie stramm stehen mußten, Mitzi schäkerte ein bisserl mit ihnen, Robert Raunzinger und Siegfried Motschger waren bei Julia Keppl versteckt, was ja für alle drei nicht unangenehm war. Bei dem gottesfürchtigen Herrn Gemeinderat wurden sie, wie ja erwartet, nicht vermutet.

Inzwischen war der gütige Ferdinand endlich sein Amt losgeworden, das er eher als Bürde denn als Würde empfand. Die dominante Erzherzogin Sophie hatte alles vorbereitet. Nachdem Ferdinand abgedankt und ihr Gatte Franz Karl verzichtet hatte, konnte ihr folgsamer Sohn, der 18jährige Franz Joseph, den Thron besteigen. „Sei brav, es ist gern geschehen", sagte Ferdinand und zog nach Prag, wo er noch bis 1875 in Ruhe und Frieden den Rest seines Lebens verbrachte.

Die Lage des Kaisertums Österreich war ziemlich kritisch: Ungarn und Oberitalien befanden sich noch in den Händen der Aufständischen. Aber der neue starke Mann war der Ministerpräsident und Außenminister Fürst Felix Schwarzenberg. Am 7. März 1849 wurde eine neue Verfassung erlassen, der frei gewählte Reichstag mit militärischer Gewalt aufgelöst. Ab 1. Jänner 1852 wurde Österreich auch de jure wieder absolutistisch regiert. Denn 1849 hatte sich das Blatt endgültig gewendet. Bis Ende August hatten österreichische Truppen unter Feldmarschall Radetzky den Aufstand in Oberitalien niedergeschlagen, bis Anfang Oktober zwei österreichische Armeen und eine russische, die zu Hilfe gerufen worden war, Ungarn zurückerobert.

Hier beging Franz Joseph den ersten seiner vielen gravierenden Fehler. Er ließ 128 ungarische Revolutionäre hinrichten. Der dadurch erzeugte Haß wirkte bis zum Ende der Monarchie nach, führte am 28. Februar 1853 zum Mordanschlag eines 21jährigen Ungarn auf den Kaiser (der wieder zum Bau der Votivkirche als Dank für die Errettung seiner Majestät führte) und zur dauernden Belastung des österreichisch-ungarischen Verhältnisses im 19. Jahrhundert. Nach dem Tod des klugen Ministerpräsidenten Schwarzenberg wurde die Außenpolitik immer dilettantischer. Hatte noch 1849 Rußland dem Habsburgerreich bei der Niederschlagung des ungarischen Aufstands entscheidend geholfen, ließ der Kaiser (möglicherweise angestiftet von seiner Mutter, der unseligen Sophie) im Krimkrieg (1853 bis 1856), den England und Frankreich zur Unterstützung der Türkei gegen Rußland führten, seine Truppen an der russischen Grenze aufmarschieren und zerstörte damit die jahrhundertelange Freundschaft mit Rußland für immer. Wieder einmal der berühmte „Dank vom Hause Österreich". Seither sahen die slawischen Völker der Habsburger-Monarchie im Zarenreich ihre Schutzmacht. Der Dank Frankreichs blieb aber aus. 1859 unterstützte Frankreich Sardinien-Piemont im Krieg gegen Österreich. Unglücklicherweise bildete sich der unerfahrene Franz Joseph ein, er müsse selbst den Oberbefehl übernehmen, doch auch davon verstand er nichts. Während die Franzosen ihre Truppen mittels Eisenbahn rasch heranholten, ließ er seine Truppen viel zu langsam aufmarschieren. Die Folge war die schwere und verlustreiche Niederlage von Solferino. Der dritte schwere Fehler!

Dazwischen gab es auch Feste zu feiern. Karlheinz Böhm heiratete Romy Schneider. Da die beiden aber noch lang nicht auf der Welt waren, mußten Franz Joseph und Prinzessin Elisabeth („Sisi“) von Bayern für sie einspringen. Es war die 16. Heirat zwischen den Häusern Habsburg und Wittelsbach seit 1273. Kein Wunder: Die Zahl der katholischen Fürstenhäuser war nicht sehr groß, und das Risiko permanenter Inzucht schien geringer als das „Risiko“ eine Verbindung mit einer Protestantin. Außerdem wurde 1855 ein Konkordat mit dem Vatikan geschlossen, das die von Josef II. eingeschränkten Rechte der römisch-katholischen Kirche wiederherstellte. Noch 1857 mußten 200 evangelische Tiroler aus dem Oberinntal das Land verlassen. Ihre Nachkommen leben heute noch in Peru. Auch Franz Josephs Mutter, die tyrannische und kalte Erzherzogin Sophie, war eine Wittelsbacherin. Ein einziges Mal nur konnte sie ihren Willen nicht durchsetzen. Franz Joseph sollte in Ischl „zufällig“ ihre Nichte Helene kennen- und gefälligst liebenlernen, entschied sich aber für deren jüngere Schwester Elisabeth. Schon Maria Theresia hatte ja (wie die Familien Raunzinger und Keppl) feststellen müssen, daß sich die Liebe nicht durch Verordnungen reglementieren läßt.

Hier machen wir extra einen Absatz, damit ihn die Sisi-Fans tunlichst überspringen können. Am 24. April 1854 heiratete also in der Augustinerkirche (die nichts mit Onkel Gustl zu tun hat) der 23jährige Franz Joseph die 16jährige Elisabeth. Diese war ein fröhliches Naturkind, das zwar reiten, angeln und bergsteigen konnte, aber in keiner Weise auf höfische (Un-)Sitten und Gebräuche vorbereitet war. Auf längere Sicht konnte also die Ehe der temperamentvollen Wittelsbacherin mit dem faden, humorlosen Muttersöhnchen nicht gut gehen. Dazu kamen noch das verzopfte Hofzeremoniell und die dominante Schwiegermutter. (Diese Art von Schwiegermüttern hat in der Regel eine relativ hohe Lebenserwartung. Sophie lebte bis

1872.) Man überließ der jungen Frau nicht einmal die Erziehung ihrer Kinder und hielt sie weitgehend vor allem von dem 1862 geborenen Rudolf fern. Kein Wunder also, daß Kaiserin Elisabeth, verbittert und enttäuscht, immer mehr ihre eigenen Wege ging und immer seltener in der Residenz anzutreffen war.

Die Sisi-Fans können nun wieder mitlesen, denn es geht um Außenpolitik, die Franz Joseph so „erfolgreich" fortsetzte, und zwar um die Vorherrschaft im Deutschen Bund zwischen Österreich und Preußen. Zunächst hatte der Preußenkönig in seiner Dummheit und Arroganz einen schweren Fehler begangen, indem er die von der deutschen Nationalversammlung in der Frankfurter Paulskirche angebotene Kaiserkrone ablehnte, da er sie nicht vom Volk, sondern nur von den Fürsten annehmen wollte. Noch zur Zeit Schwarzenbergs errang Österreich eine Vormachtstellung. Später aber hatte es keinen Schwarzenberg mehr, aber Preußen einen Bismarck. Zunächst war Preußen noch bereit, nach der Niederlage von Solferino seine Bündnispflicht für Österreich gegen Frankreich zu erfüllen. Franz Josephs vierter schwerer Fehler: Er war offenbar zu stolz, sie einzufordern. 1862 protestierten Österreich und einige deutsche Staaten gegen Pläne zur Schaffung eines deutschen Bundesstaates unter preußischer Führung. Zu spät! Obwohl Österreich und Preußen 1864 gemeinsam gegen Dänemark vorgingen, zeichnete sich bereits der entscheidende Kampf um die Führung in Deutschland ab. Auf dem deutschen Fürstentag 1863 in Frankfurt stellte Franz Joseph erneut den Führungsanspruch. Preußen lehnte ab. Es hatte ja in der Rüstung klare Vorteile. Mit dem Zündnadelgewehr hatte die preußische Infanterie die dreifache Feuerkraft der Österreicher. Franz Joseph blieb bei den Vorderladern, dachte offenbar: „So schnell schießen die Preußen net." Sein fünfter und vielleicht folgenschwerster Fehler, den seine Armee mit furchtbaren Verlusten bei Königgrätz bezahlte.

Jetzt haben wir aber lang genug auf die gesamte Monarchie geblickt, auf Ereignisse, die natürlich auch die Haupt- und Residenzstadt berührten. Schauen wir einmal, was sich in der Stadt selbst begab. Auf lokaler Ebene blieb ja einiges vom Geist der Achtundvierziger Revolution. Am 17. März 1849 „geruhte" der Kaiser ein Gemeindegesetz zu sanktionieren, dessen erster Satz lautete: „Die Grundlage des freien Staates ist die freie Gemeinde." Es war vielleicht nicht so gemeint, denn es gab ja keinen freien Staat, aber so stand es jedenfalls drinnen, denn Papier ist bekanntlich noch geduldiger als die Bürger. Auf Grund dieses Gesetzes fanden im Mai 1849 auch in Wien Gemeinderatswahlen statt, denn die Stadt war inzwischen durch die Eingemeindung der Bezirke innerhalb des Gürtels auf 431.000 Einwohner angewachsen. Wahlberechtigt waren aber nur 6000 Bürger männlichen Geschlechts ab einer gewissen Steuerleistung, also Reiche. Hausbesitzer, Staatsbeamte, Geistliche bildeten die Wählerschaft, die in drei Wahlkörper eingeteilt waren, von denen jeder 40 Gemeinderäte entsandte. Immerhin, ein bescheidener Anfang, aber eher Plutokratie als Demokratie. Von 1848, als neben Metternich auch der Bürgermeister Ignaz Czapka davongejagt wurde, bis 1851 gab es keinen Bürgermeister, ab 1851war es Kaspar von Seiller, der dem Kaiser genehm war.

1852 besuchte Zar Nikolaus I. Wien. Mit Mitzi Raunzinger hatte er aber, soweit uns bekannt ist, keinen Kontakt. Im selben Jahr wurde in Wien das Linksfahren eingeführt, das bis 1938 galt. 1854 wurde in Österreich, und damit auch in Wien, noch etwas eingeführt, was durch anderthalb Jahrhunderte unabdingbarer Bestandteil unserer Identität blieb: die Stempelmarke! Eigentlich erstaunlich, daß der 28. März, der Jahrestag dieser bedeutenden Erfindung, nicht zum Nationalfeiertag erklärt wurde. Ein weiteres bedeutendes Ereignis war am 17. Juli die Eröffnung der Semmeringbahn, der ersten Bergbahn der Welt.

Sie sollte für die Wiener hundert Jahre später, vor Erreichung der Vollmotorisierung, noch an Bedeutung gewinnen, und zwar auf der Fahrt an ihre geliebte „Hausmeisterriviera“ (Lignano, Bibione, Caorle). Im Jänner 1856 dirigierte Franz Liszt zu Ehren des 100. Geburtstags von Wolfgang Amadeus Mozart in Wien. Nun wird man in Österreich ja trotz hervorragender Leistungen oft erst nach dem Tod berühmt, hat man freilich zu Lebzeiten nichts Außergewöhnliches getan, nützt Sterben allein auch nichts. 1857 wurde mit dem Bau der Kaiserin-Elisabeth-Westbahn begonnen, in weiser Voraussicht für jene Wienerinnen und Wiener, die lieber im Winter in Tirol skilaufen, statt im Sommer in Caorle zu baden.

1857 „geruhte“ Franz Joseph wieder einmal, und gegen seine Gewohnheit war es ein vernünftiger Entschluß, der vor allem für die Weiterentwicklung Wiens äußerst wertvoll war. „Es ist Mein Wille, daß der Erweiterung der inneren Stadt Wien mit Rücksicht auf eine entsprechende Verbindung derselben mit den Vorstädten ehemöglichst in Angriff genommen und hierbei auch auf die Regulierung und Verschönerung meiner Residenz- und Reichshauptstadt Bedacht genommen werde.“ Mit anderen Worten: Der Kaiser ließ die Basteien und Stadtmauern abreißen. Die Folgen: Die Voraussetzung für den Bau der herrlichen Ringstraße mit ihren Prachtbauten war geschaffen, und Johann Strauß (Sohn) komponierte seine „Demolirpolka“. Und da der „Geruhende“ hier schon wiederholt schlechte Kritiken erhielt, wollen wir ihm und seinen Beratern diesmal weise Voraussicht attestieren. Zumal die Wiener natürlich, wie bei jeder Veränderung, gehörig raunzten, und Nestroys Partner, der Komiker Wenzel Scholz, im Theater an der Wien sang: „Was der Türk net hat zsammbracht mit Müh und mit Plag, das tut der Krowot um zwanzg Kreuzer per Tag.“ Dessen ungeachtet begann am 29. März 1858 die Abtragung der Festungswerke beim Rotenturmbau, 1864 war er beendet, und der Festungsgraben aufgefüllt. Schon 1860 entstanden die ersten Häuser an der Ringstraße. Hätte es damals schon Bürgerinitiativen gegeben, hätten wir wahrscheinlich die Stadtmauern noch heute.

1861, das Jahr, in dem (wir können es den heutigen Herausgebern und Redakteuren leider nicht ersparen) Karl Marx Korrespondent der „Presse“ wurde (Maria Raunzinger hat es ja gleich gewußt: Aus dem Mann wird noch was Großes), erkannte der Kaiser endlich, daß die Demokratie nicht mehr aufzuhalten war, und Ministerpräsident Anton Ritter von Schmerling durfte eine Verfassung ausarbeiten. 343 Abgeordnete sollten gewählt werden, allerdings von den Landtagen, die von vier Kurien (Großgrundbesitz, Handels- und Gewerbekammern, Städte und Märkte, Landgemeinden) beschickt wurden. Na ja, ein recht bescheidener Anfang.

Auch in Wien begann eine neue Ära. Zwar gab es bei der Gemeinderatswahl weiter drei Kurien: Die erste Kurie umfaßte Grund- und Hausbesitzer mit mehr als 500 Gulden Steuerleistung, die zweite die übrigen Hausbesitzer, hochrangige Offiziere, den Klerus und die Doktoren aller Fakultäten, die dritte die übrigen Erwerbs- und Einkommensteuerpflichtigen, immerhin schon 18.322 von 550.000 Einwohnern, darunter unsere Freunde Raunzinger, Keppl und Motschger. Zum Bürgermeister wurde der fähige Dr. Andreas Zelinka gewählt. Mit ihm begann die 34jährige liberale Ära Wiens. 1862 wurde an Stelle der alten Konskriptionsnummern der Häuser die gassenweise Hausnumerierung eingeführt. Im selben Jahr starb Johann Nepomuk Nestroy. 1865 wurde in Wien die erste Pferdestraßenbahn Europas eröffnet. Und etwas Merkwürdiges ereignete sich auch in diesem Jahr: Beim Bau der Roßauer Kaserne im 9. Bezirk wurden die Toiletten vergessen. Seit die Schildbürger beim Bau ihres Rathauses auf die Fenster vergessen hatten, war Ähnliches nimmer passiert. Die Schildbürger hatten sich damit geholfen, daß sie das Licht in Säcken ins Rathaus trugen. Aber was hätte man aus der Kaserne hinaustragen sollen? Eine vertrackte und verdreckte Situation!

Ganz anderer Art waren freilich die Probleme, die unsere Freunde Ende Juli 1866 im nun schon bekannten Gasthaus „Zum Kyselak“ der Familie Raunzinger zu beraten hatten. Die Stimmung war gedrückt, und wir werden gleich sehen, warum. Es sind noch die gleichen Protagonisten wie 1848. Freilich, Robert Raunzinger und Julia Keppl waren tatsächlich nach Amerika ausgewandert, Raunzinger und Keppl waren nicht mehr im Gemeinderat, dafür aber Motschger, welcher der deutschliberalen Mehrheit angehörte. Das einzige, was alle gemeinsam hatten, war, daß alle 18 Jahre älter waren. Maria ist Mitte 30 und mit einem Musiker verheiratet, den sie beim Dommayer kennengelernt hatte, wo sie jede Woche tanzen war und den Schani anhimmelte: den Johann Strauß (Sohn) nämlich, der aber nicht der Erfinder der berühmten Schani-Gärten war. Auch aus ihrer Schauspielerei war nichts geworden, aber immerhin war sie einige Zeit Souffleuse im Carl-Theater gewesen. Der Großvater ist Mitte 80 und führt noch immer das große Wort, auch wenn die Schlafpausen dazwischen länger geworden sind, was aber niemand bedauert. „Natürlich“, erklärt der Alte, „natürlich hätt der blede Bua nie Kaiser werden dürfen.“ – „Geh, gib a Ruah, Vater“, unterbricht ihn Leopold ärgerlich, „das hast vom Ferdinand auch gesagt.“ – „Na und? I hab ja net gwußt, daß noch ein Unfähigerer nachkommt. Seit dem Franz werden unsere Kaiser allerweil unfähiger. I bin nur froh, daß i den Rudolf nimmer derleben werd.“ – „Also, bei allem Respekt vor Ihrem hohen Alter, Herr Raunzinger“, sagt jetzt der Keppl, „immerhin hat unser Kaiserhaus viel für unser Land getan.“ Der Alte winkt müde ab. „Solferino, Königgrätz? Der alte Ferdinand soll in Prag gsagt haben, das hätt i a zsammbracht. Und dem Kaiser sei Bruader, der Max, is nach Mexiko gfahren, weil er den

Palawatsch nimmer mitanschauen können hat." Keppl versucht noch einmal für seinen verehrten Monarchen in die Bresche zu springen. „Immerhin, gegen die Dänen hamma gewonnen. Der Tegetthoff hat die dänische Flotte bei Helgoland gschlagen und unsere Armee die Dänen bei Oeversee!" Die Kellnerin Babette, die Keppl begleitet hat (die Kellnerinnen im Café Keppl heißen ja immer Babette, und zwischen ihnen und den jeweiligen Chefs herrscht stets ein besonderes Vertrauensverhältnis, was auf ein permanent gutes Betriebsklima schließen läßt), blickt Franz Keppl bewundernd an.

Großvater Raunzinger hat aber offenbar alles gesagt, was zu sagen war, und ist früher als üblich eingeschlafen. Die leisen Schnarchtöne, die er von sich gibt, kann man beim besten Willen nicht als Debattenbeiträge interpretieren. Dafür schaltet sich jetzt Hermann Motschger ein. „Franzl", sagt er, „du siehst alles durch die schwarz-gelbe Brille. Den Krieg gegen die Dänen haben die Preußen bei den Düppeler Schanzen entschieden. Österreich kann nur gemeinsam mit Preußen gewinnen. Der Sieg gegen die Dänen hat aber zum Streit um die Verwaltung von Schleswig-Holstein geführt, den Österreich natürlich dank der überragenden staatsmännischen Fähigkeiten Otto von Bismarcks nicht gewinnen konnte. Das hat ja jetzt zum deutschen Bruderkrieg und zur verdienten Niederlage von Königgrätz geführt." Keppl spürt die erwartungsvollen Blicke seiner treuen Babette und ergreift noch einmal das Wort: „Die Niederlage bei Königgrätz geht ausschließlich auf das Konto des unfähigen Feldzeugmeisters Alexander Benedek, das steht jetzt schon fest. Der Erzherzog Albrecht hätte die Preußen geschlagen, so wie er die Italiener bei Custozza geschlagen hat." Der begeisterte Applaus Babettes hat aber offenbar Leopold Raunzinger gereizt.

„Geh, mach di net lächerlich. Die Italiener schlagt jeder. Der Tegetthoff hat s' bei Lissa auch gschlagen, obwohl s' mehr Schinakeln wia mir ghabt ham. Gegen

Italiener kämpfen is eigentlich a Feigheit, wie wann a Erwachsener a Kind haut. Aber den Benedek ham s' gegen sein Willen das Kommando von der Nordarmee geben, wo eh nix zum holen war, und er hat die Armee no durch a gschicktes Manöver der Einkreisung durch den Moltke, was ja a ka Depp is, entzogen. So schaut 's nämlich aus." Tochter Maria, deren Mann Pepi bei der Deutschmeisterkapelle seine Pflicht fürs Vaterland erfüllt, nimmt nun auch an den strategischen Erörterungen teil: „I versteh das überhaupt net, wie mir gegen die Preußen verlieren ham können. Der Pepi sagt, unser Artillerie is die beste von der Welt. Unser Militärmusik is viel besser wie die von die Preußen. Und so fesche Uniformen hamma!" Frau Gertrud, auch eine hervorragende Strategin, ergänzt: „Na und beim Exerzieren auf der Schmelz hat alles immer wunderbar klappt."

„Es ist doch alles gut, wie 's kommen is", sagt Motschger. „Die Preußen sind schon im Waldviertel, in ein paar Tagen ziehen sie mit klingendem Spiel in Wien ein. Dieser lächerliche Vielvölkerstaat wird auseinanderfallen, und Deutschland unter Führung der Hohenzollern wird mächtig und geeint sein und Österreich endlich dort, wo es seit jeher hingehört." – „Jöh, die Preußen kommen?" ruft Maria. „Die sollen ja sehr stramm sein. Und sehr blond!" Frau Gertrud blickt ihre Tochter streng an: „Wann die kommen, gehst du mir nicht aus dem Haus, Mitzi. Denk an deinen Josef!"

In diesem Moment aber werden Mitzis heimliche und Hermanns unheimliche Hoffnungen jäh zerstört. Augustin (wir haben ihn ja schon vermißt) stürmt ins Lokal, schwenkt eine Zeitung und schreit: „Extra-Ausgabe! Österreich und Preußen haben in Nikolsburg einen Präliminarfrieden geschlossen! Die Preußen marschieren nicht weiter. Österreich bleibt in den alten Grenzen souverän! Freilich scheiden wir aus dem Deutschen Bund aus. Natürlich: Venezien werden mir an die mit den Preußen verbündeten Italiener abtreten müssen. Aber das ist ja nichts Neues: Wer Schläge kriegt, schwillt an!" Gustls Geschrei hat sogar den Großvater aufgeweckt: „Ihr mit eucherer depperten Revolution im Achtavierzgerjahr seids schuld. Unterm Ferdinand wär das alles net passiert, sag i." Augustin fühlt sich im Recht: „Wir Revolutionäre waren knapp vor dem Sieg." Bruder Poldl: „Was heißt mir Revolutionäre. Du bist die ganze Zeit mit deinem Saufkumpan, dem Ferdinand von Sauter, im Wirtshaus gsessen." „Ja, aber mir ham miteinander unsterbliche Werke gschrieben, in der „Blauen Flasche" in Neulerchenfeld. Er war ein Wiener Francois Villon. Zum Beispiel das „Auf der Gassen, auf der Gassen." Guat, i hab 's aufgschrieben, wann er bsoffen war. Aber dös is wirklich von mir, was i euch jetzt vortragen tua: Es haast Großstadtlied." – „Muaß dös sei?" fragt sein Bruder genervt. Aber Augustin ist nicht mehr zu bremsen.

GROSSTADTLIED

Kennst du auch die kleinen Schenken,
wo der Wein im Glase schäumt,
wo wir lachen, weinen, denken,
wo man flirtet, scherzt und träumt?
Wo man zecht in froher Runde,
wo gelobt wird und verletzt,
wo man fragt zu später Stunde,
wenn gesperrt wird: „Wohin jetzt?"
Und als echte Großstadtpflanze
geht man dann noch ins Café,
und es liegt vor mir die ganze
Welt – gefiltert durch den Schmäh.
Diese Stadt, in der ich lache,
weine, helf' und intrigier',
Dummes und Gescheites mache,
ist mein Lebenselexier!

Und im Prater blüh'n die Bäume,
niemand denkt noch an den Schnee,
und im Frühling blühen Träume,
die im Herbst verwelken jäh.
Und dann ist die Stadt der Lieder
plötzlich voll Erinnerung,
melancholisch denkst du wieder
an die Zeit, als du noch jung.
Auf den Hängen voller Reben
reift schon wieder neuer Wein,
und ich spür: Hier möcht' ich leben,
sterben und begraben sein.

Augustin blickt beifallheischend um sich. „Da schlaf i ein", sagt der Großvater schlicht. Mutter Gertrud hat Tränen in den Augen. Gustl fragt begeistert: „Bist du so ergriffen, liebe Schwägerin?" Sie erwidert geistesabwesend: „Entschuldige, i hab überhaupt net zughurcht. Aber weils ihr zuerst übers 48er Jahr gredt habts – unser Bua und dem Franzl sei Julia wären auch net in Amerika." Onkel Gustl hat das Schlußwort: „Aber um das geht 's jetzt net. Jedenfalls sag i euch: Wien wird ewig a Kaiserstadt sein. Prost, Freunde!" – O, du lieber Augustin!

Wie gewöhnlich reagierte Franz Joseph nur auf Niederlagen. Er erließ ein Staatsgrundgesetz, das die Rechte der Bürger wesentlich erweiterte und vor allem Glaubens- und Gewissensfreiheit verbriefte. Er gab den Ungarn Gleichberechtigung, ließ sich zum König von Ungarn krönen und beging Fehler Nr. 6: Franz Joseph gab zwar den Ungarn Gleichberechtigung, den Slawen (Tschechen, Slowaken, Polen, Slowenen, Kroaten) verweigerte er sie. Und noch mehr: Slowaken und Kroaten waren den Assimilierungsbestrebungen der magyarischen Chauvinisten preisgegeben.

Dem Kaiser stand auch eine Reihe von Schicksalsschlägen bevor. Der erste traf ihn 1867: Sein Bruder Max wurde in Mexiko erschossen. 1873 führte ein Börsenkrach

(Schwarzer Freitag) zu einer schweren Wirtschaftskrise. Immer wieder beginnen ja die Wirtschaftskrisen an einem Freitag. Man sollte diesen Tag abschaffen! 1879 kam es zum Zweibund zwischen Österreich-Ungarn und Deutschland, dem 1881 auch Rußland beitrat.

Und Wien? Na ja, also die eigentliche Wiener Hymne, „An der schönen blauen (?) Donau" von Johann Strauß (Sohn), wurde am 15. Februar 1867 uraufgeführt. Am 25. Mai 1869 wurde das neue Opernhaus an der Ringstraße eröffnet. Sehr begeistert waren die Wiener zunächst nicht. Augustin Raunzinger rezitierte überall, wo er hinkam, das Spottgedicht auf die beiden Architekten: „Siccardsburg und Van der Nüll haben beide keinen Stül. Griechisch, Gotisch, Renaissance, das ist denen alles ans." Am 14. Mai 1870 machte der Kaiser den ersten Spatenstich zur Donauregulierung in Wien – Gott sei Dank fanden sich andere, die die weiteren Spatenstiche machten, allerdings gegen Bezahlung. Am 21. Jänner 1872 starb Franz Grillparzer, Österreichs bedeutendster Dramatiker. Was er uns wirklich sagen wollte, hat man leider erst zur Zeit des Regietheaters erkannt, dafür aber seine Stücke nicht mehr. Zum Glück hat er es nimmer erlebt.

Bürgermeister von Wien war seit 1868 Cajetan von Felder. Von den 800.000 Einwohnern waren jetzt 26.000 für den Gemeinderat wahlberechtigt. In seine Amtszeit fielen die Wiener Weltausstellung von 1873 in der Rotunde (wo er fast jede Delegation in ihrer Muttersprache begrüßen konnte), ebenso wie die darauf folgende schwere Wirtschaftskrise, die Grundsteinlegungen für Rathaus, Parlament und Universität sowie die Eingliederung des 10. Bezirks, Favoriten. Unter dem üblichen Geraunze der Wiener ließ er zahlreiche verkehrsbehindernde Bauten demolieren und den Stock-im-Eisen-Platz neu gestalten. 1874 wurde noch der außerhalb des Stadtgebiets gelegene Zentralfriedhof eröffnet, und im Theater an der Wien die „Fledermaus" von Johann Strauß (Sohn) uraufgeführt.

Felders bedeutendstes Verdienst war aber die Hochquellwasserleitung vom Schneeberg, die 1873 samt dem neuen Hochstrahlbrunnen am Schwarzenbergplatz eröffnet wurde. Schon 1870 hatte der Kaiser wieder einmal den ersten Spatenstich gemacht. Bis heute machen ja Monarchen und Politiker immer die ersten Spatenstiche, dann freut es sie plötzlich nimmer. Seit 1874 jedenfalls freuen sich die Wiener, wenn sie vom Urlaub zurückkommen, auf das gute Wiener Wasser, dem sie aber dann vielfach wieder alkoholische Getränke vorziehen.

Die liberale Mehrheit im Wiener Gemeinderat schwächte sich selbst immer wieder durch Abspaltungen, was 1878 schließlich zum Rücktritt Cajetan von Felders führte. Zu seinem Nachfolger wählte der Gemeinderat Julius Newald. Schon vorher, am 10. Mai 1875, wurde die Donauregulierung abgeschlossen und das neue Flußbett für den Verkehr freigegeben. Die Pferdetramwagen prägten zu dieser Zeit das Wiener Stadtbild. 1878 gründeten Johann und Josef Schrammel, Anton Strohmayer und Georg Dänzer das berühmte Schrammelquartett. 1879 wurde die Votivkirche geweiht.

Die ganze Pracht dieser Stadt mit ihren glänzenden Festzügen sollte uns aber nicht die Sicht auf die Welt außerhalb des Linienwalls verstellen. Dort hauste das Proletariat unter unerträglichen Bedingungen. Um 1880 hatte eine massive Zuwanderung dafür gesorgt, daß zwei Drittel der Bevölkerung nicht hier geboren waren. Kommt uns das nicht irgendwie bekannt vor? Kein Einwanderungsland? Wieder einmal Ben Akiba! Die Nachkommen sind längst „echte“ Wienerinnen und Wiener. Damals freilich mußten diese Zuwanderer bis zu 15 Stunden täglich arbeiten und die meisten Familien sogar ihre Schlafstatt in den armseligen Zinskasernen an Bettgeher vermieten. Kinder arbeiteten bereits im Volksschulalter. Soziale Sicherheit, sicherer Arbeitsplatz? Unbekannt! Und die Tuberkulose galt als die „Wiener Krankheit“!

Soziale Spannungen ungeheuren Ausmaßes kündigten sich an, die im nun folgenden Jahrzehnt die politische Struktur grundlegend verändern und auch noch im 20. Jahrhundert prägen sollten.

Fin de Siècle

Von den drei großen politischen Bewegungen entstand 1882 als erste die Deutschnationale Partei. Deutschliberale Gruppierungen gab es schon seit den Freiheitskriegen gegen Napoleon. Sie waren auch führend an der 48er Revolution beteiligt. Ihre Grundhaltung war demokratisch und antiklerikal. Geträumt wurde von einem großdeutschen Reich, dem auch Österreich angehören sollte. Im Anfang spielten auch Juden eine bedeutende Rolle, so der Arzt Adolf Fischhof, dessen Rede im Hof des niederösterreichischen Landhauses indirekt zum Ausbruch der Revolution beitrug. Seit 1866 (Königgrätz) sahen die Deutschliberalen im Haus Habsburg ein Haupthindernis für einen Anschluß an Deutschland. Sie verehrten Bismarck, der jedoch Österreich-Ungarn lieber als Bundesgenossen wollte („Wenn der Kaiser von Österreich in den Sattel steigt, reiten seine Völker") und sahen das Deutschtum im Vielvölkerstaat durch die slawische Majorität bedroht.

1882 entstand das Linzer Programm, an dem auch die späteren Sozialdemokraten Victor Adler und Engelbert Pernersdorfer mitarbeiteten: „Österreich muß, seines Ursprungs und seiner Geschichte eingedenk, den Deutschen die Gewähr bieten, daß deren Nationalität nicht gefährdet werde." Unter Georg Ritter von Schönerer wurde die Bewegung zunehmend radikal antisemitisch. Man stützte sich vor allem auf die schlagenden Studentenverbindungen, nationale Akademiker, Beamte, Freiberufler, höhere Angestellte und Lutheraner. („Ohne Juda, ohne Rom bauen wir Germaniens Dom.") Aus den Deutschnationalen entwickelten sich in späterer Folge die Großdeutsche Volkspartei, der Landbund und die Freiheitliche Partei.

1887 organisierten sich zwei politische christliche Gruppierungen in Wien: Ludwig Pfenners „Christlichsozialer Verein" und Dr. Karl Luegers „Vereinigte Christen". Die Ideologie lieferte zunächst der katholische Sozialpolitiker Karl von Vogelsang, der – zutiefst erschüttert vom Elend der Proletarier – von einer ständischen Gesellschaft träumte, in der neben Handel und Gewerbe sowie den Bauern die Arbeiter einen eigenen, gleichberechtigten Stand bilden sollten. Gegner war der „liberale Kapitalismus". An der sozialen Struktur der Gesellschaft sollte zwar nicht gerüttelt werden, aber die soziale Lage und die Einkommen der Arbeiter müßten verbessert werden. Gemeinsam mit anderen antiliberalen Gruppen bildete Lueger ab 1889 den „Bürgerklub", der bereits im Herbst 1895 unter seiner Führung die Mehrheit im Wiener Gemeinderat errang und die liberale Ära beendete, freilich unter den Bedingungen des Kurienwahlrechts.

Die ursprünglich fast „linken" Christlichsozialen (Lueger kommunalisierte Gas, Strom und Straßenbahn) fusionierten sich 1907 mit den ländlichen Katholisch-Konservativen unter Dr. Albert Gessmann und wurden in der Folge zu einer konservativen, eng an die katholische Kirche gebundenen Partei. Viele Funktionäre waren katholische Priester. Zielgruppen waren Handel und Gewerbe, Hausbesitzer, katholische Akademiker, Bauern sowie religiöse Arbeiter und Angestellte. Karl Lueger war ein bedeutender Bürgermeister, aber auch ein gewiefter Demagoge, der – da viele Gewerbetreibende bei jüdischen Bankhäusern verschuldet waren – erfolgreich mit antisemitischen Parolen auf Stimmenfang ging. Sein Antisemitismus war freilich kein „rassistischer". Ein Jude, der zum Christentum konvertierte, war eben kein „Semit" mehr. Aus den Christlichsozialen ging 1933 die Vaterländische Front und

1945 die Österreichische Volkspartei hervor, die sich immer mehr dem Wirtschaftsliberalismus verpflichtet fühlt.

Die Lage des Proletariats wurde schon geschildert. 1848 trat es erstmals politisch hervor und wurde, führerlos, verzweifelt und radikalisiert, durch Plünderungen und Zerstörungen von Maschinen bald zum „Bürgerschreck“, was zur Spaltung der Revolutionäre führte. Immerhin gab es vorübergehend sogar einen Arbeiterverein und eine Arbeiterzeitung. 1868 tagte in Wiener Neustadt ein „Arbeitertag“ und beschloß ein „Manifest an das arbeitende Volk in Österreich“. Als Wiege der österreichischen Sozialdemokratie gilt aber der „Gumpendorfer Arbeiterbildungsverein“. Politische und gewerkschaftliche Organisationen sowie Bildungsvereine wurden allerdings immer wieder von Behörden und Polizei observiert, drangsaliert und verfolgt. Trotzdem gab es 1872 in Wien schon 38 Arbeiterorganisationen. Sie wollten die Arbeiter vor allem durch politische Bildung zum Klassenbewußtsein erziehen. 1874 wurde in Neudörfl im Burgenland, das damals zur ungarischen Reichshälfte gehörte, eine sozialdemokratische Partei gegründet. Neben den erwähnten Drangsalierungen gab es auch ständig interne Probleme. Die Arbeiterbewegung spaltete sich immer wieder. Die Gemäßigten setzten auf den Weg des deutschen Arbeiterführers Ferdinand Lassalle, mit Hilfe des Stimmzettels eines Tages – das allgemeine Wahlrecht vorausgesetzt – die Mehrheit zu erringen und inzwischen durch gewerkschaftliche Kampfmaßnahmen die Lage des Proletariats schrittweise zu verbessern. Die Radikalen verwarfen diese Methode. Sie setzten darauf, daß es durch die Verelendung der Massen eines Tages zur Revolution kommen werde. Eine kleine Gruppe von Anarchisten wollte das nicht abwarten, sondern den Umsturz schon jetzt durch Attentate und Morde erzwingen.

Der Arzt Dr. Victor Adler sagte, als er das unbeschreibliche Elend der Wienerberger Ziegelarbeiter sah: „Leutln, euch kann kein Doktor helfen!“ Es gelang ihm, auf einem Parteitag in Hainfeld an der Jahreswende 1888/89 Gemäßigte und Radikale zur Sozialdemokratischen Arbeiterpartei zu vereinigen. Gefordert wurden politische Rechte, Arbeiterschutzgesetzgebung und Sozialreform: „Was wir erwarten von der Zukunft Fernen, daß Brot und Arbeit uns gerüstet stehn, daß unsre Kinder in der Schule lernen und unsre Alten nicht mehr betteln gehn.“ Die Fraktionen konnte Victor Adler einigen, aber der Nationalismus der verschiedenen Völkerschaften spaltete die Partei wieder, auch wenn man bei allen Veranstaltungen die „Internationale“ sang. Zielgruppe waren vor allem die Arbeiter und Angestellten. Natürlich stießen auch viele Juden zur Sozialdemokratie, da sie ja von Christlichsozialen und Deutschnationalen ausgegrenzt waren und die junge Arbeiterpartei einen Mangel an Akademikern hatte. Das förderte natürlich den Antisemitismus der Gegner. Die Sozialdemokratie hatte immer ein revolutionäres Programm bei einer gemäßigten Politik. 1934 bis 1945 verboten, aber illegal tätig, wurde sie nach dem Zweiten Weltkrieg als „Sozialistische Partei Österreichs, Sozialdemokraten und Revolutionäre Sozialisten“ neu gegründet. Erst in der heutigen Sozialdemokratie stimmen Programm und Politik weitgehend überein, denn ein Großteil der Wählerschaft sieht sich als Mittelstand.

Das letzte Fünftel des 19. Jahrhunderts begann mit einer Katastrophe. Am 8. Dezember 1881, Mariä Empfängnis, brach im Wiener Ringtheater kurz vor Beginn der Vorstellung ein Brand aus, der das Haus zur Gänze zerstörte. Von den Besuchern der oberen Ränge konnten sich nur wenige durch einen Sprung in das Sprungtuch retten, von den 1700 Menschen, die das Theater faßte, kamen 356 ums Leben. Die Folgen: die Feuerwehr wurde reorganisiert, die „Wiener Freiwillige Rettungsgesellschaft“ gegründet, in den Theatern wurden „eiserne Vorhänge“ eingeführt und strenge Brandschutzvorschriften erlassen.

Theaterdirektor Julius Jauner wurde zur Rechenschaft gezogen, Bürgermeister Newald angeklagt. Trotz Freispruchs war seine politische Laufbahn beendet, 1882 folgte ihm Eduard Uhl.

1883 wurde die erste elektrische Bahn Europas, das erste Teilstück der Lokalbahn von Mödling nach Hinterbrühl eröffnet, ebenso eine Dampftramway-Linie von Hietzing nach Perchtoldsdorf. Am 4. Dezember fand in dem im hellenistischen Stil errichteten Parlamentsgebäude die erste Reichstagssitzung statt. Pallas Athene, die griechische Göttin der Weisheit, blieb freilich ausgesperrt. Sie muß auch heute noch draußen warten, obwohl sie drinnen weit dringender gebraucht würde. 1884 wurde auch das neue Gebäude der Universität eröffnet.

Um diese Zeit erlebte auch die Wiener Medizinische Schule ihre Höhepunkte, repräsentiert unter anderen im Verlauf der Jahrzehnte von Ignaz Semmelweis, der die Ursachen des Kindbettfiebers entdeckte, Theodor Billroth, Begründer der großen chirurgischen Tradition der Wiener medizinischen Schule, Julius Wagner von Jauregg, Psychiater und Begründer der Fiebertherapie, später Nobelpreisträger. Aber auch Karl Landsteiner, der 1927 die Blutgruppen entdeckte, und der Physiologe und Ohrenarzt Robert Bárány erhielten den Nobelpreis. All diese genialen Ärzte konnten aber auf die Dauer die österreichisch-ungarische Monarchie nicht am Leben erhalten, denn viele deren führender Exponenten waren mit Blindheit geschlagen.

1885 gelang es dem Gemeinderat Dr. Lueger, eine Erweiterung der Zahl der Wahlberechtigten durchzusetzen. Der Zensus für das Wahlrecht wurde von 10 auf 5 Gulden Steuerleistung herabgesetzt, wodurch auch Kleingewerbetreibende, Beamte und Lehrer das Wahlrecht in der 3. Kurie erlangten. Obwohl dadurch immer noch erst 46.000, also 6 Prozent der 770.000 Einwohner des damaligen Stadtgebiets, wahlberechtigt waren, bedeutete dies den Anfang vom Ende der liberalen Ära Wiens. Auf Eduard Uhl folgten noch Dr. Johann Prix (1889 bis 1894) und Raimund Grübl (1894/95), dann übernahmen die Christlichsozialen die Regierung im Rathaus. Es war aber nicht mehr das alte Rathaus in der Wipplingerstraße, sondern das am 23. Juni 1885 bezogene neue Rathaus, nach den Plänen Friedrich von Schmidts errichtet, das ursprünglich gegenüber dem Stadtpark geplant war, weil der Kaiser den jetzigen Standort als Exerzierplatz für sein liebstes Spielzeug erhalten wollte. An der Spitze des Rathauses stand nun der in der Stadtverfassung nicht erwähnte Rathausmann, hoch über dem Bürgermeister, mischte sich aber – das soll hier ausdrücklich festgehalten werden – nie in die Amtsgeschäfte ein, offenbar weil er als Relikt der liberalen Ära mit der weiteren politischen Entwicklung nicht einverstanden war. Zweifelsohne aber hat er als echter Wiener die ganze Zeit leise vor sich hingeraunzt.

1885 wurde im Theater an der Wien „Die Fledermaus“ von Johann Strauß (Sohn) uraufgeführt. In der anderen Welt der sozial zweigeteilten Metropole trat erstmals ein Gesetz zum Schutz der Fabriksarbeiter in Kraft. Die tägliche Arbeitszeit wurde mit 11 Stunden begrenzt, die Nachtarbeit für Frauen und Kinder verboten, aber diese undankbaren Proletarier empfanden immer noch kein übermäßiges Glücksgefühl, nicht einmal, als 1887 das Maria-Theresien-Denkmal fertiggestellt wurde. Es dürfte sie auch nicht sonderlich berührt haben, daß am 14. Oktober 1888 das nach Plänen von Semper und Hagenauer errichtete Burgtheater eröffnet wurde, denn zum Beispiel die Tramwayfahrer, unbeeindruckt von der Hochkultur, hatten nichts Besseres zu tun, als im April 1889 zu streiken. Dabei wußten sie gar nicht, welche Katastrophe sich im gleichen Monat in Braunau am Inn anbahnte. Am 1. Mai 1890 zogen die Arbeiter von Wien erstmals in Massen zur Maidemonstration in den Prater. Das Bürgertum geriet in Panik, befürchtete Ausschreitungen und Plünderungen.

Aber obwohl Dr. Victor Adler wieder einmal eine Gefängnisstrafe absitzen mußte, verlief alles friedlich. Im selben Jahr, am 20. Dezember, begann mit der Eingemeindung von 43 Vororten, die in die Bezirke 11 bis 19 zusammengefaßt wurden, ein neuer Abschnitt der Stadtgeschichte.

Wenden wir uns aber inzwischen wieder dem erlauchten Kaiserhaus zu. Wir haben ja schon bemerkt, daß man den Kaiser nicht allzu lange allein lassen kann. Leider scheint das aber Elisabeth nicht so gesehen zu haben, denn sie war immer seltener in der Hofburg oder in Schönbrunn anzutreffen, was man ihr ja angesichts ihres langweiligen Ehepartners nicht verdenken kann, sondern stets irgendwo auf Reisen. So wurde allmählich aus Franz Josephs Ehe eine Josefsehe, was natürlich einen Mann in den besten Jahren, die ja leider erst beginnen, wenn die guten Jahre vorbei sind, nicht ausfüllen kann. Franz Joseph war zwar ein begeisterter Jäger, doch ist die Jagd bekanntlich von der Witterung (sowohl der Jagdhunde als auch meteorologisch) abhängig, während bei der Schürzenjagd beides wegfällt. Seine Majestät sollen also besonders um 1880 diesem Hobby mit Eifer nachgegangen sein, was nicht immer ohne Folgen blieb, denn es gab ja noch keine Ministerinnen, die in ihrer Freizeit Kondome verteilten. Zur Ehre des Monarchen sei gesagt, daß er für diese Folgen auch immer sorgte, wenn sie einmal (ins Leben) eingetreten waren.

Nun begab es sich aber, daß Anfang der Achtziger Jahre wieder einmal eine neue Generation von Raunzingers, Keppls und Motschgers auf den Plan trat (wir können ja die, die wir schon 1848 und 1866 belauscht haben, nicht ewig am Leben lassen). Natürlich, die stets zu allem bereite Raunzinger-Mitzi war noch ein Baby, somit für den Kaiser uninteressant. Aber der Cafétier Keppl hatte wieder eine Kellnerin Babette, die er aber aus finanziellen wie familiären Gründen nicht behalten konnte. Unser gemeinsamer Freund, der emsige Beamte Friedrich, war damals am kaiserlichen Hof offenbar für besonders delikate Aufgaben zuständig. Er brachte die bildhübsche Babette als Küchenhilfe in Schönbrunn unter. Der Zufall wollte es, daß sowohl der Kaiser als auch die Küchenhilfe Frühaufsteher waren. Wenn beide im Morgengrauen im Schloßpark lustwandelten (erst später wandelte sich die Lust), wollte es der Zufall, daß man einander begegnete. Franz Joseph hatte inzwischen schon einige Akten erledigt, aber noch nicht jeden Akt, was sich jedoch mit seiner hohen Pflichtauffassung nicht vereinbaren ließ. Auch Friedrich hatte eine hohe Pflichtauffassung, und so war ihm der Wunsch seines Monarchen, er möge Babette ehelichen, natürlich Befehl. Der Kaiser gab Babette mit den Worten „es war sehr schön, es hat mich sehr gefreut" eine hohe Aussteuer, und als der Sohn (natürlich das obligate Siebenmonatskind) heranwuchs, bekam er sofort einen Platz im Theresianum. Wir erwähnen die Geschichte trotz unserer peinlichen Diskretion, weil sie später noch eine Rolle spielen wird. Franz Joseph aber lernte Mitte der achtziger Jahre die 23 Jahre jüngere Schauspielerin Katharina Schratt kennen, die Vorleserin bei der Kaiserin war, und war nun nicht mehr auf Parkspaziergänge angewiesen.

Politisch machte der Kaiser seinen siebenten schweren Fehler. Er ließ seinem Thronfolger Rudolf keinen Einblick in die Staatsgeschäfte, bereitete ihn in keiner Weise auf seine Nachfolge vor. Das Schicksal fügte es, daß er noch zweimal die gleiche Verantwortungslosigkeit zeigte, hatte er doch drei verschiedene Thronfolger. Da es aber immer der gleiche Fehler war, wollen wir ihn als einen rechnen. Vielleicht ahnte der Kaiser aber auch, daß man von ihm nicht viel lernen konnte. Kronprinz Rudolf war allem Anschein nach durchaus begabt. Obwohl er praktisch wie ein Vollwaise aufwuchs – der Vater war offensichtlich nicht imstande, irgendwelche Zuneigung zu empfinden, der Mutter nahm man ihn zuerst weg, dann hatte sie jegliches Interesse an der Familie verloren – zeigte er gute Ansätze. Er betrieb geografische Studien und schrieb gute

Aufsätze. Er war mit dem liberalen Journalisten Moritz Szeps befreundet, liebte – wie seine Mutter – Ungarn und kritisierte die Außenpolitik seines Vaters, die Österreich-Ungarn eng und einseitig an das Deutsche Reich band. Seine Ehe mit der belgischen Königstochter Stephanie war nicht glücklich. Er hatte mehrere Freundinnen, und mit einer von ihnen, der exaltierten, blutjungen Baronesse Mary Vetsera, beging er am 30. Jänner 1889 im Jagdschloß Mayerling Selbstmord „in geistiger Umnachtung", wie es offiziell hieß, denn ein katholischer Prinz mußte natürlich ein katholisches Begräbnis bekommen. „Wie ein Schneider hat er sich umgebracht", soll sein Vater ärgerlich gesagt haben. Denn wie ein gewöhnlicher Untertan zu sterben – also so was tut man als Thronfolger einfach nicht. Und basta!

Inzwischen wurde in den „im Reichsrat vertretenen Königreichen und Ländern" (unter dieser schlichten Bezeichnung verbarg sich die österreichische Reichshälfte) der Druck der Massen nach einem allgemeinen Wahlrecht immer größer, und am 14. Juni 1896 unterzeichnete der Kaiser endlich ein Gesetz über eine Wahlrechtreform. Es war ein Fortschritt, aber gerecht war es noch lange nicht. In der allgemeinen Wählerklasse durften 5,500.000 Wähler 72 der 425 Abgeordneten wählen, während zum Beispiel 5402 Großgrundbesitzer 85 Abgeordnete entsandten und 583 Vertreter der Handelkammern 21. Das undankbare Volk war natürlich noch immer unzufrieden. Immerhin zogen 1897 erstmals Christlichsoziale, Großdeutsche (genannt: „Schönerianer" nach Georg Ritter von Schönerer) und Sozialdemokraten in den Reichsrat ein.

Am 10. September 1898 traf den Kaiser erneut ein schwerer Schicksalsschlag. Nach der Hinrichtung seines Bruders Maximilian in Mexiko und dem Selbstmord seines Sohnes Rudolf wurde seine Gemahlin Elisabeth in Genf von einem Anarchisten erstochen, ein besonders sinnloser Mord an einem Menschen, der niemandem etwas

Böses getan hatte. Wenn Franz Joseph gesagt hat: „Mir bleibt nichts erspart“, war dies nicht unberechtigt. Mit 18 Jahren in ein Amt berufen, dem er nicht gewachsen war, lange unter der Fuchtel einer despotischen Mutter, erlebte er neben politischen und militärischen auch noch persönliche Rückschläge.

Wien bestand ab 1891 aus 19 Stadtbezirken (die Brigittenau war noch ein Teil des 2. Bezirks), und die Einwohnerzahl war auf 1,355.000 angewachsen. Der Zustrom aus dem Alpen-, Donau- und Sudetenraum, aber auch von Tschechen, Slowaken, Juden, Polen, Ungarn, Südslawen und Italienern, hielt weiter an, so daß zu den sozialen auch nationale Spannungen hinzukamen. Nun wurde auch der Linienwall (der heutige Gürtel) abgerissen, wo bis dahin die Versorgungssteuer eingehoben worden war. Immerhin waren jetzt 79.215 Wiener wahlberechtigt, zirka 23 Prozent der Männer über 24. Infolge des Kurienwahlrechts erfüllten sich die Hoffnungen der Christlichsozialen und der Deutschnationalen aber noch nicht, die Mehrheit der Liberalen im Gemeinderat zu brechen. Als der Bürgermeister Prix im Februar 1894 unerwartet starb, schlugen die Liberalen ihren Fraktionssprecher Albert Richter als neuen Bürgermeister vor.

Richter war für den Hof untragbar, er war nämlich konfessionslos. Alles konnte Franz Joseph ertragen, ohne nur ein Wort zu sagen, aber wenn er dies erfuhr, ging 's ihm wider die Natur. Hier soll aber auch ein Wort des Lobes über den Monarchen gesagt werden, schelten mußten wir ihn ja oft genug. Der Kaiser war ein tiefgläubiger Katholik, er respektierte aber durchaus alle anderen Religionen, nur gläubig mußte man sein. Franz Joseph war tolerant, respektierte auch Protestanten und Juden. Deshalb war ihm auch der Antisemitismus Schönerers und Luegers in der Seele zuwider. Und das war damals durchaus nicht selbstverständlich, denn der Antisemitismus war im Europa der Jahrhundertwende sehr verbreitet, besonders in

Gebieten mit relativ hohem Anteil an jüdischer Bevölkerung. Dazu gehörte auch Wien, wo die Juden einen hohen Anteil an der Entwicklung von Wissenschaft, Kunst und Literatur hatten. Aber Dank und Anerkennung sind keine hervorstechenden Eigenschaften der Menschen. Reiche Juden erregten Neid (und der Neid ist ja nicht nur in Raimunds Zaubermärchen ein Milchbruder des Hasses), arme Juden, Hausierer, erregten eher Verachtung. Antisemitismus, gepaart mit Aggressivität, gab es in Russland und Polen, Frankreich (Dreyfus-Prozeß) und Ungarn, was allerdings den latenten Antisemitismus großer Teile der Wiener Bevölkerung keineswegs entschuldigt.

Richter wurde jedenfalls wegen seiner Konfessionslosigkeit vom Kaiser nicht akzeptiert, und so wurde der Advokat Raimund Grübl der letzte liberale Bürgermeister Wiens, Epigone einer bedeutenden Phase der Wiener Stadtgeschichte. 1896 trat er zurück, weil er die Wahl Dr. Luegers zum Vizebürgermeister nicht verhindern konnte. Der am 26. September 1895 gewählte Gemeinderat setzte sich aus 55 Christlichsozialen, 46 Liberalen, 36 Deutschnationalen und einem Unabhängigen zusammen. Am 29. Oktober 1895 wurde Dr. Karl Lueger zum Bürgermeister gewählt. Der Kaiser verweigerte die Bestätigung. Als der Gemeinderat daraufhin Luegers Wahl wiederholte, löste der Statthalter von Niederösterreich den Gemeinderat auf und schrieb Neuwahlen aus. Trotzig, wie die Wiener nun einmal sind, gaben sie Luegers Partei nun eine Zweidrittelmehrheit. Abermals wurde Dr. Lueger zum Bürgermeister gewählt, worauf man eine Lösung fand, durch die beide Seiten ihr Gesicht wahren konnten. Franz Joseph ersuchte Dr. Lueger, „dermalen“ auf das Amt zu verzichten. Als „Strohmann“ wurde der Christlichsoziale Josef Strobach zum Bürgermeister gewählt, der aber dann ein Jahr später den Platz für Lueger freimachte. Am 16. April 1897 war der „schöne Karl“ endlich am Ziel. 13 Jahre lenkte er als einer der bedeutendsten Bürgermeister in der Geschichte Wiens die Geschicke dieser Stadt.

Auch sonst tat sich im letzten Jahrzehnt des 19. Jahrhunderts Bedeutendes. 1891 wurde das Kunsthistorische Museum eröffnet. 1893 begannen die Arbeiten an den Anlagen der Wiener Stadtbahn, und am Kohlmarkt wurde die erste elektrische Straßenbeleuchtung in Betrieb genommen. Der Bau des Michaeler Trakts der Hofburg wurde vollendet und Schnitzlers Einakterzyklus „Anatol" uraufgeführt. Am 15. Oktober 1894 gab es in Döbling das erste Fußballspiel: Die Cricketer schlugen Vienna 4:0. Am 27. März fand in der Krugerstraße 2 die erste Kinovorstellung auf österreichischem Boden statt. Am 28. Jänner 1897 wurde die erste Straßenbahnlinie Wiens auf der Strecke vom Schottentor nach Dornbach eröffnet. Am 2. April wurde an der Wiener Universität Gabriele von Possaner zum „Doktor der gesamten Heilkunde" promoviert – als erste Frau! Obwohl sie in Zürich bereits den Doktorgrad erworben hatte, mußte sie in Wien alle Prüfungen wiederholen – weil da könnt ja jede kommen. Die Vorurteile der dümmsten Mannsbilder – „lange Haare, kurzer Verstand" – leben ja heute noch in den blödsinnigen Blondinenwitzen weiter und haben auch die Zeiten der „Bubiköpfe" und der langmähnigen „Schlurfs" unbeschadet überstanden.

Und was hat sich kulturell getan? Einige bedeutende Musiker, Franz von Suppé (1895), Anton Bruckner (1896), Johannes Brahms (1897) und Johann Strauß (Sohn, 3. Juni 1899) sind eines für Österreich untypischen Todes gestorben: Sie wurden nämlich schon zu Lebzeiten „unsterblich". 1893 wurde das Raimundtheater eröffnet. 1898 eröffnete die von Gustav Klimt geleitete „Vereinigung bildender Künstler Secession" ihre erste Ausstellung und ihr Gebäude. Als Gegenbewegung zum „Historismus" fühlte sie sich dem Jugendstil verbunden. 1899 erschien Sigmund Freuds Buch „Die Traumdeutung". Der heute weltberühmte Wissenschafter mußte lange um seine Anerkennung ringen. Der Satiriker Karl Kraus, dessen zeitkritische Zeitschrift „Die Fackel“ ebenfalls 1899 erstmals erschien, bezeichnete die Psychoanalyse gar als „die Krankheit, für deren Therapie sie sich hält“.

Doch nicht nur im ersten Stock, auch zu ebener Erd hat sich einiges getan, und fast hätten wir durch die Probleme des Kaiserhauses die Sorgen unserer treuen Freunde, der Familien Raunzinger, Keppl, Motschger und des treuen Beamten Friedrich aus den Augen verloren. Inzwischen waren nämlich die Lokalmieten in der Inneren Stadt sehr gestiegen. Die Raunzingers hatten aus verschiedenen Gründen ihr Gasthaus nach dem Fall des Linienwalls in den proletarischen Bezirk Fünfhaus, in die Felberstraße nahe dem Neubaugürtel, verlegt. Ebenfalls in der Nähe des Neubaugürtels, aber innerhalb, wo es etwas vornehmer zugeht, in der Kaiserstraße, finden wir nun das Kaffeehaus Keppl, denn die Mietzinsforderungen der Frau Winkler, deren Ahnfrau wir ja noch zur Zeit der Jakobinerhysterie kennen-, aber nicht liebengelernt haben, waren immer unverschämter geworden. Nun ist Franz Keppl selber Hausherr und hat keine Zinserhöhung mehr zu fürchten. Auch Hermann Motschger ist mit seiner Buchhandlung übersiedelt, und zwar in die Josefstädter Straße. Aber in die Volksschule sind die drei noch gemeinsam gegangen. Augustin hat einen Aufstieg zu verzeichnen. Er hat maturiert, schreibt jetzt Feuilletons und Essays für Zeitungen und Zeitschriften, hauptsächlich in Lokalen, wo Alkohol ausgeschenkt wird. Friedrich ist bei Hof eine Art Zeremonienmeister, denn er steht in der Gunst Seiner Majestät, und wir wissen ja warum.

Inzwischen hat es sich jedenfalls herumgesprochen, daß wieder einmal ein Jahrhundert zu Ende geht und – damit kein „jahrhundertloser Zustand“ entsteht – nahtlos das nächste anschließt. Denn alle hundert Jahre wiederholt sich der Streit, ob das Jahrhundert wirklich schon mit

99 endet oder das nächste erst mit dem Jahr 1 beginnt. Nur die Leute können das nächste Jahrhundert schon nicht mehr erwarten, denn es kann ja nur besser werden (glauben sie jedenfalls immer wieder)! Das 19. Jahrhundert hat unvorstellbare gesellschaftliche, politische und technische Umwälzungen gebracht. Dem 20. Jahrhundert blickt man allgemein mit unbeschreiblichem Optimismus entgegen. Vor allem die Elektrizität wird das Leben leichter machen, Automobile und Aeroplane (Flugzeuge) werden den Verkehr beschleunigen. Und eines Tages werden die Frauen gleichberechtigt sein (warum net gar?). Und Kriege wird 's auch nimmer geben.

All das sind Gründe, daß trotz aller Gegensätze die Schulfreunde beschließen, Silvester 1899 gemeinsam zu feiern. Freilich, Leopold Raunzingers Wirtshaus in der Felberstraße kommt nicht in Frage. Erstens verkehren dort hauptsächlich Arbeiter, zweiten heißt das Lokal jetzt nicht mehr „Zum Kyselak", sondern „Zum Roten Adler" (womit keinesfalls der Tiroler Adler gemeint ist), und drittens hängt dort die „Arbeiterzeitung". Im Café Keppl hängen natürlich alle Blätter, und so ist es quasi neutraler Boden, trotz eines Lueger-Bildes an der Wand, aber der ist ja immerhin Bürgermeister, und Raunzinger wie Motschger sitzen halt mit dem Rücken zu ihm. Das Lokal ist für gewöhnliche Gäste geschlossen, der Sekt eingekühlt. Das Jahrhundert dauert nur noch eine halbe Stunde und alle (bis auf den mitgekommenen Opa Raunzinger) sind in erwartungsfroher Stimmung.

Der Alte ergreift eben wieder von seinem Platz neben dem Ofen das Wort: „I waaß eigentlich gar net, was ihr feiern tuats. Wann das nächste Jahrhundert net besser wird wia die letzten Jahr, sollt ma eher a Trauerfeier machen. I sag euch, wann der Kaiser net zuerst die Basteien niedergrissen und um unser Geld lauter unnötige Renommierbauten hingstellt und dann noch den Linienwall niedergrissen hätt, hätt der blede Bua net unser Traditionslokal in der Wollzeile aufgeben und wär net zu die Proleten in der Felberstraßen zogen." Der „blede Bua" (gemeint ist natürlich Leopold Raunzinger) macht eine wegwerfende Handbewegung. „Vater, du verstehst die neuche Zeit net. Macht aber nix, weil die alte hast eh a net verstanden. Die Zeit des degenerierten Bürgertums is bald vorbei. Der Arbeiterklasse außerhalb vom Gürtel ghört die Zukunft. Sie wird si gerechte Löhne erkämpfen und an gewissen Wohlstand erreichen. Armenräte wia du, Franzl (hier wendet er sich an den Gastgeber), wannst di a ehrlich bemühst, wird ka Mensch mehr brauchen, Männerheime und Klostersuppen a net. Meine Genossen ham jedenfalls gsagt, sie braucherten a Lokal für die Sektionssitzungen, drum hab i das Wirtshaus kauft, und es geht ganz guat. I bin zfrieden."

„Na ja, das is dei Sach", räumt der Keppl ein, „aber hat net eucher Parteichef, der Victor Adler, gsagt, der denkende Arbeiter trinkt nicht? Außerdem bist doch du als Wirt für die Sozi a Klassenfeind, a Burschoah. Bei der nächsten Revolution wird 's guat sein, wannst di rechtzeitig versteckst." – „Das verstehst net, Franz", erwidert der „Burschoah", „a Klassenfeind is aner, was andere ausbeuten tuat, aber mir machen unser Arbeit selber, mir brauchen ka Kellnerin. Und der Doktor Adler will nur die Arbeiter aus die Schnapsbuden außebringen. Bei mir trinken s' ihner Bier und diskutieren dabei. Und Bier is a Volksgetränk, fast a Nahrungsmittel, da wird mir der Hermann recht geben, gell? Ihr trinkts ja selber Bier bei euchere Burschenschaftstreffen, hab i recht?"

Der Angesprochene: „Bier ist ein altes germanisches Getränk. Aber vergeßt euer kleinliches Klassengezänk, denn viel größere Dinge kündigen sich an. Wir lassen uns nicht mehr von Tschechen und Polen regieren wie unter dem Grafen Thun von Hohenstein, diesem Hochverräter, diesem Klerikalen, der sich nicht entblödet hat, in einem Slawenkabinett den Ministerpräsidenten zu spielen. Wien muß eine deutsche Stadt bleiben, der Zuzug von Juden und Tschechen muß aufhören, jawohl! Und drum ist, obwohl Bismarck vor zwei Jahren gestorben ist, unsere Hoffnung das Deutsche Reich, eine Großmacht mit einem Kolonialreich. Die Zeit ist reif dafür!" Motschger blickt in die Runde und wartet offenbar auf Beifall. Statt dessen ergreift wieder Leopold das Wort: „Gegen Deutschland hab i nix, mir reden ja alle deutsch. Aber der falsche Patriotismus, ob deutsch oder habsburgisch, soll das Proletariat nur vom Klassenkampf ablenken. Nur einen Staat ohne Ausbeutung wollen mir, verstehst? Die Nation is wurscht. Und wenn ihr Bürgerlichen euch in eucherer antisemitischen Hysterie gegenseitig überbietets, damit ihr Stimmen kriegts, uns laßt das kalt." – „Poldl, jetzt hörst aber auf", ereifert sich der Keppl. „Ihr Sozis glaubts, ihr seids die anzige Arbeiterpartei. Aber der junge Kunschak is auch a Arbeiterführer, und mir Christlichsozialen ham auch a fortschrittliches Programm: ‚Gerechte Entlohnung, Erweiterung des Arbeiterschutzes, Vorkehrungen gegen Monopolisierungstendenzen, Schutz vor Wucher und Ausbeutung! Is das vielleicht nix? Les das Neuigkeits-Weltblatt!" – „Ja, ja, Papier is geduldig", spottet Leopold Raunzinger. Doch da wird er von unerwarteter Seite angegriffen. „Ja, Papier is geduldig", sagt sein Sohn Robert zornig, „du muaßt es ja wissen. Ihr Funktionäre setzts auf Wahlen und Demokratie? Daß i net lach! Mit 14 Reichsratsabgeordneten wollts ihr den Sozialismus einführen? Und unsere Herrn Abgeordneten leben ganz guat und san recht zufrieden! Aber die Proletarier lassen si net ewig papierln! Der Stimmzettel nutzt nix, a Revolution muaß her, damit 's anders wird!" Robert hat sich immer mehr in Rage geredet, seine Augen funkeln. Julia Keppl blickt ihn bewundernd an, beinahe hätte sie applaudiert, doch ein Blick auf ihren Vater hält sie ab. Jetzt greift Gertrud Raunzinger ein. „Müaßts ihr Mannsbilder immer politisieren, sogar an so einem Festtag? Könnt ma net einfach in Frieden miteinander leben? Mit depperte Streitereien fangt 's an, und mit Krieg und Tod hört 's auf!" Frau Keppl und Frau Motschger schließen sich an: „Ka Wort mehr von Politik!" Und Mitzi Raunzinger seufzt: „Schad, daß der Onkel Gustl net da is, da wär 's viel lustiger!"

Plötzlich fällt es allen auf: Augustin Raunzinger ist nicht da! Und dabei ist es fast Mitternacht. Wer hat ihn zuletzt gesehen und wo? Und auch der brave Beamte Friedrich fehlt. Wo sind sie? – Merkwürdigerweise wird jetzt Motschger nervös. „Stellts derweil die Gläser her und machts Sektflaschen auf", regt er an. „Es ist gleich so weit!" Julia Keppl läßt sich das nicht zweimal sagen und geht sofort an die Arbeit. Robert, plötzlich vom Revolutionär zum Kavalier mutiert, hilft ihr. Merkwürdigerweise finden einander die Hände der beiden immer wieder, wie schon bei Generationen von Roberts und Julias (Ben Akiba!). Franz Keppl sieht 's mit Ingrimm. „Mach dir kane Hoffnungen, Robert! Mei Julia heirat standesgemäß und keinen Anarchisten! Und in eurem Lokal verkehren außerdem die Gürtelnymphen!" Leopold, grad noch böse auf seinen Sohn, läßt sich das nicht bieten: „Der Robert kann ganz andere Partien machen, Franz, der braucht dei Julia net!" Und das Minuten vor der Jahrhundertwende! Frau Gertrud rettet, wie schon so oft, die Situation: „Sag amal, Hermann, hast du net gestern mit dem Gustl und dem Fritz die obligate Drittschnapserei ghabt?"

Motschger wird blaß. „Ja leider, es hat Streit gegeben. Augustin hat schon einiges intus gehabt, und wie ihm der Friedrich den Vierziger zerrissen hat, hat er ihn provoziert und gefragt, ob sein Sohn Franz schon einen Bart und eine Glatze hat wie sein wirklicher Vater. Und da hat ihn der Friedrich natürlich zum Duell fordern müssen." Atemlose Stille. Nur der Großvater fragt: „Und wie is es ausgangen? Der Gustl wird uns doch net scho wieder a Schand gmacht ham!" Hermann räuspert sich: „Ich war dem Friedrich sein Sekundant. Um 5 Uhr früh haben wir uns in den Praterauen getroffen. Zwei Stunden haben wir auf den Sekundanten vom Augustin gewartet. Vergeblich. Der Augustin hat sich nimmer erinnert, wie sein Sekundant heißt. Saukalt war 's, und ein Schneeregen. Da sind wir in ein Praterlokal gegangen, das schon offen war. Die beiden sind übereingekommen, daß sie würfeln. Wer verliert, muß sich selbst erschießen." – „Und?" fragt Frau Gertrud atemlos. „Ich weiß nicht", gesteht Hermann Motschger, „ich bin in mein Geschäft gegangen, um die Inventur zu machen. Wie immer zu Jahresende."

Aber in diesem Augenblick kommt die Antwort scheinbar von selbst, denn Friedrich kommt bei der Tür herein, leichenblaß. Also hat Augustin verloren? „Mörder", schreit Leopold, „du hast mein Bruader am Gwissen!" Mitzi weint: „Der arme Onkel Gustl". Julia umarmt Robert, um ihn in dieser schweren Stunde zu trösten. Und Opa Raunzinger schimpft. „Grad heut muaß si der Rotzbua derschiaßen! Daß er sein alten Vater den Silvester verdirbt, is ihm wurscht." Doch nun ereignet sich ein Wunder. Die Tür öffnet sich und – Augustin betritt das Lokal. „Ein Geist!" schreit Julia und drückt sich noch enger an den Robert. Und der „Geist" sagt: „Es is mir sehr peinlich, aber i hab mi net troffen." – „Trottel", sagt sein Vater. Und im gleichen Moment ertönen die Glocken der Pummerin, knallen die Feuerwerkskörper und die Sektflaschen.

Es ist das erste, aber leider nicht das letzte Mal, daß es in diesem Jahrhundert kracht.

Ein Kaffeehaus namens Weltgeschichte

Wenn man Onkel Gustl Glauben schenken darf (was sehr umstritten ist), hat seine ruhmlose Affäre vom Silvester 1899 auf die Literatur befruchtend gewirkt. Er verkehrte nämlich seit 1890 im Café Griensteidl, wo er mit der literarischen Bewegung Jung-Wien in Berührung kam und regen Gedankenaustausch mit Hugo von Hofmannsthal, Felix Salten, Hermann Bahr, Richard Beer-Hofmann und vor allem Arthur Schnitzler gepflegt haben will, die angeblich alle von diesem Gedankenaustausch profitiert haben sollen. Gustl behauptete jedenfalls, sein mißglücktes Duell sei der Anstoß für Schnitzlers Novelle „Leutnant Gustl" gewesen, so wie er auch das Vorbild für den „Anatol" gewesen sei und durch Schilderungen seiner erotischen Abenteuer Schnitzler zum „Reigen" und Salten zur „Josefine Mutzenbacher" angeregt habe. Glaubwürdiger ist schon Augustins Behauptung, der Architekt Gropius habe ihm 1915 Alma Mahler-Werfel ausgespannt, denn warum sollte gerade er kein Verhältnis mit dieser Freundin bedeutender Männer gehabt haben? Merkwürdig ist aber doch, daß ein Augustin Raunzinger weder in Karl Kraus' „Demolirter Literatur" erwähnt wird, noch in den Akten eines der unzähligen Prozesse des Herausgebers der „Fakkel" als Beklagter oder Zeuge aufscheint. Wollen wir ihn also als einen der ungezählten Wiener Kaffeehausliteraten akzeptieren, solange nicht das Gegenteil nachgewiesen wird. Das Wiener Kaffeehaus als Zweitwohnsitz der Literaten, als Treffpunkt von Politikern und anderen skurrilen Typen, Advokaten, Schnorrern, von Prominenten und verkrachten Existenzen, ist in seiner Bedeutung unbestritten und wird in diesem Kapitel noch gewürdigt werden.

Doch auch außerhalb der kleinen Welt unserer treuen Begleiter ging das Leben in der Donau-Metropole weiter: Ab 1900 gab es in Wien erstmals für Männer über 24, die seit mindestens drei Jahren hier ansässig waren, die Möglichkeit, unabhängig vom Steueraufkommen an der Gemeindewahl teilzunehmen. Sie durften allerdings nur 20 der 158 Gemeinderäte wählen, für jeden Bezirk einen (der 20. Bezirk war inzwischen vom 2. abgetrennt worden). Zwei Bezirke (Favoriten und Ottakring) wählten erstmals Sozialdemokraten in den Gemeinderat. So waren 1900 im

Gemeinderat 128 Abgeordnete des Bürgerklubs (Christlichsoziale und Deutschnationale), 28 des liberalen Fortschrittsklubs und 2 Sozialdemokraten. Somit saß Bürgermeister Dr. Lueger fest im Sattel (auch der Kaiser hatte sich mit ihm abgefunden) und nützte seine breite Mehrheit, Wien für das 20. Jahrhundert reif zu machen. Seine vielen Ideen, Initiativen und Reformen wurden auch im Ausland und – natürlich erst viel später – von politischen Gegnern anerkannt.

1900 gab es noch andere Ereignisse. Am 2. Jänner erschien die erste Nummer der – oft despektierlich als Hausmeisterblattl bezeichneten – „Österreichischen Kronenzeitung“, und am 30. Oktober gaben die Wiener Symphoniker, zunächst noch als „Conzertvereinsorchester“, unter Dirigent Ferdinand Löwe ihr Eröffnungskonzert – als erstes vom Theaterdienst unabhängiges Orchester Österreichs. Ein beliebtes winterliches Freizeitvergnügen der Jugend war der Schlittschuhlauf. Auch ein anderer Sport gewann zunehmend Popularität. Am 8. April 1901 fand in Wien das erste Fußball-Länderspiel statt. Österreich schlug die Schweiz 4:0. Im selben Jahr wurde auch mit der Eröffnung der Strecke Hauptzollamt-Heiligenstadt der Bau der natürlich noch dampfbetriebenen Stadtbahn abgeschlossen. Die 38 Kilometer lange Strecke hatte 137,6 Millionen Kronen gekostet, die 30 Stationen hatte der berühmte Jugendstilarchitekt Otto Wagner entworfen. 1902 wurde auch die letzte Pferdestraßenbahnlinie Wiens elektrifiziert. Aus dem Reingewinn der „Wiener Tramway“ wurde der Bau des Lainzer Versorgungshauses begonnen.

Nicht nur in der Literatur, auch im Kunsthandwerk bewegte sich manches. Die „Produktionsgenossenschaft Wiener Werkstätten“ wurde gegründet, zu deren führenden Exponenten die Professoren Josef Hoffmann und Koloman Moser gehörten. Ein Genie auf ganz anderem Gebiet, der jüdische Philosoph und Psychologe Otto Weininger („Geschlecht und Charakter“) beging mit 23 Jahren Selbstmord. Im selben Jahr starben auch der Komponist Hugo Wolf, die Volksschauspielerin und Operettensängerin Marie Geistinger und der Architekt und Stadtplaner Camillo Sitte. 1904 wurden Floridsdorf und einige Gemeinden nördlich der Donau als 21. Bezirk Bestandteil von Wien, dessen Grenzen sich bis 1938 nicht mehr verändern sollten. In diesem Jahr starb Theodor Herzl im Alter von 44 Jahren. Als Berichterstatter der „Neuen Freien Presse“ hatte er in Paris den Prozeß gegen den angeblichen Spion Dreyfus miterlebt, der dort eine Welle des Antisemitismus hervorrief. Erschüttert schrieb er das Buch „Der Judenstaat“ und wurde so zum „geistigen Vater“ des Staates Israel.

Aber nicht nur der Zionismus ging von Wien aus, sondern auch der Pazifismus hatte hier eine starke Stütze. Die 62jährige Bertha von Suttner, die schon 1891 in einer damals noch sehr von militärischem Glanz geblendeten Welt die „Österreichische Gesellschaft der Friedensfreunde“ gegründet und 1899 den berühmten Antikriegsroman „Die Waffen nieder!“ veröffentlicht hatte, erhielt am 10. Dezember 1905 den Friedensnobelpreis. Einen Monat vorher fand in Wien eine machtvolle Demonstration für ein allgemeines und gleiches Wahlrecht (200.000 Teilnehmer!) statt.

In jener Zeit war auch die „Silberne Operettenära“ in dieser theater- und musiknärrischen Stadt auf dem Höhepunkt. Es gab glanzvolle Premieren, zu denen Onkel Gustl oft seine Nichte Mitzi mitnahm, und kaum einen Tenor, in den sich diese nicht verliebte. Zu Hause trällerte sie dann noch tagelang die Melodien, sehr zum Mißvergnügen der klassebewußten männlichen Raunzingers und auch ihres Großvaters, denn die früheren Operetten waren natürlich viel besser gewesen. Vor allem Franz Lehár („Die lustige Witwe“, 1905, „Der Graf von Luxemburg“, 1909, „Der Zarewitsch“, 1927, „Das Land des Lächelns“, 1929), Oscar Straus („Ein Walzertraum“, 1907), Emmerich Kálmán („Die Csárdásfürstin", 1915, „Gräfin Mariza", 1924), Ralph Benatzky („Im weißen Rößl", 1931) und zahlreiche andere großen Erfolge ließen die Menschen die Sorgen des Alltags, das Leid und den Hunger im Krieg, und später Wirtschaftskrise und Arbeitslosigkeit wenigstens für ein paar Stunden vergessen, nach dem Motto: Glücklich ist, wer vergißt, was doch nicht zu ändern ist. Gemeinsam mit dem seinen Siegeszug antretenden Kino und den Drei-Kreuzer-Romanen, in denen die arme Näherin zum Schluß dann doch den schönen, reichen Grafen bekam, halfen sie mit, das Leben etwas erträglicher zu gestalten. Denn auch im Kleinen gab es viel Kummer und Tragödien, wenn Väter und Ehegatten Zorn und Verdruß im Wirtshaus hinunterspülten und am Zahltag ohne Geld nach Hause kamen, oder wenn der Kassier des Sparvereins vor Weihnachten plötzlich verschwunden war.

1907 wurde in der Kärntner Straße das „Kabarett Fledermaus" eröffnet. Die Räume sind von der „Wiener Werkstätte" ausgestattet worden, zu den Autoren gehörten Peter Altenberg, Hermann Bahr, Detlev von Liliencron, Max Mell und Roda Roda. 1908, zum 60. Regierungsjubiläum Kaiser Franz Josephs, fand, wie schon anläßlich seiner Silberhochzeit, ein großer Festzug auf der Ringstraße statt, an dem auch Volksgruppen aus allen Teilen der Monarchie teilnahmen. Zu einem 70. Jubiläum sollte es nicht mehr kommen. Es fand nur Jahre später literarisch seinen Niederschlag in Form der „Parallelaktion" in „Kakanien" in Robert Musils Roman „Der Mann ohne Eigenschaften"

Am 10. März 1910 starb im 66. Lebensjahr Dr. Karl Lueger, einer der bedeutendsten Bürgermeister in der Geschichte Wiens. Er war ein Visionär, und viele seiner Visionen konnte er auch verwirklichen. Zum Unterschied von den damaligen Liberalen und den heutigen Neoliberalen war er der Ansicht, daß lebensnotwendige Versorgungseinrichtungen nicht privaten Profitinteressen dienen sollten, und kommunalisierte Gas- und Stromerzeugung und die Straßenbahn. Er teilte auch nicht die liberale Philosophie, daß jeder für seine soziale Lage selbst verantwortlich sei, sondern sah eine Verantwortung der Gesellschaft für die Armen, schuf Fürsorgeeinrichtungen, ließ Waisen- und Versorgungshäuser bauen. Er war auch der erste Grünpolitiker, setze sich ab 1905 für die Schaffung des Wald- und Wiesengürtels ein. Außerdem ließ er noch die zweite Hochquellwasserleitung bauen. Seine Nachfolger Josef Neumayer (1910 bis 1912) und Richard Weisskirchner (1912 bis 1919) reichten nicht im entferntesten an ihn heran. Filz und Korruption machten sich breit. Nur durch das Kurienwahlrecht konnten die Christlichsozialen ihre Mehrheit im Gemeinderat noch halten.

Wien ist nicht Österreich, doch das ist einem Wiener ebenso schwer beizubringen, wie einem Pariser, daß Paris nicht Frankreich ist. Und doch sind die Geschicke einer Hauptstadt von denen des Landes nicht zu trennen. „'s gibt nur a Kaiserstadt, 's gibt nur a Wien", sangen die Wiener beim Heurigen, was zwar nicht stimmte, denn auch Berlin, St. Petersburg, Peking, Tokio und Addis Abeba waren damals Kaiserstädte. Aber von den damaligen Kaisern war natürlich der alte Herr in Schönbrunn für seine Residenzstadt der Wichtigste.

Franz Joseph kam aus den Sorgen nicht mehr heraus. Am 31. Dezember 1902 mußte wieder einmal ein Finanzausgleich mit den stets rebellischen Ungarn geschlossen werden. Dazu kamen die permanenten Nationalitätenkonflikte in der österreichischen Reichshälfte, die zur Obstruktion und zu Tintenfaß-Schlachten im Reichsrat führten, und soziale Spannungen mit dem immer selbstbewußter auftretenden Proletariat. Der Thronfolger Erzherzog Franz Ferdinand, der noch dazu nicht „standesgemäß", sondern mit einer Gräfin Chotek verheiratet war, die bis in den Tod hinein vom Hof nicht akzeptiert wurde, trat für die Gleichbehandlung der Slawen ein. Er stand auch sonst in Opposition zum Monarchen, sehr zum Verdruß von Hermann Motschger und seinen deutschnationalen Freunden, die das Ende des Vielvölkerstaates herbeisehnten. Die einzigen Entspannungen für den Kaiser waren die Plaudereien mit Katharina Schratt und die Jagd.

1906 beschloß der Reichsrat unter dem Eindruck der machtvollen Demonstrationen endlich eine Vorlage des Ministerpräsidenten Max Freiherr von Beck, das allgemeine Wahlrecht für Männer betreffend. Für Landtage und Gemeinden bestand aber weiter das Kurienwahlrecht. Bei den Wahlen von 1907 erreichten von 516 Sitzen die beiden katholischen Parteien 96, zweitstärkste Partei wurden die Sozialdemokraten mit 87 Abgeordneten. Doch ein Jahr später, im Herbst 1908, beging Franz Joseph seinen achten schweren Fehler. Er ließ Bosnien und die Herzegowina, die offiziell noch zur Türkei gehörten, aber von Österreich-Ungarn verwaltet wurden, annektieren und zog sich dadurch die Gegnerschaft Großbritanniens und Frankreichs und den Haß der Serben zu. Rußland, durch die Niederlage gegen Japan geschwächt, stimmte zähneknirschend zu, zumal das Deutsche Reich die Politik Wiens unterstützte. Die furchtbare Katastrophe, die 1914 über die Doppelmonarchie und fast alle Länder Europas hereinbrechen sollte, war die direkte Folge dieses unnötigen Schrittes.

Selbstverständlich kommentierten die Wiener alle innen- und außenpolitischen Entwicklungen kritisch. Denn der Wiener sieht sich als Experte für vieles, und seine Bühne ist – das Kaffeehaus. Jedes Kaffeehaus hat – und hatte – seine Stammgäste. Im „Landtmann“ findet man Politiker, im „Sperl“ Maler, im „Raimund“ Theaterleute, im „Museum“ früher secessionistische Künstler. Ein Künstlertreffpunkt ist auch das „Hawelka“. Dazu kommen die Volkscafés, hauptsächlich in den Außenbezirken, denen Hermann Leopoldi in seinem Lied vom „Kleinen Café in Hernals“ ein Denkmal gesetzt hat: „Dort genügen zwei

Mokka allein, um ein paar Stunden soo glücklich zu sein." Zu einem richtigen Kaffeehaus, wie man es früher kannte, gehörten Billard, Schach und Spielkarten.

Das Kaffeehaus spielte aber, abgesehen davon, daß es für viele Literaten nicht nur eine Stätte der Begegnung war (die war es auch für die Damen der Gesellschaft), sondern auch Adresse und Arbeitsplatz, auch politisch eine Rolle. Im Juli 1934 wartete dort der als Bundeskanzler vorgesehene Dr. Anton Rintelen in aller Ruhe, aber vergeblich, auf das Gelingen des Naziputschs. Vor dem Ersten Weltkrieg war Wien Treffpunkt vor allem russischer Emigranten, die im Kaffeehaus untereinander, aber auch mit einheimischen Politikern und Journalisten, Gespräche führten, darunter auch Lew Bronstein, der später unter dem Namen Trotzki die Oktoberrevolution organisierte. Als die Nachricht davon in Wien eintraf, soll ein Sektionschef im Außenministerium kopfschüttelnd gesagt haben: „Gehen S', wer soll denn in Rußland a Revolution machen? Vielleicht der Bronstein, der Schachspieler vom Café Central?"

Interessant ist, daß sich viele spätere Machthaber zu dieser Zeit vorübergehend in Wien aufhielten: Mussolini, Lenin, Trotzki, Hitler, Stalin, Tito, Gottwald. Hitler bemühte sich hier vergeblich um die Aufnahme in die Akademie der bildenden Künste. Hätte man ihn doch nur aufgenommen! Doch wir wollen uns hier die Freiheit nehmen, einige dieser Herrschaften, auch wenn sie Wien nicht gleichzeitig mit ihrer Anwesenheit beehrt haben, zusammenzuführen. Und da es in Österreich immer schon auf Beziehungen angekommen ist, wollen wir unsere langjährige Freundschaft zu Franz Keppl ausnützen und sein Kaffeehaus zum Schauplatz dieser (fast) historischen Begegnung machen. Überraschenderweise haben sie dabei schon einiges gesagt, was sie später in anderem Zusammenhang wieder von sich gaben.

Im Café Keppl in der Kaiserstraße sitzen also der Herr Chef und seine Kellnerin Eva, Josef Dschugaschwili (Stalin), Benito Mussolini, beide kartenspielend, und einige andere Gäste. „Herr Chef“, sagt Eva, „da kommt schon wieder dieser Schnorrer mit seinen miesen Ansichtskarten. Lassen wir ihn herein?“ Franz Keppl winkt nur müde ab. „Vielleicht vertreibt er mit seinem Mundgeruch die anderen Schnorrer.“ Aber der hat inzwischen den Tisch erreicht. „Bitte um Entschuldigung, die Vorsehung hat mich aufgehalten. Mussolini, den Herrn genne ich nicht.“ Der Unbekannte: „Gestatten, Dschugaschwili.“ Der Ansichtskartenverkäufer: „Sehr erfreut, Hitler-Dolfi.“ Der Italiener wundert sich. „Warum sage nigt Adolf Hitler?“ „Er sagt ja auch nicht Willi Dschugasch.“ Dieser erklärt es: „Ich nix chaissen Willi Dschugasch, sondern Dschugaschwili. Georgischer Name.“ Mussolini weiß Rat: „Sie sollten sik zulegen eine Künstlername.“ Dschugaschwili zuckt die Achseln: „Weiß ich, in Tiflis ich chaiße Koba. Sehen Sie diesen widerlichen Kerl, der dort driben Schach spielt? Er chaißt Bronstein, aber nennt sich Trotzki.“

„Ach, der dort“, sagt Hitler. „Typisch jüdische Visage.“ Dschugaschwili ist aber noch nicht fertig: „Und der andere, der mit ihm spielt, der Uljanow, der nennt sich Lenin. Beide chaben Spitznamen und Spitzbart, nur ich chabe keines von beiden.“ Mussolini wundert sich: „Aber sage Sie, warum Sie sik nigt setzen zu die beide, wenn Sie sie kenne?“ Dschugaschwili, düster: „Trotzki ist Verräter. Aber eines Tages ich werde ihn vernichten, und wenn ich ihn verfolgen mißte bis Mexiko.“ Hitler ist beeindruckt: „Ich schätze Sie als Mann der Tat. Sie sind Georgier?“ Jetzt wird es Zeit für die Vorstellungsrunde. Dschugaschwili: „Mein Weg war konsequent. Von Priesterschule über Bankraub zur Politik.“ Hitler: „Ich bin Maler, aber die Juden in der Akademie haben mein Talent nicht ergannt! Vielleicht beschließe ich auch eines Tages, Politiker zu werden.“ Mussolini nickt: „Oh, ik sein Politiker, aber nur kleine Agitatore. Mussen chanchare Partito, Partei, si? Duce will ik werden, der Posten sein noch frei.“

Dann geht den drei Hoffnungsträgern der Gesprächsstoff aus. Einer schlägt vor, zu dritt zu schnapsen, aber worum? Keiner hat Geld. Schließlich meint der Postkartenmaler, man könnte ja zu dritt um die Welt schnapsen, Länder als Einsatz. Zwei spielen, einer schreibt mit. Eva, die Kellnerin, fragt inzwischen, ob die Herrn noch einen Wunsch haben. „Bellissima Signorina, viele Wünsche", ruft Mussolini begeistert und zieht sie an sich. „Für mich eine große swarze." Hitler knurrt: „Immer das Geknutsche mit dem Duce. Für mich auch Gaffee, Eva, braun!" Auch Dschugaschwili bestellt: „Fir mich Wein. Einen roten."

Inzwischen hat das Spiel begonnen. Hitler ist begeistert: „Dieses Blatt ist eine Perle und ich werde ihm die nötige Fassung geben!" Dschugaschwili unterbricht. „Moment, ich muß zuerst Tisch säubern. Ich chalte es nicht aus, wenn nicht immer wieder kommt Tschistka, Säuberung!" Hitler: „Es ist mein unabänderlicher Entschluß, in dieser historischen Stunde zuzudrehen!" Das Spiel geht weiter. Zunächst gewinnt Mussolini. Dschugaschwili, leise: „Chitler, immer, wenn der mitschreibt, geht ein Dreier." Hitler gibt das nächste Spiel an. „Ich biete Ihnen einen Nichtangriffspakt an." Aber der „Duce" gewinnt einen Dreier, und der mitschreibende Hitler ist jetzt Sieger: „Mussolini, das werde ich Ihnen nie vergessen. Ich gehe jetzt mit Ihnen durch dick und dünn!"

„Was die drei dort für einen Wirbel machen", ärgert sich Keppl. „Überhaupt dieser hysterische Hitler. Er sollte sich die Zähne richten lassen. Unser Stammgast, der Professor Freud, mag ihn auch nicht. Er hält ihn für wahnsinnig. Ich habe ihn schon gebeten, da wir ja Du-Freunde sind, ihm zu helfen. ‚Sigi, heil Hitler', hab ich gesagt."

Inzwischen hat das Spiel eine Wendung genommen. „Vivere periculoso", schreit der Duce und dreht zu. „Oh weh, alles verloren, mein ganze Einsatz, Abessinien, Libyen, Sizilien." Er stürzt davon. Hitler ist empört. „Immer machen sich diese Italiener als erste aus dem Staub." Dschugaschwili: „Wollen Sie passen oder spielen Sie weiter?" Hitler: „Ich gapituliere niemals. Ich höre grundsätzlich immer erst fünf nach zwölf auf."

„Mir scheint, es beginnt zu regnen", sagt die Kellnerin Eva. „Verrat, mein Schirm ist weg", schreit Hitler. „Unangenehm", sagt Keppl, peinlich berührt, „ich fürchte, man stahl ihn grad." Dschugaschwili ist begeistert: „Man stahl ihn grad? Stalin, gutter Name. So werde ich mich nennen!" Hitler ist natürlich weniger begeistert. Eva zuckt die Achseln: „Ich glaube, dieser kroatische Schlosser, dieser Broz hat ihn genommen. Er selbst nennt sich Tito."

„Sie werden ihn nicht finden", sagt Dschugaschwili. „Er findet immer Versteck! Er geht zwar eigene Wege, aber gutter Verbündeter. Chat Sie abgelenkt. Dieses ‚Man stahl ihn grad' war die Wende. Sie chaben alles verloren, Polen, Rumänien, Ungarn." Hitler hat Schaum vor dem Mund: „Niemand hat sich meiner würdig erwiesen. Ich bin von Verrätern umgeben. Ich mache Schluß!" Er stürzt davon. „Ich fürchte, der kommt eines Tages wieder nach Wien", seufzt Keppl. Dschugaschwili zuckt die Achseln. „Die Hitler kommen und gehen, das deutsche Volk bleibt bestehen", und verläßt ebenfalls das Lokal. „Moment, Herr Dschugaschwili" ruft die Kellnerin „die Rechnung! Keiner von den Herrn hat bezahlt." Dschugaschwili schüttelt den Kopf: „Ich nix Dschugaschwili, ich Stalin." Aber Franz Keppl seufzt nur ahnungsvoll: „Ich fürchte, die Rechnung müssen am Ende wir bezahlen."

Doch auch außerhalb der Kaffeehäuser gehen Weltgeschichte und lokale Geschichte weiter. Am 28. Mai 1910 wurde in Wien Oberleutnant Adolf Hofrichter in einem Sensationsprozeß zum Tod verurteilt, später aber zu lebenslangem Kerker begnadigt. Er hatte, um schneller vorzurücken, an zehn vor ihm gereihte Offiziere Zyankali als „potenzstärkend" verschickt, wobei es einen Todesfall gab. Am 10. Oktober flog Karl Illner mit der „Etrich-Taube“ die 85 Kilometer von Wien nach Horn in einer Stunde und 14 Minuten und zurück in 56 Minuten. Im Reichsrat betrieben die Tschechen wieder einmal Obstruktion, und am 20. September starb 52jährig der gefeierte Burgschauspieler Josef Kainz. Laut Volkszählung hatte Österreich-Ungarn mit fast 51 Millionen Einwohnern, wovon 2 Millionen oder 4 Prozent in Wien lebten, die drittgrößte Bevölkerungszahl in Europa nach Rußland und Deutschland.

1911 fanden Wahlen in den Reichsrat statt. Die deutschnationalen Parteien gewannen – vor allem im Sudetenland – und erhöhten ihre Mandatszahl von 79 auf 104 auf Kosten der Christlichsozialen (76) und Sozialdemokraten (82), eine Folge der nationalen Spannungen. Am Michaelerplatz baute der Architekt Adolf Loos ein vierstöckiges Haus, das durch seine Schmucklosigkeit und den Verzicht auf Ornamente großen Unwillen bis zu allerhöchsten Kreisen (und Greisen) erregte. „Ornament ist Verbrechen“, war sein Leitspruch! Im Oktober fanden auf dem Ring und in Ottakring große Arbeiterdemonstrationen gegen die Teuerung statt, die von Polizei und Militär gesprengt wurden. Es kam zu blutigen Zusammenstößen. Auch Kavallerie wurde eingesetzt. – Am 18. Mai starb in Wien der Komponist, Dirigent und frühere Staatsoperndirektor Gustav Mahler, 52 Jahre alt.

1912 zogen Gewitterwolken über Europas politischer Landschaft auf, die auf ein nahendes Unwetter hindeuteten: Der erste Balkankrieg begann. Österreich-Ungarn erhöhte den Mannschaftsstand seiner Armee, Rußland führte eine Probemobilmachung durch. Zwar erneuerten das Deutsche Reich, Österreich-Ungarn und Italien den Dreibund, aber Italien hatte sich bereits der Entente (Frankreich und Großbritannien) angenähert. Die Wiener kümmerte das nicht sonderlich. Interessanter war die erste Fußballmeisterschaft 1911/1912, bei der Rapid Meister wurde. Neben Fußball war vor allem Stemmen Volkssport, der hauptsächlich in verrauchten Vorstadtlokalen ausgeübt wurde, unter lebhafter Anteilnahme des Publikums. Wien galt als Stadt der „starken Männer“, was damals zum Glück noch nicht politisch gemeint war, und stellte auch in mehreren Gewichtsklassen Weltmeister. Besonders Karl Swoboda war ein Star. Natürlich wurde auch im Gasthaus Raunzinger gestemmt, und nicht nur Bierkrüge; besonders Mitzi bewunderte die Stemmer und bezeichnete ihren Bruder Robert als „Zniachterl“. Die Wiener trauerten um den Volkssänger Edmund Guschelbauer und ahnten nicht, daß ihnen das letzte Friedensjahr bevorstehen sollte.

1913. Eine weitere Sportart war in Wien sehr populär, das Eislaufen: Am 10. Februar wurden Helene Engelmann und Karl Mejstrik in Stockholm Weltmeister im Eiskunstlauf der Paare. Am nächsten Tag ereignete sich in Wien ein politischer Mord: Franz Schuhmeier, 48, sozialdemokratischer Reichsratsabgeordneter für Ottakring und populärer Arbeiterführer, wurde nach einer sozialdemokratischen Versammlung bei seiner Rückkehr im Nordwestbahnhof von dem geistig verwirrten, religiösen Fanatiker Paul Kunschak, Bruder des christlichsozialen Arbeiterführers Leopold Kunschak, niedergeschossen. Sterbend bat Schuhmeier, ein Gegner der Todesstrafe, seinen Mörder nicht hinzurichten. Ungeheuere Erregung bemächtigte sich der Arbeiterschaft, doch auch die politischen Gegner waren bestürzt. Der christlichsoziale Bürgermeister Richard Weisskirchner wollte am Begräbnis teilnehmen, doch die sozialdemokratische Parteileitung konnte seine Sicherheit nicht garantieren. Paul Kunschak wurde zum Tod durch den Strang verurteilt, doch gemäß dem Wunsch Schuhmeiers begnadigt. Der als russischer Spion entlarvte Leiter des Nachrichtendienstes der k.u.k. Armee Oberst Redl wurde am 25. Mai zum Selbstmord gezwungen: Er war als Homosexueller erpreßbar, dadurch in finanziellen Schwierigkeiten und hatte seit 15 Jahren militärische Geheimnisse an Rußland verkauft. Nun mußten alle Aufmarschpläne geändert werden. Man hatte versucht, den Skandal zu vertuschen, aber Egon Erwin Kisch, der „rasende Reporter“, kam durch einen Zufall hinter das Geheimnis.

Wie so oft, wenn „des Geschickes Zeiger die große Stunde der Geschichte wies“ (Anton Wildgans, natürlich inspiriert von Onkel Gustl), übernimmt unser Freundeskreis die Berichterstattung. Wir schreiben den 6. August 1914. Vor etwas mehr als einer Woche hatte der fast 84jährige Kaiser Franz Joseph, den offensichtlich auch Alter und Erfahrung nicht weise gemacht hatten, seinen letzten schweren und entscheidenden Fehler begangen, der dem Habsburgerstaat nach sechseinhalb Jahrhunderten ein ruhmloses Ende bereiten sollte. Ein gnädiges Schicksal ersparte dem greisen Monarchen, den letzten Teil der Tragödie noch miterleben zu müssen.

Ende Juni 1914 unternahm des Kaisers ungeliebter Thronfolger Franz Ferdinand und dessen noch ungeliebtere Gemahlin Sophie trotz Warnungen des Geheimdienstes eine Reise nach Bosnien. Am 28. Juni wurde das Thronfolgerpaar durch Schüsse des bosnischen Studenten Gavrilo Princip getötet. Obwohl die Spuren eindeutig nach Serbien wiesen und in ganz Europa Empörung herrschte, geschah fast vier Wochen nichts. Erst am 23. Juli stellte Österreich-Ungarn Serbien ein Ultimatum, das mit dessen Souveränität nicht vereinbar war: Österreichische Polizeiorgane sollten in Serbien ermitteln, und die serbische Armee sollte „gesäubert“ werden. Von Rußland ermutigt, lehnte Serbien ab. Am 27. Juli unterschrieb der Kaiser, wenn auch auf Drängen der deutschen Bundesgenossen und des österreichischen Generalstabs, die verhängnisvolle Kriegserklärung.

Eine ungeheure Welle der Begeisterung und des Patriotismus erfaßte das Land. „Serbien muß sterbien“, riefen die Leute und jubelten den jungen Soldaten zu, die lachend in den Krieg zogen. Auch die Söhne, Robert Raunzinger,

Pepi Keppl und Siegfried Motschger, hatten sich freiwillig gemeldet. Ja, auch Robert. Denn auch die „Proletarier aller Länder", eben noch in der Internationale vereinigt, wurden von der Kriegsbegeisterung mitgerissen. Der französische Sozialist Jean Jaurès, einer der wenigen, die gegen den Strom schwammen, wurde von einem Nationalisten erschossen. Aber Victor Adler hatte ja gesagt: „Lieber mit der Masse irren, als gegen sie recht behalten." Und Chefredakteur Friedrich Austerlitz hatte sogar in der „Arbeiterzeitung" einen Leitartikel geschrieben: „Der Tag der deutschen Nation."

„I möcht wissen, was es da zu feiern gibt", schimpft der Großvater, „hätts lieber den Frieden gfeiert, das wär ein Anlaß gewesen. 48 Jahr war jetzt a Ruah. Aber i hab 's ja gleich gwußt, dieses Bosnien bringt uns ka Glück. San eh lauter Staner und Karst. Was der Kriag wieder kosten wird: Schon im Frieden hamma ka Geld ghabt. Im Vorjahr hams diese Klassenlotterie eingführt, damit die depperten Leut jede Wochen a paar Tag hoffen, sie werden Millionäre. Wenn ma si ohne Lotterie kan Kriag leisten kann, soll ma a Ruah geben. Und wegen was? Der Kaiser hat den Franz Ferdinand eh net leiden können. Außerdem hamma eh scho wieder einen Thronfolger. Braucht ma ja kane Vorkenntnisse. Der Kaiser – mit Verlaub – hat ja a nix glernt. Net amal Geschichte. Sonst hätt er kan Kriag angfangen." Freund Friedrich kann das als braver Beamter nicht unwidersprochen lassen: „Das will ich jetzt aber nicht gehört haben, Opa Raunzinger. In seinem Manifest ‚An meine Völker' haben Seine Majestät selbst erklärt: Ich habe alles geprüft und erwogen."

„An Schmarrn hat er erwogen." Der Großvater gerät immer mehr in Rage. „Der Kaiser Wilhelm hat 's ihm angschafft, weil er ruhmbedeckt in die Geschichte eingehn will. Eingehn wird er, aber net in die Geschichte. Jedes Mal, wenn der die Goschen aufmacht, gibt 's einen Wirbel. Aber natürlich, mir machen ja alles, was uns die anschaffen. Und unser Herr Oberstratege, der Conrad von Hötzendorf, hetzt beim Kaiser scho lang zum Präservativkriag." – „Präventivkrieg heißt das", schmunzelt Hermann Motschger, „und er hat recht. Der Kampf zwischen Germanen und Slawen ist unausweichlich. Die Slawen, egal, ob Russen, Serben oder Tschechen, werden nie aufhören, uns zu provozieren. Da ist es besser, sofort loszuschlagen. Wir haben viel zu lange zugeschaut. Gemeinsam mit dem Deutschen Reich sind wir unschlagbar. Wir müssen in Nibelungentreue zusammenstehen. Zuerst wird der Russe geschlagen, dann wird mit dem Franzmann abgerechnet."

Jetzt schaltet sich Gertrud Raunzinger stellvertretend für die anwesenden Frauen ein. „Und die Männer werden net gscheiter. Millionen werden nimmer oder nur mehr als Krüppel zruckkummen." Die Frauen nicken. „Und mein Mann is scho an der Front", schluchzt ihre Tochter Mitzi. Franz Keppl beschwichtigt. „Mit Serbien samma in vier Wochen fertig. Die Russen können net eingreifen, weil ihnen Deutschland den Krieg erklärt hat. Und Gott wird unsere Gebete erhören." Leopold Raunzinger bleibt skeptisch: „Auf Gott tät i mi net verlassen und auf Deutschland auch net. Beten tan die andern auch, und die Pfaffen segnen überall die Waffen. Und die Deutschen müssen einen Zweifrontenkriag führen. Sie ham Frankreich und Belgien den Kriag erklärt, die Engländer den Deutschen, das ganze blöde Bündnissystem führt automatisch dazua, daß alle in den Krieg verwickelt werden. Und die falschen Italiener sch ..., die pfeifen uns was. Aber der Kriag wär sowieso kommen, da verdienen überall die Kapitalisten dran. Und wann scho kämpft werden muaß, muaß jeder schauen, daß mir gwinnen." Der Großvater: „Und dei Herr Sohn, den was du als Roten erzogen hast, und die andern Lausbuam, san noch so deppert und melden si freiwillig." Robert Raunzinger macht sich zum Sprecher der mehr als 30jährigen „Lausbuam": „Das verstehst net, Großvater. Wann uns die Armeen des Zaren überrennen, is es aus mit der Demokratie und mit der Arbeiterbewegung. Drum hab i mi gmeldt." – „Richtig", stimmt Hermann Motschger zu, „drum ist es eine Schande, daß wir Rußland noch nicht den Krieg erklärt haben, obwohl unsere deutschen Verbündeten schon bei Bekanntwerden der russischen Mobilmachung losgeschlagen haben." Und Leopold fügt hinzu: „I sag noch amal, der Kriag war fällig. Und die Arbeiter werden selbstbewußt aus dem Kriag zruckkommen. Undenkbar, daß sie si dann no einmal so behandeln lassen wie vorher. Dann kommt der Sozialismus."

Finden Sie nicht auch, daß es längst fällig ist, Onkel Gustl mit einer sensationellen Nachricht auftreten zu lassen? Soeben stürzt er bei der Tür herein. „Extraausgabe! Wir haben Rußland den Krieg erklärt! Trinken wir auf den Sieg! Und ich hab auch schon ein Siegesgedicht geschrieben, das muß ich gleich in die Redaktion tragen. Denn während die Soldaten an der Front mit der Waffe ihre Pflicht erfüllen, müssen wir Dichter in der Heimat mit der Feder desgleichen tun." – „Trottel", ist der unpatriotische Kommentar seines Vaters.

Inzwischen ist die Stunde des Abschieds gekommen. Die drei Kriegsfreiwilligen umarmen ihre Eltern und Frauen. Robert Raunzinger umarmt Julia Keppl, denn in diesen Tagen der Einigkeit haben die Väter endlich die Zustimmung zur Heirat gegeben. Singend verlassen die drei den Raum. „Zu Weihnachten sind wir wieder da!" Frau Motschger weint, Frau Keppl betet, Onkel Gustl dichtet, der Großvater schnarcht und Frau Raunzinger seufzt: „Der Krieg wird Jahre dauern. Wir werden hungern, frieren und trauern, und nix wird mehr sein, wie 's war."

Die Frauen verstehen halt noch immer nichts von Politik. Oder doch?

Der Krieg war erst am Anfang, und es sah für die Mittelmächte gar nicht schlecht aus. Zwar konnten die Österreicher gegen Serbien keine entscheidenden Erfolge erzielen. In Galizien mußten sie – nach anfänglichen Siegen bei

Krasnik und Komarow – auf die Karpaten zurückgehen, und es entwickelte sich ein Stellungskrieg. Die Deutschen unter Hindenburg schlugen die Russen bei Tannenberg vernichtend. Dann wechselten in Polen Offensiven und Gegenoffensiven. Im Westen stießen die Deutschen unter Verletzung der Neutralität von Belgien und Luxemburg nach Frankreich hinein, um nach dem raschen Sieg alle Truppen gegen Rußland einsetzen zu können. Aber es kam anders. Nachdem der schnelle Vorstoß auf Paris durch eine Fehlentscheidung des deutschen Generalstabs (Marnewunder) gescheitert war, kam es zu einem jahrelangen furchtbaren und für alle Seiten verlustreichen Stellungskrieg gegen die französischen und britischen Armeen. Die Hoffnung auf ein baldiges Kriegsende mußte also begraben werden. Montenegro auf seiten der Entente und die Türkei auf Seite der Mittelmächte griffen in den Krieg ein.

Auch 1915 wechselten an der Ostfront russische, mit rücksichtslosem Einsatz großer Menschenmassen durchgeführte Offensiven mit Gegenoffensiven der Mittelmächte ab, ohne daß eine Seite die Entscheidung erzwingen konnte. Am Balkan eroberten die Truppen der Mittelmächte Serbien und Montenegro und warfen eine zur Unterstützung Serbiens gelandete Orientarmee der Entente wieder in den Raum Saloniki zurück, worauf sich dort bis Herbst 1918 nichts mehr änderte. In diesem Jahr traten Bulgarien auf seiten der Mittelmächte und Italien auf seiten der Entente in den Krieg ein.

Der „Treuebruch“ der „Katzlmacher“ rief höchste Empörung hervor. „Die Kanonen vom Skoda, die schießen so wunderwundergut, ach Italien, ach Italien, deine Falschheit kostet Blut!“ So sangen die Wiener, wie sie schon vorher gesungen hatten: „Theo, wir fahrn nach Lodz.“ Überhaupt lief die Kriegspropaganda auf Hochtouren. Auf Ansichtskarten, in Karikaturen und Spottgedichten wurden die „Feinde“ verhöhnt, auch namhafte

Literaten waren sich nicht zu gut, dabei mitzumachen, ersparte es ihnen doch einen möglichen Fronteinsatz.

Militärisch brachte der Kriegseintritt Italiens keine Entscheidung, zumal die schwachen österreichisch-ungarischen Truppen keinen größeren Raumgewinn zuließen. Allerdings wurde bald ein beträchtlicher Teil der Armee dort gebunden, der an der russischen Front gebraucht worden wäre. Immer wieder versuchten die Italiener, am Isonzo durchzubrechen, und die vielen schweren Schlachten, die daraus resultierten, brachten Österreichern und Italienern ähnliche Verluste wie Deutschen und Franzosen die Kämpfe um Verdun. Den Großvater überraschte der Kriegseintritt Italiens (Hab i scho immer gwußt) ebensowenig, wie die Bildung eines tschechischen Nationalrats in Paris: „Habts ihr wirklich glaubt, die Böhm schiaßen auf die Russen? Die waren scho allerweil Panslawisten."

Das Jahr 1916 brachte dramatische Ereignisse: weniger an den Fronten, die sich allmählich stabilisiert hatten, wobei auch der Kriegseintritt Rumäniens, das nach Anfangserfolgen vernichtend geschlagen wurde, nichts änderte. Umsomehr aber innenpolitisch: Die Kriegsmüdigkeit griff um sich, nicht nur wegen der Verluste – schon viele Familien hatten Tote zu beklagen – sondern wegen der allgemeinen Lage. Zwar wurde noch fleißig Kriegsanleihe gezeichnet, aber der zunehmende Metallmangel führte zur behördlichen Requisition privater Metallgegenstände. Kerzenleuchter, Bügeleisen wurden eingesammelt. Die Zeitungen waren seit Kriegsbeginn zensiert, der Reichsrat schon vor dem Krieg nicht mehr einberufen, die Regierung regierte durch Verordnungen. Zum Protest erschoß der 37jährige Physiker Dr. Friedrich Adler, Sohn des sozialdemokratischen Parteivorsitzenden, im Hotel „Meißl und Schadn" den Ministerpräsidenten Graf Stürgkh und wurde zum Heros der Arbeiterschaft, deren anfängliche Kriegsbegeisterung nun endgültig ins Gegenteil umschlug.

Am 21. November starb nach 68jähriger Regierung der 86jährige Kaiser Franz Joseph. Bestürzung, Trauer, Ratlosigkeit! Österreich-Ungarn ohne den alten Kaiser? Undenkbar! Viele ahnten, daß mit dem alten Herrn eine Ära zu Ende gegangen war. Der 29jährige Thronfolger Karl, unerfahren, unvorbereitet, unbegabt, unbekannt und unsicher, bestieg den Thron. Zu allem Überdruß übernahm er am 2. Dezember auch noch den Oberbefehl der Armee.

1917 war in Deutschland und Österreich die Kriegsmüdigkeit schon sehr groß, die Lebensmittelversorgung in den Städten sehr schlecht, die alliierte Blockade war spürbar. Ein Ende des Krieges schien nicht absehbar. Auch in Großbritannien war die Lebensmittelversorgung schlecht, nachdem Deutschland den totalen U-Boot-Krieg eröffnete. Der führte allerdings im April zum Kriegseintritt der USA, welcher letztlich den Krieg entscheiden sollte. Kaiser Karl übermittelte ohne Konsultation des deutschen Verbündeten durch seinen Schwager Sixtus von Bourbon-Parma, dem Bruder seiner Gemahlin Zita und Offizier der belgischen Armee, der heimlich im Schloß Laxenburg bei Wien war, ein Friedensangebot an den französischen Staatspräsidenten Poincaré, in dem er den Rückzug aus allen besetzten Gebieten, einen Zugang Serbiens zum Meer, die Abtretung des Trentino und merkwürdigerweise die Rückgabe Elsaß-Lothringens durch Deutschland anbot, wozu er überhaupt nicht ermächtigt war. Die Forderung Poincarés, auch Südtirol abzutreten, lehnte er dagegen ab.

Inzwischen schien sich in Rußland das Blatt zu wenden. Durch eine bürgerliche Revolution wurde Zar Nikolaus zur Abdankung gezwungen. Der neue starke Mann, Alexander Kerenski, setzte aber den Krieg fort. Nun beging der deutsche Generalstab einen verhängnisvollen Fehler. Da die Stimmung der russischen Arbeiter immer revolutionärer wurde, entschloß er sich, den Führer der radikalen Bolschewiki, Lenin, von Zürich nach Finnland zu bringen. Die Idee brachte zunächst den erhofften Erfolg. Drei Stammgäste aus dem Café Keppl, Uljanow (Lenin), Bronstein (Trotzki) und Dschugaschwili (Stalin), organisierten die Oktoberrevolution und ergriffen die Macht. Von den anderen Stammgästen hatte Mussolini als Journalist in Italien mit französischem Geld zum Krieg gehetzt, Hitler hatte es an der Westfront zum Gefreiten gebracht und damit das strategische Rüstzeug zur Führung der deutschen Wehrmacht erworben (wie er meinte), und Broz (Tito) war als österreichischer Soldat in russischer Gefangenschaft. Die bolschewistische Regierung bat in Folge des Zusammenbruchs an allen Fronten um Frieden, und Franz Keppl meinte als ehemaliger Gastgeber von Lenin, Trotzki und Stalin, auf einen Adelstitel (Edler von Keppl) oder zumindest auf einen Orden Anspruch zu haben. Durch in Rußland nicht mehr gebrauchte Truppen verstärkt, gingen österreichisch-ungarische und deutsche Truppen am Isonzo zur Offensive über und warfen die Italiener bis zum Piave zurück. Sollte sich das Kriegsglück doch noch einmal zugunsten der Mittelmächte wenden?

In der Kriegsführung hatte sich eine Revolution vollzogen. Durch das Maschinengewehr wurde der Einsatz der Kavallerie zu riskant, die Verluste waren zu groß. Die letzte große Reiterschlacht fand am 21. August 1914 zwischen österreichischen Dragonern und einer russischen Reiterdivision bei Janoslavice in Galizien statt. Anstelle des Vorstoßes von Armeen, die aufeinandertrafen und die rasche Entscheidung suchten, trat der Stellungskrieg in Form jahrelanger blutiger Kämpfe an hunderte Kilometer langen Fronten. Erstmals kamen Tanks zum Einsatz. Im Seekrieg spielte die Hochseeflotte mit Schlachtschiffen, Kreuzern und Zerstörern nicht mehr die entscheidende Rolle. U-Boote, die zur Blockade der gegnerischen Versorgung dienten, wurden zum entscheidenden Faktor. Und zum Land- und Seekrieg kam noch der Luftkrieg. Die

Deutschen bombardierten britische und französische Städte, die Entente süddeutsche, die Italiener Triest, die Österreicher Venedig. Es gab kein Hinterland mehr. War es schon die Generalprobe für den barbarischsten aller Kriege?

Auch wo noch keine Luftangriffe drohten, waren die Leiden der Zivilbevölkerung groß. In Rußland führten sie zur Revolution, in Frankreich und Italien zu Meutereien und Streiks, in Kiel meuterten die Matrosen der Kriegsmarine, in Deutschland ersuchte man die immer zahlreicher werdenden Soldatenwitwen, keine Trauerkleidung zu tragen. Allmählich aber begann der Revolutionsbazillus auch auf andere Länder überzugreifen. An der Ostfront verbrüderten sich feindliche Soldaten. Tschechen waren schon früher an den Fronten übergelaufen. In Wien und in den niederösterreichischen Industriegebieten war die Ernährungslage schlecht, im Jänner sank die Temperatur auf minus 20 Grad. Die Straßenbeleuchtung wurde reduziert. Um die erregte Stimmung der Arbeiterschaft zu dämpfen holte Bürgermeister Weisskirchner erstmals Sozialdemokraten in die Stadtregierung. Und am 2. Juli erließ Kaiser Karl eine politische Amnestie, bei der auch Friedrich Adler zu 18 Jahren Kerker begnadigt wurde. Augustin Raunzingers patriotische Kriegslyrik kam immer häufiger von der Redaktion zurück, jetzt schrieb er rührende Liebesgedichte und Naturbeschreibungen, beschwor in Feuilletons die Sehnsucht nach friedlicher Beschaulichkeit, ließ Vöglein singen und Blümlein blühen, und gegen Jahresende wurde er sozialkritisch.

Das Jahr 1918 begann hoffnungsvoll. Der amerikanische Präsident Wilson verlas im Kongreß eine Friedensbotschaft: Räumung der besetzten Gebiete, Herabsetzung der Rüstungen, Grenzziehungen nach „klar erkennbarem nationalen Besitzstand“, freieste Möglichkeit zur autonomen Entwicklung für die Völker (Selbstbestimmungsrecht). Der österreichische Außenminister Graf Czernin reagierte positiv, aber die deutsche Heeresleitung glaubte noch, nach Abschluß der Friedensverhandlungen mit Rußland alle Kräfte nach Westen zu werfen und die Entscheidung zugunsten Deutschlands erzwingen zu können. Im Jänner kam es in Wien und anderen Industriestädten zu großen Streiks für die Beendigung des Krieges. Am 1. Februar meuterten in Cattaro die Matrosen der k.u.k Kriegsflotte.

Am 3. März kam es endlich zum Abschluß des Friedensvertrags mit Sowjetrußland in Brest Litowsk. Die Bedingungen waren hart. Die baltischen Staaten, Finnland, Polen und die Ukraine wurden selbständig. Doch kurz nach diesem Erfolg passierte eine böse diplomatische Panne. Am 2. April erklärte der über den Inhalt des „Sixtus-Briefes" vom Kaiser nur unzureichend informierte Außenminister Graf Czernin vor dem Wiener Gemeinderat, der französische Ministerpräsident Clemenceau hätte Friedensverhandlungen aufnehmen wollen, die aber wegen der französischen Forderung auf Elsaß-Lothringen gescheitert seien. Darauf veröffentlichte Clemenceau am 12. April den Brief. Die Folgen: Der Außenminister mußte gehen, der Kaiser verlor jedes Ansehen bei der Entente, und die Verbündeten waren verstimmt. Die Aussichten auf einen Separatfrieden (es hatte diesbezüglich Kontakte zu den USA und Großbritannien gegeben) waren zerstört.

Am 20. April starb in Wien der große Volksschauspieler Alexander Girardi. Eine seiner Glanzrollen war der Tischler Valentin in Raimunds „Verschwender": „Naht sich der Tod einst mit Verlaub ..." Er nahte sich auch ohne Verlaub für das Habsburgerreich. Am 9. August um 9.30 Uhr flogen sechs italienische Flugzeuge über Wien und warfen tausende Flugzettel ab. „Wiener! Wir senden euch einen Gruß der Trikolore der Freiheit. Bedenkt, was euch erwartet und erwacht!" 600 Kilometer waren sie unbehelligt über österreichisches Gebiet geflogen. Die Völker der Monarchie strebten nach Selbständigkeit. Am 16. Oktober versprach Kaiser Karl die Umwandlung der

Monarchie in einen Bundesstaat. Zu spät! Am 28. Oktober wurde in Prag die tschechoslowakische Republik ausgerufen. Am 29. Oktober begann der Zusammenbruch der Armee. Die Slawen, dann auch die Ungarn verließen die Front und kehrten heim. In der Nacht vom 30. auf 31. Oktober wurde in Wien eine deutschösterreichische Regierung unter dem Sozialdemokraten Dr. Karl Renner gebildet. Doch auch die letzte kaiserliche Regierung unter Heinrich Lammasch war noch im Amt und kapitulierte vor der Entente. Am 3. November wurde bei Padua der Waffenstillstand unterzeichnet. Am 11. November verzichtete Kaiser Karl auf jeden Anteil an den Staatsgeschäften. Am 12. November 1918 wurde in Wien die Republik Deutsch-Österreich ausgerufen.

Im Zuge des dramatischen Geschehens haben wir Wien etwas vernachlässigen müssen, daher ein kleiner Nachtrag. Bald nach Kriegsbeginn wurden auch in dieser lebensfrohen Stadt alle Tanzveranstaltungen abgesagt. Flüchtlingsströme aus Galizien, ausgelöst durch die russische Offensive, darunter sehr viele Juden, ließen die Bevölkerungszahl auf 2,339.000 ansteigen. Wohnraum und Nahrungsmittel wurden knapp, die Preise stiegen, Lebensmittelkarten wurden eingeführt. Soldatenfamilien wurden delogiert. Als die Erregung darüber unter Soldaten und Arbeitern stieg, wurde 1917 der Mieterschutz eingeführt, der dann zur Dauereinrichtung wurde. Während Graf Kolowrat in Sievering das erste freistehende Filmatelier einrichtete und es noch immer glanzvolle Operettenaufführungen gab, verschlechterten sich Lebensmittelversorgung und Qualität der Lebensmittel. Dem Brot wurden gemahlene Maiskolben und Baumrinde beigemengt, Kaffee aus Rübenmehl gemacht. Anfang Jänner 1918 wurde noch das Technische Museum eröffnet.

Als im Oktober Tschechen, Südslawen und Polen ihre Unabhängigkeit proklamierten, konstituierten sich im niederösterreichischen Landhaus die deutschsprachigen

Reichsratsabgeordneten zur Nationalversammlung. Victor Adler, der Gründer und Vorsitzende der Sozialdemokratischen Arbeiterpartei, sollte die Ausrufung der Republik nicht mehr erleben. Sein Herz war den Anstrengungen und Aufregungen dieser turbulenten Tage nicht gewachsen. Er starb am 11. November, 66 Jahre alt, nachdem er noch die Freilassung seines Sohnes erlebt hatte. Im selben Jahre starben auch der Architekt Otto Wagner sowie die Maler Gustav Klimt und Egon Schiele.

Am 12. November 1918 wurde auf der Rampe des Parlaments vor zehntausenden begeisterten und hoffnungsvollen Menschen die Republik ausgerufen. „Deutsch-Österreich ist ein Bestandteil der deutschen Republik" verkündete der Präsident der Nationalversammlung, Franz Dinghofer. Niemand glaubte an die Lebensfähigkeit Österreichs. Aber es gab einen Zwischenfall: Rotgardisten schossen herum und schnitten das weiße aus der neuen rotweißroten Fahne heraus. Sie wollten nach dem Beispiel der Bolschewiki eine kommunistische Diktatur der Arbeiter- und Soldatenräte. Jedoch die sozialdemokratisch dominierte Volkswehr blieb Herrin der Lage und ersparte Wien einen Bürgerkrieg, wie ihn damals Berlin, Budapest und München erleben mußten.

Die Lage war äußerst kritisch. Anfang Dezember drangen jugoslawische Truppen in Kärnten ein, die Kärntner leisteten bewaffneten Widerstand. Am 31. Jänner 1919 kam es in Wien zu Zusammenstößen zwischen Arbeitslosen und der Polizei. Bei den Wahlen zur verfassungsgebenden Nationalversammlung, bei der erstmals auch die Frauen wahlberechtigt waren, erreichten die Sozialdemokraten 72, die Christlichsozialen 69, deutschnationale Parteien 26 und Splittergruppen 3 Sitze. Der Sozialdemokrat Karl Seitz wurde Präsident der Nationalversammlung und Staatsoberhaupt, Renner wieder Staatskanzler. Die beiden großen Parteien bildeten eine Koalition. Bei der Wiener Gemeinderatswahl am 4. Mai wurden 100

Sozialdemokraten, 50 Christlichsoziale, 8 Tschechoslowaken, 3 Großdeutsche, 3 Zionisten und 1 bürgerlicher Demokrat gewählt. Jakob Reumann wurde Bürgermeister, Wien die einzige sozialdemokratisch regierte Millionenstadt der Welt.

Die Lage war trist. Leere Kassen, Zuwanderung aus den abgetretenen deutschsprachigen Gebieten, Rohstoff- und Kohlenmangel (wilde Schlägerungen im Wald- und Wiesengürtel, der Wolfersberg wurde völlig abgeholzt), Zusammenbruch der Lebensmittelversorgung, Hunger, 100.000 Arbeitslose, Zusammenstöße, Demonstrationen.

Noch schrecklicher waren die Friedensbedingungen des Vertrags von Saint Germain. Die Sudetengebiete und Österreichisch-Schlesien, Südtirol, das Kanaltal, die Untersteiermark mußten abgetreten werden. Lediglich Deutschwestungarn, das heutige Burgenland, kam zu Österreich, dem auch der Anschluß an Deutschland verboten wurde. Auch Reparationen wurden dem ausgebluteten Land auferlegt. Es war ein Diktat, die österreichische Delegation wurde gar nicht angehört. Am 7. Juni wurde der Vertrag von der Nationalversammlung abgelehnt, am 6. September 1919 schließlich unter „feierlichem Protest“ mit Mehrheit angenommen.

An diesem Tag sitzen auch unsere Freunde im Gasthaus Raunzinger. Enttäuschungen und Schicksalsschläge haben sie trotz politischer Differenzen zusammengeführt, nachdem man einander bei einem Ausflug im nun für die Bevölkerung zugänglichen Lainzer Tiergarten kürzlich zufällig wieder begegnet war. Aber wie anders war die Stimmung als beim letzten Beisammensein vor fünf Jahren! Robert Raunzinger war am Isonzo gefallen, ebenso Marias Mann. Julia Keppl, die Robert noch im Krieg geheiratet hatte, war wie Mitzi Soldatenwitwe, Motschger hatte einen Sohn verloren, sein Schwiegersohn war als Invalide heimgekehrt. Leopold Raunzinger, der jüngere Raunzinger-Sohn, hatte als Kriegsgefangener die Oktoberrevolution miterlebt und war überzeugt, daß Österreich wie Ungarn und Bayern eine Räterepublik werden müsse. Alle Anwesenden waren stark abgemagert, bis auf Onkel Gustl, der sich eine verwitwete Bäuerin aus dem Tullnerfeld angelacht und daher als einziger genug zu essen hatte.

„Alles wär uns derspart blieben, wann der alte Kaiser no glebt hätt", doziert der Großvater. „Wann er jünger gwesen wär, hätt er die Serben erledigt, bevor der Zar und der Rasputin gneißt hätten, was überhaupt los is, und dann hätt er zum Zaren gsagt, paßt dir leicht was net? Und wann er noch ein Jahr glebt hätt, hätt er gsagt, das Ganze war a Blödsinn, samma wieder guat, und alle wären froh gwesen. Sei anziger Fehler war, daß er gsturben is, aber das kann jeden passieren. Daß der unreife Koarl kan Stich macht, hab i glei gsagt. Und den Conrad von Hötzendorf, den anzigen Strategen, hat er a no weggjagt." – „Jetzt auf amal?" wundert sich sein Sohn. „Die ganze Zeit hast gschimpft und gsagt, der Kaiser is unfähig, der is scho total verkalkt. Jetzt auf amal war er a Genie, nur weil sei Nachfolger a Niaten war?" Franz Keppl schaltet sich ein: „Poldl, der is ja dazu kommen wie die Jungfrau zum Kind. Der war ja net dazua ausgebildet. Aber er hat das Beste daraus gmacht. Er hat ja dem Dings, dem Poincaré, an Brief gschrieben, daß er Frieden machen will, und zum Dank ham ihn die Roten des Landes verwiesen und die Adelstitel abgschafft. Eine Schande!" Aber bevor ihm noch Leopold erwidern kann, platzt Hermann Motschger der Kragen. „Der Karl und diese Bourbonin, die Zita, waren Verräter und sind unseren treuen Bundesgenossen in den Rücken gefallen. Aber das war nicht entscheidend. Das deutsche Heer war im Felde unbesiegt. Unsere Truppen standen tief im Feindesland, und der Russe war geschlagen. Jawohl! Aber dann ist von hinten der Dolchstoß gekommen. Die Roten und ihre jüdischen Führer haben geputscht. Und die Herrn Ebert und Erzberger haben ohne Notwendigkeit kapituliert und das Schanddiktat von Versailles unterzeichnet. Die Opfer an der Front waren vergeblich!" – „Das ist Unsinn", sagt Leopold. „Der Hunger hat uns in die Knie zwungen, der Wilson mit sein Selbstbestimmungsrecht hat uns belogen. Die Amerikaner und die Engländer san mit ihre Tanks durchbrochen, der Hindenburg selber hat dem Kaiser gsagt, er soll kapitulieren. Aber der Wilhelm is nach Holland abpascht. Der Ebert, der Scheidemann und der Erzberger, von denen kaner a Jud und der Erzberger außerdem ein Zentrumspolitiker is, ham den Scherbenhaufen übernommen und kapitulieren müssen, obwohl die Generäle den Krieg verloren ham. Bei uns hat die kaiserliche Regierung auch wollen, daß die Republik kapituliert, aber der Doktor Adler hat gsagt, die, die den Kieg verloren ham, sollen ihn beenden, aber net amal das ham s' zsammbracht, Hunderttausende san nach dem Waffenstillstand noch in Gefangenschaft kummen. Und wann mir Sozialdemokraten net die Verantwortung übernommen hätten, bei uns und in Deutschland, hätt ma die Anarchie."

Die Gegenattacke kommt von unerwarteter Seite. „Die Sozialdemokraten san Verräter", schreit sein Sohn Leopold Junior, „aber net, wie der Onkel Hermann mant, sondern Verräter an der Arbeiterklasse. Der Noske hat die Militärs auf die Arbeiter schießen, die Rosa Luxemburg und den Karl Liebknecht ermorden lassen. Die kaiserlichen Generäle und Beamten sind noch in Amt und Würden. Sie und die Kapitalisten werden si mit eurer Demokratie nie abfinden. Die warten nur, bis die Zeit reif is. Nur die Weltrevolution kann uns retten!" Jetzt bricht Mitzi in Tränen aus. „Die kann unsere Männer a nimmer lebendig machen. Müaß ma uns das anhören, Julia? Jetzt will mei Bruader a no a Revolution machen." – In diesem Moment betritt Onkel Gustl fröhlich den Raum und ruft: „Freunde, der ‚Abend' hat mei neuestes Antikriegsgedicht abdruckt, das muß i euch gleich vorlesen." – „Halt die

Goschen“, rät ihm sein Vater. Beleidigt setzt sich Augustin Raunzinger auf seinen Stammplatz. „Solchen Banausen etwas vortragen, heißt Perlen vor die Säue werfen.“ Er schenkt sich ein Glas Wein ein, packt sein Speckbrot aus und beginnt wieder zu schreiben. „Aber Pegasus ist schon wieder gesattelt.“ – „Hoffentlich wirft er di in Gatsch, du alter Opportunist“, brummt sein Bruder. Franz Keppl will beruhigen. „Momentan is alles a bissel durcheinander. Aber das is nur a Interregnum. Jahrhunderte waren mir a Monarchie. Wann die Völker ihren Irrtum einsehen, wern sie sich wieder vertragen. Wir werden wieder böhmische Quargeln und ungarische Salami essen. Der Kaiser wird zruckkummen, und alles wird wie früher sein.“ Auch hier kommt der Widerspruch überraschend. Der treue Beamte Friedrich, der jetzt einen Posten im Polizeipräsidium hat, räuspert sich: „Nein, Franz, schlag dir das aus dem Kopf. Die Völker sind erwacht, die Zeit der Monarchie ist vorüber. Jetzt müssen wir verantwortungsbewußt handeln, uns der Freiheit würdig erweisen, die Demokratie verteidigen. Das sage ich als loyaler österreichischer Beamter. Die Enteignung der Habsburger ist gerecht, denn wir alle, wie wir hier sitzen, haben immer wieder Kriegsanleihe gezeichnet und alles verloren. Hoch die Republik!“

Alle blicken ihn an, wie aus allen Wolken gefallen. „Ah, da legst di nieder“, lacht Augustin, „und zu mir sagst Opportunist, Bruderherz?“ Und der junge Leopold sagt: „Bravo, die Zukunft liegt in den Händen der Leute von vorgestern.“ Hermann Motschger faßt sich als erster. „Zuerst zu dir, Franz. Österreich-Ungarn ist Geschichte. Unsere Hoffnung liegt in einem Reich aller Deutschen! Und zu euch anderen: Ich pfeife auf die Judenrepublik, den Parteienzank und die sogenannte Freiheit! Deutschland wird unter starker Führung das Unrecht rächen. Und diese Rache wird furchtbar sein.“ Jetzt schreien alle durcheinander. Mitzi sagt: „Mama, sie geben ka Ruah.“

Gertrud Raunzinger legt ihr Strickzeug aus der Hand: „Ruhe! Werds ihr Mannsbilder nie gscheiter? Österreich-Ungarn, England und Frankreich ham jeder eine Million Tote. Deutschland und Rußland je 2 Millionen. Insgesamt zehn Millionen Tote aus allen Ländern, mehr als doppelt soviel Verwundete. Krüppeln mit einem Fuß, einer Hand, Blinde! Noch net genug? Menschen ham auf Menschen gschossen, die ihnen nix tan ham, die sie gar net kennen. Arbeiter auf andere Arbeiter, Bauern auf andere Bauern! Und für das, was im Frieden a Verbrechen is, hat ma noch Orden kriegt. Und ihr streitets scho untereinander! Kaner hört dem andern zua. Wann des net aufhört, wird 's immer wieder Krieg und Bürgerkriege geben, merkts euch das!"

„Die ham si no nie was gmerkt", stellt der Großvater fest und schläft wieder ein.

Wenn die bunten Fahnen wehen

Jene, die sich nur widerwillig mit den jetzigen Verhältnissen abfanden, schliefen allerdings nicht, sie stellten sich nur schlafend. Sie warteten auf einen günstigen Zeitpunkt, da sich der Wind drehen würde – in Europa und damit auch in Österreich, wo man das, was man insgeheim als, „revolutionären Schutt" zu bezeichnen beliebte, wieder wegräumen, wo man das Rad der Zeit zurückdrehen würde. Schon waren in den Nachbarländern die Räterepubliken zusammengebrochen. In Österreich aber hatte keine Revolution stattgefunden. Die Hoffnungen der Kommunisten, daß Friedrich Adler seine Autorität zugunsten eines revolutionären Umsturzes in die Wagschale werfen würde, hatten sich nicht erfüllt. Die linken Führer hatten erkannt, daß die Agrarier in der konservativen Provinz und wohl auch die Siegermächte Wien und die Industriezentren aushungern würden, und setzten auf den parlamentarischen Weg, um soziale Reformen durchzubringen, und die Reaktionäre schauten zähneknirschend zu. Ihre Zeit würde kommen – und sie kam.

Und so begann eine der turbulentesten Zeiten in der jüngeren Geschichte Österreichs und Wiens. Es wechselten in den nächsten drei Jahrzehnten permanent die Fahnen (rotweißrot und rot, schwarzweißrot und wieder rotweißrot), die Symbole (drei Pfeile, Kruckenkreuz, Hakenkreuz, Hammer und Sichel und endlich wieder der Adler mit Hammer, Sichel und Bürgerkrone, von Anfang an Symbol der jungen Republik), die Staatsform (Republik mit wechselnden, kurzlebigen Regierungen, austrofaschistische Diktatur, Nazidiktatur, Zweite Republik unter Aufsicht der Besatzungsmächte), die Hymnen (Kienzl/Renner: „Deutsch-Österreich, du herrliches Land, wir lieben dich, wir schirmen dich“, Haydn/Kernstock: „Sei gesegnet ohne Ende, Heimaterde wunderhold“, Haydn/Hoffmann von Fallersleben: „Deutschland, Deutschland über alles, über alles in der Welt“, Mozart?/Paula von Preradovic: „Land der Berge, Land am Strome“). Und das alles innerhalb einer Generation. Kurzum: Alles war in ständigem Wechsel, die bunten Fahnen wehten und wurden verweht, und das in so kurzer Zeit, daß loyale Bürger wie unser Freund, der treue Beamte Friedrich, mit den jeweiligen Gesinnungen kaum mithalten konnten, stets für alles Neue Begeisterte wie Augustin in einem ständigen Taumel waren, wobei er, wie sein berühmter Ahne, nur der Alkoholfahne treu blieb, der mißmutige Großvater stets einer neuen „guten alten Zeit“ nachtrauern mußte und die gesinnungstreuen Raunzingers, Keppls, Motschgers wild durcheinandergebeutelt wurden und abwechselnd alle Höhen und Tiefen, Berge und Täler durchwandern mußten. Das Schicksal setzte den Hobel an und hobelte alle gleich – aber nicht gleichzeitig. Na, wir werden 's ja miterleben.

Wenn wir gesagt haben, Wien ist nicht gleich Österreich, so scheint dies für ein Reich mit 51 Millionen Menschen plausibel, für eine Republik mit sechseinhalb Millionen, von denen fast zwei Millionen in der Hauptstadt leben, aber durchaus nicht. Und doch war es so: Das Rote Wien auf der einen Seite und die von Christlichsozialen, Großdeutschen und Landbund dominierten übrigen Bundesländer entwickelten sich wie zwei verschiedene Welten. Die Provinz betrachtete die für den geschrumpften Staat viel zu große Metropole als unnützen „Wasserkopf", den man ernähren müsse. So schaukelte sich schon früh eine latente Feindseligkeit auf, die das Land allmählich reif für die Unreife, nämlich für den Bürgerkrieg, machte. Und uns bleibt nichts übrig, als zum besseren Verständnis in einer Art „Parallelaktion" (wenn auch nicht im Sinne Robert Musils) beide Welten in Augenschein zu nehmen.

Kurz nach Kriegsende bildeten sich die ersten Heimwehren. Sie waren zunächst überparteilich, von den Behörden genehmigt, standen unter dem Kommando ehemaliger Offiziere, eine aus Freiwilligen bestehende Schutztruppe zur Verteidigung der Grenzen (Kärnten) und gegen Ausschreitungen im Inneren. Allmählich aber gerieten sie in ein reaktionäres, später in ein faschistisches Fahrwasser.

Solange die große Koalition aus Sozialdemokraten und Christlichsozialen noch funktionierte, wurden auf Initiative des sozialdemokratischen Staatssekretärs für soziale Fürsorge Ferdinand Hanusch zahlreiche Gesetze zur Verbesserung der Lage der Werktätigen beschlossen: 48-Stunden-Woche, Betriebsrätegesetz, Arbeiterurlaubsgesetz, Neuordnung des Krankenkassenwesens. Aufgrund des Friedensvertrags wurde ein Wehrgesetz erlassen, und ein Berufsheer mit einer Höchststärke von 30.000 Mann geschaffen. Am 11. Juni 1920 kündigten die Christlichsozialen die Koalition. Der Christlichsoziale Michael Mayr wurde Kanzler einer Allparteienkoalition als Übergangsregierung bis zum Beschluß einer Verfassung. Diese, in den Grundzügen heute noch gültig und von Hans Kelsen ausgearbeitet, war föderalistisch, mit einem Bundespräsidenten als Staatsoberhaupt und zwei Kammern (Nationalrat und Bundesrat), und wurde am 1. Oktober 1920 von der Nationalversammlung angenommen.

In Wien kam es immer wieder zu Hungerdemonstrationen, auch zu Plünderungen. Auch Fensterscheiben von Kaffeehäusern, in denen Schieber und Kriegsgewinnler vermutet wurden, gingen in Brüche, darunter auch die vom Café Keppl. Da Franz Keppl die Raunzingers verdächtigte, die Demonstranten („das Gsindl“) angestiftet zu haben, herrschte wieder einmal „Eiszeit“ zwischen den Familien. Am 1. Dezember 1919 wurde die Aspernbrükke, am 19. März 1920 die „Graphische Sammlung Albertina“ eröffnet. Am 15. Juli fand auf dem Heldenplatz die erste Parade des neuen Bundesheeres statt. Staatsoperndirektor war von 1919 bis 1924 Richard Strauss.

Bei den Nationalratswahlen vom 17. Oktober siegten die Christlichsozialen mit 85 Sitzen, die Sozialdemokraten erreichten 69, die deutschnationalen Parteien 28 Sitze. Die Sozialdemokraten gingen in die Opposition, überließen dem Bürgertum die Regierung, was sich als verhängnisvoller Fehler erweisen sollte. Sie wollten in Wien ein vorbildliches Modell einer sozialistischen Verwaltung aufbauen, um durch dieses Beispiel schließlich auch die Mehrheit in Österreich erringen zu können. Deshalb einigte man sich mit den Christlichsozialen über die Abtrennung Wiens von Niederösterreich, was in beiderseitigem Interesse war. Die Christlichsozialen konnten mit Mehrheit in Niederösterreich regieren, ohne Trennung von Wien hätten die Sozialdemokraten die Mehrheit im Landtag besessen. Die Sozialdemokraten wiederum erlangten für Wien jene Finanz- und Steuerhoheit, die sie benötigten, um die Kommunalpolitik nach ihren Vorstellungen umzugestalten.

Seit 1. Jänner 1922 war Wien ein eigenes Bundesland, der Gemeinderat gleichzeitig Landtag, der Bürgermeister auch Landeshauptmann, der Stadtsenat Landesregierung. Es begann also der Parallelslalom zwischen Wien und dem

Bund, zwischen sozialdemokratischer und bürgerlicher Verwaltung. In einem Land mit demokratischen Traditionen hätte dies ein friedlicher Wettbewerb zum Wohle des Landes werden können, aber die Tradition Österreichs war obrigkeitsstaatliches Machtstreben. Beide Seiten führten einen beinharten Klassenkampf. Dazu kam, daß jede der Großparteien eine überragende Persönlichkeit hatte, zwei brillante Denker und Redner: auf der einen Seite der katholische Priester Dr. Ignaz Seipel, auf der anderen der jüdische Intellektuelle Dr. Otto Bauer. Beide waren, wie viel später ein Publizist meinte, „zu groß für Österreich". Und obwohl beide einander durchaus respektierten, führte ihre Politik zwanghaft zu einer ungeheuren Polarisierung, diese wieder zu einem Haß zwischen den politischen Lagern, der immer gewaltsamer ausgetragen wurde.

Was war nun das Charakteristische an diesem legendären Roten Wien? Die Schwerpunkte lagen im Sozial- und Gesundheitswesen und in der Wohnbaupolitik. Kindergärten, Horte, Pflegeheime, Mütterberatungsstellen, Kinderspitäler, Kinderspielplätze, Kinderfreibäder wurden errichtet. In den Schulen wurden ein ärztlicher Dienst und Schülerausspeisungen eingerichtet und Schulmilch kostenlos ausgegeben. Vorsorgemedizin bekämpfte die typischen Mangelkrankheiten, wie Tuberkulose (mitunter als „Wiener Krankheit" bezeichnet), Rachitis, aber auch den Alkoholismus. Unterrichtsmittel und Schulbesuch waren kostenlos. Die Arbeitsschule trat an Stelle der Drill- und Lernschule. Städtische Büchereien wurden errichtet und 63.000 Wohnungen für 220.000 Menschen, bestehend aus Zimmer, Küche, Vorzimmer und WC. Sie waren für heutige Verhältnisse klein (oft nur 38 m^2), aber geradezu luxuriös im Vergleich zu den Wohnungen in den Zinshäusern der Gründerzeit. Jeder Raum war hell, und vor allem gab es die sanitären Einrichtungen in der Wohnung. Waschküchen, Gemeinschaftsbadeeinrichtungen, Sozialeinrichtungen und begrünte Innenhöfe gehörten dazu. Doch auch Gartenstädte mit Siedlungshäusern wurden errichtet.

Und woher kam das Geld? Von den „Reichen" und deren Luxus. Der Finanzstadtrat Hugo Breitner war deshalb im Bürgertum zutiefst verhaßt und wurde später vom versoffenen Heimwehrführer Starhemberg als „Asiat" bezeichnet, dessen „Kopf in den Sand rollen" müsse. Aber die Sprache der Politiker aller Couleurs war damals ziemlich gewalttätig, und so darf man sich nicht wundern, daß die Geschichte der Ersten Republik zunehmend von Zusammenstößen politischer Gegner geprägt war, wobei sich alle politischen Lager „auszeichneten". Diskussionskultur und Respekt vor anderen Meinungen gab es nicht, man blieb lieber „unter sich".

Aber lassen wir Hugo Breitner, den „Steuersadisten", wie ihn die Gegner nannten, selbst über seine Steuerpolitik erzählen: „Die Betriebskosten der Kinderspitäler decken die Steuern aus den Fußballspielen, die Betriebskosten der Schulzahnkliniken liefern die vier größten Wiener Konditoreien, Demel, Gerstner, Sluka und Lehmann. Die Schulärzte zahlt die Nahrungs- und Genußmittelabgabe des Sacher. Die gleiche Abgabe vom Grand-Hotel, Hotel Bristol und Imperial liefert die Aufwendungen für die Kinderfreibäder. Das städtische Entbindungsheim wurde aus den Steuern der Stundenhotels erbaut und seine Betriebskosten deckt der Jockeyklub mit Steuern aus den Pferderennen." 60 Prozent der städtischen Ausgaben waren der Sozialpolitik und dem Fürsorgewesen gewidmet, der Wohnbau wurde durch eine Wohnbausteuer finanziert.

Nach dem Ersten Weltkrieg lebten 2,031.000 Menschen in Wien. Nachdem 150.000 von ihnen in die neu entstandenen Nationalstaaten zurückgekehrt waren, pendelte sich die Bevölkerungszahl bei 1,870.000 ein. Der Anteil der Kinder bis 13 Jahre ging freilich von 22,9 auf 13,4 Prozent zurück, denn es war eine Zeit, in der viele Ehepaare bewußt auf Kinder verzichteten. Nicht nur aus wirtschaftlichen Gründen, nicht nur, weil man nach den Entbehrungen des Krieges endlich „das Leben genießen" wollte, sondern auch aus einer pazifistischen Grundhaltung heraus: Man traute offenbar dem Frieden nicht und wollte dem Staat „kein Kanonenfutter liefern". Und da sagt man, es gäbe seit 2000 Jahren keine Propheten mehr! Übrigens hatten damals auch die „Engelmacherinnen" Hochkonjunktur, denn Abtreibungen waren durch den § 144 verboten. Nur reiche Damen konnten sich 's in irgendeinem Sanatorium „richten".

Langsam begann sich das Leben wieder zu normalisieren. Im Februar 1921 empörte man sich über die Aufführung von Schnitzlers „Reigen", die „das Empfinden des bodenständigen christlichen Volkes" verletze. Am 16. Februar wurde eine Aufführung gesprengt. Opa Raunzinger stellt fest, daß es „sowas früher net geben" hätte, und Hermann Motschger, der sich das Stück zweimal angeschaut hatte, um sich „ein Bild zu machen", spricht von einem „jüdischen Machwerk". Am 26. Juni wurde das Johann-Strauß-Denkmal enthüllt. Am 26. November fuhr zum letzen Mal ein Zug der Zahnradbahn auf den Kahlenberg.

Im Jahr 1922 wurden als Antwort auf die Heimwehren von den Sozialdemokraten Arbeiterwehren als Vorläufer des Republikanischen Schutzbunds gebildet. Die österreichische Filmproduktion (es waren natürlich Stummfilme) stand auf einem Höhepunkt. Auf dem Laaer Berg wurde unter der Regie von Michael Kertecz der Monumentalfilm „Sodom und Gomorrha" gedreht. Bei weitem nicht so populär wie das Kino war die Inflation, die ebenfalls 1922 ihren Höhepunkt erreichte. Ein Kilo Schweinefleisch kostete im September bereits 40.000 Kronen. Man sprach von einer galoppierenden Inflation. Die Löhne folgten den Preisen, allerdings nicht im Galopp, sondern nur im Fußgängertempo. Auch eine Anleihe des Völkerbunds, bei dem Österreich seit Ende 1920 Mitglied war, und die Gründung der Nationalbank konnten die Inflation nicht stoppen. Der Völkerbund hatte dafür allerdings einen Kommissar, den Niederländer Alfred Zimmermann, eingesetzt, der Österreichs Finanzpolitik überwachen sollte. Viele Wiener sehnten sich wieder einmal nach der „guaten alten Zeit“. Das von Hans Moser in dem Singspiel „Essig und Öl“ gesungene Lied „Der Doktor Lueger hat mir einmal die Hand gedrückt“ gab diesen Gefühlen Ausdruck. Auch Onkel Gustl singt es und tut wieder einmal so, als hätte er es geschrieben. Die Menschen flüchteten ins Vergnügen. Im „Simpl“ wurde die Revue „Wien gib acht“ siebenhundertmal gespielt. Das am 17. Dezember eröffnete, nach den Plänen von Clemens Holzmeister erbaute Krematorium wurde hingegen nicht wirklich als Alternative zu den widrigen Lebensumständen gesehen.

Im Juni 1923 wurde der österreichische P.E.N.-Club gegründet, und Arthur Schnitzler zum ersten Präsidenten gewählt. Ob auch Augustin Raunzinger kandidiert hatte, darüber gibt es keine Aufzeichnungen. Aus seinem Tagebuch geht aber hervor, daß er sich selbst als den einzig möglichen Kandidaten betrachtete. Viel mehr Aufsehen erregte jedenfalls die sogenannte Schlacht auf dem Exelberg, bei der 300 Nazi unter einem Münchner Kommandanten 90 Sozialdemokraten überfielen. Am 21. Oktober fanden gleichzeitig sowohl Nationalratswahlen als auch Wiener Gemeinderatswahlen statt. Im Nationalrat erreichten die Christlichsozialen 82, die Sozialdemokraten 68, die Großdeutschen 10 und der Landbund 5 Mandate. Bürgerliche Koalitionsregierungen wechselten einander in gewissen Abständen ab. Der bedeutendste und auch international angesehene Kanzler war zweifellos der Christlichsoziale Prälat Dr. Ignaz Seipel. Ihm traute auch der Völkerbund die Sanierung des krisengeschüttelten und durch Reparationen belasteten Staates zu. Die oppositionellen Sozialdemokraten nannten ihn despektierlich „Autrichelieu“. Der neue Wiener Gemeinderat setzte sich aus 78 Sozialdemokraten, 41 Christlichsozialen und einem Jüdischnationalen zusammen. Letzterer wurde im 2. Bezirk gewählt, wo die meisten Juden lebten. Es kursierte damals der Witz: „Wie kommt man am schnellsten zum Nordwestbahnhof? Man geht über die Schwedenbrücke und ruft laut Herr Kohn! Darauf dreht sich die ganze Taborstraße um – und man ist am Nordwestbahnhof."

Wien erhielt einen neuen Bürgermeister. Es war der 55jährige Sozialdemokrat Karl Seitz. Sein Werdegang war wie ein Märchen. Im Waisenhaus aufgewachsen, Volksschullehrer, 1901 in den Reichsrat gewählt, 1907 dessen Vizepräsident. Als solcher wurde er auch in Schönbrunn vom alten Kaiser empfangen. Heftige Debatte im Parteivorstand: Soll ein Arbeiterführer die Einladung annehmen? Seitz kam – im Straßenanzug. Und auf die indignierte Frage des Monarchen. „Ja, lieber Seitz, warum kommen S' denn nicht im Frack?" antwortete er: „Majestät, auch das Proletariat hat sein Zeremoniell." Nach dem Tod Victor Adlers wurde Seitz Parteivorsitzender, erster Präsident der provisorischen Nationalversammlung und somit auch das erste Staatsoberhaupt der Republik bis 9. Dezember 1920, als der Parteilose Dr. Michael Hainisch erster Bundespräsident wurde. Als Bürgermeister setzte Seitz vor allem die Wohnbaupolitik Jakob Reumanns fort und wurde der populärste Bürgermeister seit Dr. Karl Lueger.

Am 1. April 1924 übernahm Max Reinhardt die Direktion des mit dem Geld des Kriegsgewinnlers Castiglioni renovierten Theaters in der Josefstadt. Reinhardt, übrigens von Karl Kraus heftig angefeindet und mit Hugo von Hofmannsthal einer der Initiatoren der „Salzburger Festspiele", eröffnete mit Goldonis „Diener zweier Herrn". Am 1. Juli beging ein Sozialdemokrat namens Jawurek am Südbahnhof ein Revolverattentat auf Kanzler Seipel, bei dem dieser leicht verletzt wurde. Am 1. Oktober erfolgte in Anwesenheit von Seipel und Seitz aus einem Studio am Stubenring die erste Rundfunksendung der RAVAG

(Radio Verkehrs AG) mit einem Richard-Wagner-Konzert. Es gab bereits 11.000 Empfangslizenzen, Wochen später schon 30.000. Die Avantgardisten Alban Berg („Wozzeck“, „Lulu“) und Anton Webern erhielten den Musikpreis der Stadt Wien. Webern dirigierte auch die Arbeitersymphoniekonzerte. Am 8. Dezember wählte die Bundesversammlung Michael Hainisch für eine zweite Periode zum Bundespräsidenten, und am 12. Dezember gelang es der Regierung Seipel, durch die Einführung der Schilling-Währung (ein Schilling für 10.000 Papierkronen) die Inflation endlich zu stoppen. In der Folge wurde der Schilling mit seiner hohen Golddeckung zu einer der härtesten Währungen Europas.

Die Jahre 1925 und 1926 gingen in Wien verhältnismäßig ruhig vorbei, bis auf die Ermordung des jüdischen Schriftstellers Hugo Bettauer und einer antisemitischen Demonstration gegen den in Wien tagenden Zionistenkongreß. Wie zum Trotz wurde der jüdische Sportverein Hakoah 1925 Fußballmeister. Die Gemeinde Wien pachtete vom Bund die Stadtbahnstrecken Hütteldorf–Heiligenstadt und Meidling–Heiligenstadt, elektrifizierte sie und gliederte sie dem Tarifnetz der städtischen Straßenbahn- und Autobuslinien ein. Im Sommer 1926 wurde der Nacktkörperkulturverein „Bund freier Menschen“ gegründet, der seinen „Sitz“ vor allem in der Lobau hatte. Am 8. Juli wurde das Amalienbad eröffnet, damals das größte und modernste Hallenbad Europas. Immer mehr Frauen und Mädchen betrieben Sport. Der „Bubikopf“ war in Mode, die Röcke wurden kürzer, sehr zum Ärger der Moralapostel, aber trotz gestiegenem weiblichen Selbstbewußtseins blieb Politik weitgehend Männersache. Nach dem Ende der Inflation kam das Wirtschaftswachstum zum Erliegen. Auch der Boom bei der Filmindustrie war in Wien durch die Einfuhr ausländischer, vor allem amerikanischer Filme, gegen die 3000 Filmschaffende in der Neubaugasse demonstrierten, vorüber.

In Europa änderte sich das Bild. Zwei Gäste aus dem Café Keppl spielten dabei eine Rolle. Mussolini hatte in Italien eine faschistische Diktatur errichtet, Hitler war in München mit einem Putschversuch gescheitert. In Spanien herrschte der Diktator Primo de Rivera, in Portugal etablierte sich ein klerikofaschistischer Ständestaat unter Salazar. In Polen regierte Marschall Pilsudski autoritär, in Ungarn hielt Admiral Horthy als „Reichsverweser" ziemlich fest das Heft in der Hand, zwei Putschversuche des Exkaisers Karl, der sich nur mit dem Verlust der österreichischen, nicht aber der ungarischen Krone abgefunden hatte, scheiterten. Am 1. April 1922 starb er – erst 35 Jahre alt – in der Verbannung auf Madeira und beschränkte sich fortan, laut zuverlässigen Angaben von katholischer Seite, auf die Heilung von Krampfadern. Sein irdisches Schicksal entbehrte jedoch nicht einer gewissen Tragik. Vor Aufgaben gestellt, für die er weder vorbereitet war noch Eignung besaß, mußte er schließlich bei bestem Willen scheitern – wieder, wie Grillparzer sagte, „mit halben Mitteln und mit halber Tat".

Bei unseren Freunden hat inzwischen eine neue Generation die Stafette übernommen, weil wir sie für die kommenden Ereignisse brauchen. Hermann Motschger ist „Alter Herr" einer schlagenden Verbindung, hofft auf einen Anschluß an ein demokratisches Deutschland – mit demokratischen Mitteln – und wählt brav die Großdeutsche Volkspartei. Leopold Raunzinger geht den Weg aller Raunzingers vom jugendlichen Revolutionär über den gemäßigt-fortschrittlichen Pragmatiker zum verraunzten Nostalgiker. Der Revolutionär der Nachkriegszeit ist bei der zweiten Stufe angekommen: Er hat ein Gasthaus und eine Wohnung in einem Gemeindebau auf der Hütteldorfer Straße, ist Bezirksobmann des Freien Wirtschaftsverbandes, Bezirksrat und Ausbildner beim Republikanischen Schutzbund. Franz Keppl ist Innungsmeister und als einziger der drei zerstrittenen Freunde gegen einen Anschluß an Deutschland. Der jugendliche „Erzherzog Otto" ist für ihn einfach „unser rechtmäßiger Kaiser". Der treue Beamte Friedrich ist Polizeioffizier. Augustin, musischer Kavalier und Frauenliebling, Alleinunterhalter, Geschichtenerzähler, für alles Neue zu begeistern und mitunter auch Opportunist, lebenslustiger (Über)Lebenskünstler, Feinschmecker, Schmähbruder, Weinkenner, Genießer. Augustin ist – halt Augustin und im Moment noch ein Jüngling.

Am 24. April 1927 wurden der Nationalrat und der Wiener Gemeinderat neu gewählt. Im Zeichen der immer schärferen Polarisierung zwischen dem rechten und dem linken Lager kandidierten Christlichsoziale und Großdeutsche auf einer Einheitsliste, was wegen der Wahlarithmetik Vorteile versprach. Seipels Konzept ging aber nicht auf, da viele großdeutsche Wähler aufgrund ihrer traditionell antiklerikalen Grundhaltung lieber den Landbund, in Wien, wo er nicht kandidierte, sogar die Sozialdemokraten wählten, und letztere stark zulegen konnten. Hermann Motschger ging überhaupt nicht wählen. Das Ergebnis im Bund: Einheitsliste 85 Sitze, Sozialdemokraten 71, Landbund 9. In Wien erzielten die Sozialdemokraten mit mehr als 60 Prozent Stimmenanteil 78, die Einheitsliste 42 Sitze, eine Bestätigung der roten Kommunalpolitik. Am 3. Juni beschloß der Wiener Landtag die Ausgabe von Säuglingswäschepaketen an alle Mütter von Neugeborenen.

Der 15. Juli 1927 wurde zu einem Schwarzen Tag in der Geschichte Wiens und Österreichs. Am 30. Jänner hatte im burgenländischen Schattendorf ein Schutzbundaufmarsch stattgefunden. Der Wirt, ein Heimwehrmann, fühlte sich bedroht. Die Roten waren zwar schon vorbei, aber sie konnten ja zurückkommen. Also schossen er und zwei Kameraden, die sich im Lokal verschanzt hatten, den Schutzbündlern nach und töteten dabei – wahrscheinlich unbeabsichtigt – einen Invaliden und ein Kind. Am 14. Juli, während die ersten „Wiener Festwochen" stattfanden, wurden die Todesschützen von einem Schwurgericht – offenbar unter dem Einfluß einer haßerfüllten Berichterstattung der rechtsgerichteten Blätter – freigesprochen. Man billigte ihnen „Notwehr“ zu. Eine ungeheure Erregung erfaßte die Arbeiterschaft. Zehntausende zogen spontan zum Justizpalast und stürmten ihn. Die sozialdemokratische Parteileitung – wie gewöhnlich unentschlossen – hatte die von Radikalen und Kommunisten noch angeheizte Stimmung zu spät erkannt. Erst als der Justizpalast bereits brannte, erschienen die Ordner des Schutzbundes. Es gelang weder ihnen, noch Bürgermeister Seitz und dem Schutzbundkommandanten General Theodor Körner, der Feuerwehr den Weg durch die tobende Masse zu bahnen. Da gab Polizeipräsident Schober mit Billigung der Regierung den Feuerbefehl. Und die Polizisten schossen aus Wut und Angst wahllos auf Demonstranten und Flüchtende. 89 Menschen, darunter vier Polizisten, verloren das Leben.

Dieser verhängnisvolle Tag brachte die Wende in der österreichischen Innenpolitik. Ein von den Freien Gewerkschaften als Protest ausgerufener Generalstreik wurde nur noch teilweise befolgt. Und das Bürgertum erkannte, daß die radikalen und klassenkämpferischen Parolen der sozialdemokratischen Führung und Presse nur Phrasen waren, denen keine Taten folgten. Im Nationalrat erklärte Bundeskanzler Seipel: „Erwarten Sie von mir nichts, das milde erschiene gegenüber den Opfern, doch grausam wäre gegenüber der verwundeten Republik!“ Die sozialdemokratische Propaganda stempelte ihn daraufhin zum „Prälat ohne Milde“, und tausende Arbeiter traten aus der katholischen Kirche aus. Karl Kraus, der Herausgeber der Fackel, ließ Plakate drucken: „An den Polizeipräsidenten von Wien, Johann Schober. Ich fordere Sie auf, abzutreten. Karl Kraus, Herausgeber der Fackel.“ Ein publicitygeiler Geschäftsmann antwortete mit Plakaten: „Ich fordere Sie auf, nicht abzutreten. Goldfüllfederkönig E. W.“

Aber noch ging das demokratische Leben, wenn auch in haßerfüllter Atmosphäre, weiter. Am 26. November gab es allerdings ein versuchtes Attentat des Monarchisten Strebinger auf Bürgermeister Seitz. Das Jahr 1927 endete mit einer Aufführung von Ernst Kreneks Jazzoper „Jonny spielt auf" in der Staatsoper. Die damals noch kleine Nazibewegung rief darauf zu einer „Riesenprotestkundgebung: Unsere Staatsoper ist einer frechen jüdisch-negerischen Besudelung zum Opfer gefallen". Am 5. Dezember 1928 wählte die Bundesversammlung den christlichsozialen Nationalratspräsidenten Dr. Wilhelm Miklas zum Bundespräsidenten. In Wien ist seit 1914 die Zahl der Pferde von 33.000 auf 7.500 gesunken, die der Privatautos von 1684 auf 5441 und die der Motorräder von 748 auf 13.567 gestiegen.

Das Jahr 1929 begann mit einem Katastrophenwinter. Ein Eisstoß auf der Donau reichte von Mohacs bis Wien. Am 28. März und am 2. Mai erregte ein Flug des Luftschiffs „Graf Zeppelin" über Wien höchste Aufmerksamkeit der stets neugierigen Wiener. Lediglich Großvater Raunzinger erklärt das von Hermann Motschger als Wunderwerk deutscher Technik gepriesene Luftschiff für „völlig überflüssig. Wer am Boden bleibt, kann net abefallen", doziert er prophetisch. Am 23. April wurden das Reinhardt-Seminar, am 5. Juni die Moderne Galerie im Belvedere eröffnet. Anfang Oktober begann mit dem berüchtigten „Schwarzen Freitag" an der New Yorker Börse die folgenschwere Weltwirtschaftskrise (24. Oktober). Leopold Raunzinger kündigt daraufhin das baldige Ende des Kapitalismus an. Doch eher kündigte sich das nahende Ende der Demokratie an. Denn am 27. Oktober veranstalteten die immer frecher werdenden faschistischen Heimwehren eine Großkundgebung auf dem Heldenplatz, mitten im Roten Wien. Am 7. Dezember wurde auf ihren Druck eine Verfassungsreform beschlossen, die die Rechte des Bundespräsidenten stärkte. Er konnte ab jetzt – auf 6 Jahre vom Volk gewählt – die Regierung ernennen oder entlassen und den Oberbefehl über das Bundesheer führen. Ein Amt für einen „starken Mann“ – aber wer würde das sein? Kulturell ist in diesem Jahr noch der Tod Hugo von Hofmannsthals zu erwähnen. Max Reinhardt inszenierte im Arkadenhof des Rathauses Büchners „Dantons Tod“.

1930, das erste Jahr der großen Weltwirtschaftskrise, verlief in Wien relativ ruhig, obwohl es hier Ende des Jahres bereits mehr als 102.000 registrierte Arbeitslose gab. Am 26. September wurde im Theater an der Wien der 60. Geburtstag Franz Léhars durch eine Aufführung der Operette „Land des Lächelns“ mit Richard Tauber gefeiert. Am 12. Oktober wurde in Heiligenstadt ein Paradebau des „Roten Wien“, der Karl-Marx-Hof eröffnet, der auch international Beachtung und Anerkennung fand. Auf einer Fläche von 156.000 Quadratmeter wurden nur 18,4 Prozent verbaut. Zwischen den 1382 Wohnungen, zwei elektrisch beheizten Zentralwäschereien, zwei Kindergärten, einer Schulzahnklinik, einem Jugendheim, einer Bibliothek und zwei Badeanstalten gab es daher auch große begrünte Innenhöfe. „Wenn wir einmal nicht mehr reden können, werden diese Steine für uns sprechen“, sagte Bürgermeister Seitz bei der Eröffnung. Am 9. November fanden Nationalratswahlen statt. Es sollten die letzten für 15 Jahre werden. Von den Christlichsozialen (66 Mandate) hatte sich der faschistische Heimatblock (8) abgespalten, der bereits in der Minderheitsregierung Vaugoin vertreten war. Schon am 19. Mai 1930 hatte sich ja in Korneuburg die Heimwehr ein Programm gegeben. „Wir wollen nach der Macht im Staate greifen. Wir verwerfen den westlichen demokratischen Parlamentarismus und den Parteienstaat!“ hieß es unter anderem im „Korneuburger Eid“, den auch Richard Steidle, Ernst Rüdiger Starhemberg, Walter Pfrimer und Julius Raab mitschworen. Durch die Abspaltung des Heimatblocks wurden die Sozialdemokraten mit 72 Mandaten stärkste Fraktion.

Der Schober-Block (Großdeutsche und Landbund) unter dem großdeutschen Politiker Johann Schober, der auch 1927 Polizeipräsident gewesen war, erreichte 19 Sitze. Die Nazipartei, im deutschen Reichstag mit 107 Sitzen schon zweitstärkste Fraktion, ging leer aus. In diesem Jahr erschien der erste Band von Robert Musils „Der Mann ohne Eigenschaften", angeblich – wie denn nicht – nach einer Idee von Augustin Raunzinger. Als Musil freilich in Hermann Motschgers Buchhandlung aus seinem Werk las, zeigte sich, daß er Onkel Gustl gar nicht kannte (beziehungsweise ihn verleugnete, Augustins Version). Wir überlassen es den geschätzten Lesern, zu entscheiden, wer recht hatte. Franz Keppl kümmert dies alles nicht. Er verkauft für die Erhaltung des Stephansdoms Ein-Schilling-Lose.

Das Jahr 1931 begann wieder einmal mit einer Mobilisierung der Straße gegen die Freiheit der Kunst. Nazi und Heimwehr demonstrierten gegen die Aufführung des Films „Im Westen nichts Neues" nach dem Antikriegsroman von Remarque und erreichten schließlich ein Aufführungsverbot. Im Stadttheater in der Laudongasse war indessen Ralph Benatzkys Revue-Operette „Im weißen Rößl" ein Riesenerfolg. Kein Erfolg war hingegen der drohende Zusammenbruch der Creditanstalt mit 140 Millionen Schilling Schulden. Entgegen der Doktrin, daß sich der Staat in die Wirtschaft nicht einmischen solle, sah sich die bürgerliche Koalitionsregierung unter Kanzler Otto Ender genötigt, die Bank mit Staatsgeldern zu stützen. Die Nationalbank, das Haus Rothschild und einige ausländische Banken beteiligten sich an der Rettungsaktion. Mitte September unternahm der steirische Heimwehrführer Pfrimer einen dilettantischen Putschversuch, der schon am Widerstand der obersteirischen Arbeiterschaft scheiterte. Bundesheer und Gendarmerie gingen so zögerlich gegen die Putschisten vor, daß diese nach Hause gehen und ihre Waffen verstecken konnten und Pfrimer nach Jugoslawien flüchtete. Später wurden die Führer des Putsches vor Gericht gestellt und – natürlich – freigesprochen. Am 9. Oktober wurde der Christlichsoziale Dr. Wilhelm Miklas von der Bundesversammlung wiedergewählt. Die Verfassung von 1929 hatte eine Volkswahl vorgesehen, mit seinen erweiterten Kompetenzen war das Amt ja für Ignaz Seipel maßgeschneidert. Als aber eher ein Sieg des Sozialdemokraten Karl Renner möglich schien, schlugen die Christlichsozialen vor, noch einmal die Bundesversammlung (Nationalrat und Bundesrat) wählen zu lassen, und die Sozialdemokraten, die sowieso gegen die Volkswahl des Staatsoberhauptes waren, akzeptierten. Nicht grundlos hatte Karl Kraus gespottet: „Otto Bauer ist ein großer Taktiker. Er hat es selbst gesagt."

Am 16. Mai wurde aber auch – mit einem sensationellen 5:0 Sieg über Schottland auf der Hohen Warte – das österreichische Fußball-Wunderteam geboren, das in den nächsten zwei Jahren sensationelle Siege errang. Unter anderem wurden Ungarn 8:2, Deutschland 6:0 und 5:0, Italien 2:1, die Schweiz 8:1, Belgien 6:1 und Frankreich 4:0 geschlagen. Nur gegen das als unbesiegbar geltende England unterlag man in London in einem der zahlreichen „Spiele des Jahrhunderts" knapp 3:4. Das Wunderteam entstand natürlich – im Kaffeehaus, wo der legendäre Verbandskapitän Hugo Meisl den dort versammelten Sportjournalisten (jeder Wiener Fußball-Anhänger hält sich ja seit jeher für einen Verbandskapitän) einen Zettel hinwarf mit den Worten: „So, da habts euer Schmiranski-Team." Das Schmiranski-Team lautete: Hiden (WAC); Schramseis (Rapid), Blum (Vienna); Smistik (Rapid), Braun (WAC), Gall (Austria); Zischek (Wacker), Gschweidl (Vienna), Sindelar (Austria), Schall (Admira), Vogl (Admira). Fußball war zum populärsten Volkssport geworden. Dazu trug auch der von Meisl initiierte Mitropacup mit Vereinen aus Italien, Österreich, Ungarn, der Tschechoslowakei, der Schweiz und Jugoslawien bei. Er war auch identitätsstiftend, trug zu einer Art österreichischem Nationalgefühl im „Staat, den keiner wollte“ bei. Populär waren auch die Radioübertragungen des Professors Willy Schmieger: „Schall zu Vogl, Vogl zu Schall – Toor!“ waren bald geflügelte Worte. Der Kabarettist Karl Farkas spottete: „Schall zu Vogel, Vogl zu Schall, Tor. 1:0 für Italien!“ Auch zahlreiche Anekdoten rankten sich um das Wunderteam. So soll der urwüchsige Austria-Verteidiger Karl Sesta („Der Blade“), als das Wunderteam in London gastierte und vom britischen Kronprinzen empfangen wurde, auf dessen Frage „Was spielen Sie?“ geantwortet haben: „Rechta Back.“ Und auf die Bemerkung des Kronprinzen „ein schöner Posten“: „Nau, Ihner Hakn is a net schlecht.“ Auch unsere Freunde waren natürlich dem Fußball verfallen. Familie Raunzinger drückte geschlossen für Rapid. Mitzi schwärmte besonders für den langen Stürmer „Bimbo“ Binder. Nur Augustin drückte, wenn er gerade mit seinem Bruder zerkracht war, zwischendurch für Admira. Und wenn die Brüder dann stritten, knurrt der Großvater: „Sollen jedem an Balln geben, dann is a Ruah.“ Keppls drückten natürlich aus Bestemm für die Austria, obwohl ihm „zuvü Juden im Vorstand“ waren, und Hermann Motschger für den Wiener Sportklub. Im Juli 1931 wurde das von der Gemeinde Wien errichtete Praterstadion mit der Arbeiter-Olympiade eröffnet.

Leider besteht das Leben nicht nur aus Sport, obwohl er dazu beiträgt, den „Kleinen Mann“ von den Alltagssorgen abzulenken. Im März 1932 gab es schon mehr als eine halbe Million Arbeitslose in Österreich, 150.000 davon waren schon „ausgesteuert“, erhielten also keine Unterstützung mehr. Am 5. März forderte der christlichsoziale Arbeiterführer Leopold Kunschak die Entwaffnung der Parteiarmeen. Hätte man nur auf diesen ehrlichen, vernünftigen Mann gehört. Auch Franz Keppl gehörte noch zu diesen besonnen Demokraten, vielleicht auch, weil die Kunschak nahestehende Zeitung, das „Neuigkeits-Weltblatt", in seiner Nähe, in der Kaiserstraße, gedruckt wurde. Am 24. April 1932 fanden in Wien, Niederösterreich und Salzburg Landtagswahlen statt, die erstmals einen Durchbruch für die Hitlerbewegung brachten. In Wien erhielt sie 17,4 Prozent und 15 Sitze gegenüber immer noch 66 Sozialdemokraten und 19 Christlichsozialen, auf deren Kosten hauptsächlich die Gewinne der Nazi gingen, denen noch kein Einbruch in die Arbeiterschaft gelang. Auf der bürgerlichen Wieden errangen sie 31, im proletarischen Simmering nur 7,3 Prozent. Die Schwächung der Christlichsozialen bewirkte, daß die Sozialdemokraten alle 21 Bezirksvorsteher stellten. Auch die Kommunisten erzielten Gewinne und zogen in Favoriten (3,6 Prozent) und Ottakring (4,3 Prozent) in die Bezirksvertretungen ein. Die Großdeutschen erhielten nur noch 0,7 Prozent. Auch die Familie Motschger wählt jetzt braun statt kornblumenblau. Am 17. Mai wurde erstmals ein Nazi in Österreich Bürgermeister, und zwar in Friesach. Drei Tage später bildete Dr. Engelbert Dollfuß eine Koalitionsregierung aus Christlichsozialen, Landbund und Heimatblock. Sozialdemokraten und Großdeutsche waren in Opposition, so daß die Regierung nur eine Mehrheit von einer Stimme hatte. Niemand ahnte, daß es die letzte Regierung sein sollte, die noch nach demokratischen Spielregeln zustandekam. Am 11. Juni wurde der Betrieb der Vortelinie eingestellt. Am 16. Oktober kam es in Simmering zu einem schweren bewaffneten Zusammenstoß, als Nazi das Simmeringer Arbeiterheim der Sozialdemokraten stürmen wollten. Darauf empfing der verblendete Kanzler Dollfuß die Führer der Wiener Nazibewegung und hofierte seine späteren Mörder. Zwei der bedeutendsten Politikerpersönlichkeiten der Ersten Republik, der Christlichsoziale Ignaz Seipel und der Deutschnationale Johann Schober, waren im August gestorben. Otto Bauer würdigte seinen großen Gegner in einem Artikel in der „Arbeiterzeitung" unter dem Titel „Drei Salven für Seipel". Nach dem Tod dieses bedeutenden Staatsmannes blieb auf der bürgerlichen Seite nur noch Mittelmaß. Fertiggestellt wurden in Wien auf dem Bausektor das erste Wiener Hochhaus in der Herrengasse und die Werkbundsiedlung in Hietzing.

Das Jahr 1933 war der Anfang vom Ende der österreichischen Demokratie. Als am 8. Jänner die „Arbeiterzeitung" nach einem Hinweis sozialdemokratischer Eisenbahner aufdeckte, daß über Hirtenberg 50.000 Gewehre und 200 Maschinengewehre aus Italien ins halbfaschistische Ungarn geliefert worden waren, wurde auch der Druck des Diktators Mussolini auf Dollfuß und Starhemberg immer größer, bei nächster Gelegenheit die Demokratie zu beseitigen und Österreich in einen faschistischen Satellitenstaat umzuwandeln, so daß eine Art Dreibund Rom–Wien–Budapest unter seiner Führung entstehen könne. Der „Duce" hatte ja Starhemberg und seine faschistischen Heimwehren schon längst finanziell und mit Waffen unterstützt. Am 30. Jänner ernannte der deutsche Reichspräsident Paul von Hindenburg Hitler zum Reichskanzler. Oskar („der in der Verfassung nicht vorgesehene Sohn des Reichspräsidenten", wie Diplomaten spotteten) riet seinem Vater zu diesem verhängnisvollen Entschluß. Von Österreichs Nachbarländern wurden jetzt nur noch die Tschechoslowakei und die Schweiz demokratisch regiert. Am 4. März fand sich der von Dollfuß erhoffte Anlaß: Nach einer Abstimmungspanne traten nacheinander die drei Nationalratspräsidenten, der Sozialdemokrat Dr. Karl Renner, der Christlichsoziale Dr. Rudolf Ramek und der Großdeutsche Dr. Josef Straffner, zurück. Letzterer versäumte, dem ältesten Abgeordneten den Vorsitz zu übergeben, so daß der Nationalrat auseinanderging, ohne daß die Sitzung geschlossen wurde. Natürlich hätte Bundespräsident Dr. Wilhelm Miklas die Möglichkeit gehabt, einen Ausweg zu finden, indem er den Nationalrat wieder einberufen oder auflösen und Neuwahlen anordnen würde. Er tat nichts und ermöglichte Dollfuß, von einer Selbstauflösung des Parlaments zu sprechen und nach dem immer noch geltenden kriegswirtschaftlichen Ermächtigungsgesetz mit Notverordnungen zu regieren.

Nun ging alles Schlag auf Schlag. Sofort wurden die Zensur eingeführt und ein Versammlungsverbot erlassen. Österreich stand wieder dort, wo es im Vormärz gestanden war, weshalb die Sozialdemokraten den zwergenhaften Kanzler als „Millimetternich" verhöhnten. Am 5. März verbot die Regierung den Republikanischen Schutzbund, der aber illegal weiterbestand. Am 13. April erschien Dollfuß bei Mussolini zum Rapport. Inzwischen nahmen die Terroranschläge der Nazi zu. Statt mit der Arbeiterbewegung eine gemeinsame Abwehrfront zu bilden, entschloß sich Dollfuß zu einem Zweifrontenkrieg. Am 1. Mai ließ er die Innenstadt durch das Bundesheer abriegeln, worauf die Sozialdemokraten den Maiaufmarsch in einen Massenspaziergang umfunktionierten. Innerhalb der Sozialdemokratie stieg die Erbitterung über die zögerliche Haltung des Parteivorstands. Otto Bauer aber sprach von der „Verantwortung gegenüber den Müttern unseres Landes" und hoffte immer noch, den Bürgerkrieg vermeiden zu können. Am 10. Mai wurde die Durchführung von Landtags- und Gemeindewahlen verboten, da der Wahlkampf „den Fremdenverkehr störe". Am 20. Mai wurde die „Vaterländische Front" als künftige Staatspartei gegründet. Am 26. Mai wurden die Kommunistische Partei und am 19. Juni die NSDAP (Nationalsozialistische Deutsche Arbeiterpartei) verboten. Letztere als Reaktion auf Hitlers „Tausendmarksperre" für deutsche Touristen, die den österreichischen Fremdenverkehr schädigen sollte. Am 21. September veranstaltete die Vaterländische Front ihre erste Großkundgebung am Trabrennplatz, wobei Dollfuß „den sozialen, christlichen deutschen Staat Österreich auf ständischer Grundlage unter starker autoritärer Führung" ankündigte. Zwei Tage später führte die Regierung, offenbar inspiriert von Hitlers ersten Konzentrationslagern, Anhaltelager für politische Gegner ein, zunächst hauptsächlich für Nationalsozialisten. Am 21. Oktober warf der Kanzler den Landbund aus der Regierung. Auf dem letzten sozialdemokratischen Parteitag (14. bis 18. Oktober) wurde der Wunsch eines Anschlußes an Deutschland aus dem Parteiprogramm gestrichen.

Und wie stehen unsere Freunde zu dem allen? Ist es bei dem Haß, der die politischen Lager trennt, überhaupt möglich, sie an einen Tisch zu bringen? Bei einer Gegnerschaft, die Familien spaltet, Freundschaften zerstört? Es ist natürlich jetzt nicht mehr denkbar, daß man in Raunzingers Lokal im Gemeindebau, in Keppels Kaffeehaus oder in Motschgers Wohnung zusammenkommt. Aber auf sozusagen neutralen Boden müßte es gehen. Vor allem, wenn die Frauen die Sache in die Hand nehmen. Vier von den Streithanseln haben ja in diesem Herbst 1933 den Vierziger: Leopold, Franz, Hermann, und auch der treue Beamte Friedrich. Der Großvater ist 70, Onkel Gustl, als seltene Mischung von Kaffeehausliterat und Volkssänger eine schillernde Figur, ist 35. Aber wo ist ein neutraler Ort? Das ist in Wien keine Frage: natürlich beim Heurigen. Die drei Damen, Gertrude Raunzinger, Christine Keppl und Luise Motschger, nehmen die Sache in die Hand, ohne natürlich ihre Göttergatten vorher zu kontaktieren. Augustin hat einen Tisch reservieren lassen, denn für ein Remasuri, also ein Buschkawü mit offenem Ausgang, ist der immer zu haben.

Die Stimmung ist natürlich einigermaßen frostig (heute würde man auch frustig sagen), als die „Freunde" einander so unerwartet gegenübersitzen. Gustl (so ist es ausgemacht), beginnt mit einem heiteren Gratulationsgedicht, man ist genötigt, einander zuzuprosten. Dann stimmt er das Lied „Heut kommen d' Engerln auf Urlaub nach Wean" an. „Und das trotz der Tausendmarksperre", lacht Keppl. Aber noch bevor Motschger antworten oder der Alte in seiner bekannt taktlosen Art Porzellan zerbrechen kann, ergreift Frau Gertrud das Wort: „Paßts amal auf. Wir sind heut da, damit ma uns unterhalten, damit ma feiern und damit ma unsere Sorgen für a paar Stund vergessen. Es hat jeder sei Meinung, kaner kann den andern überzeugen, also laß mas. Heute keine Politik, ja? Ein Prost auf die Geburtstagskinder!" Die Damen, der Onkel Fritz und die Kracherl trinkenden Kinder, alle so zwischen 13 und 15 Jahre alt, applaudieren. „Das war die beste Rede, die ich in den letzten Jahren gehört habe", ruft Onkel Gustl. „Gratuliere, schöne Schwägerin!" Er umarmt und küßt die Rednerin und, „damit sich niemand benachteiligt fühlt", auch die beiden anderen Damen.

In der Pause, die sich dadurch zwangsläufig ergibt, ergreift jetzt leider doch der Großvater das Wort. „I möcht wissen, was es da zu feiern gibt, wann wer mit 40 Jahr noch net gscheiter is. Zu meiner Zeit war ma in dem Alter längst erwachsen, aber ihr seids ja wia die Gassenbuam, was raafen und net wissen, wegen was. I trink drauf, daß si euchere Gschrappen an euch ka Beispü nehmen und amal gscheiter werden wia ihr. Dös is ja eh net zuvül verlangt. Wia i jung war, war 's vül gmüatlicher. Da hat no der Lueger mit'n Schuhmeier Billard gspült. Aber euer Generation kamma vergessen. Ihr seids net reif für a Demokratie. Prost!" – „Eine etwas eigenartige Gratulation", lacht Motschger, „aber Sie waren ja selber ein Roter, Opa Raunzinger." – „Das bin i auch heut!" stellt der Alte klar, „und i bin stolz aufs Rote Wien. Auch der Klassenkampf is notwendig, den hat 's allerweil geben. Aber den muaß ma ja net mit Waffen austragen. Mir brauchen kane Wehrverbände." Jetzt greift Frau Motschger ein. „Hörts doch endlich auf zum Politisieren!" – „Na guat, aber über irgendwas müaß ma ja reden", meint Keppl. „Über Fuaßball", rät seine Frau. „Ui jegerl", brummt jetzt Leopold, „da fangt der Keppl-Franz glei wieder mit seine Violetten an, nur weil s' den Mitropacup gewonnen ham." – „Laßts doch die bleden Vereine", rät Augustin, „mir spielen ja heuer noch gegen Schottland in Glasgow. Werden mir 's derpacken?" Motschger überlegt. „Ein 5:0 Sieg wie auf der Hohen Warte wird 's bestimmt nicht, es fragt sich, ob die Schotten auf der Insel überhaupt zu schlagen sind." Franz Keppl ist optimistischer. „Mir ham grad erst in Prag gegen die Böhm unentschieden gspielt. Wenn mir alle fest die Daumen drücken, geht 's schon." – „Mach ma", erklären alle übereinstimmend.

„Na alsdern", lobt Christine Keppl, „da seids alle Österreicher, da legts auf einmal die Vereinsbrille ab. Könnts es net mit der Parteibrille auch machen? Seids doch amal Patrioten!" Das hätte sie jetzt nicht sagen sollen. „Ich war immer Patriot", braust Hermann auf. „Aber mein Vaterland ist das ganze Deutschland. Leider haben jetzt auch die Sozis dem Anschlußgedanken abgeschworen und unser Volkstum verraten!" – „Die Roten waren noch nie Patrioten", stellt Keppl geringschätzig fest „die einzigen Patrioten sind in der Vaterländischen Front." – „Und wir san die einzigen Demokraten", kontert Leopold. „Kennts schon den neuesten Witz?" lenkt Onkel Gustl ab. „Auf der Hietzinger Brucken is a Auflauf. Kummt aner dazua und fragt, was los is. Sagt aner, lieber Herr, der Letzte, der 's no gwußt hat, is vor aner Viertelstund gangen." Jetzt weiß plötzlich jeder einen Witz, es wird noch eine Runde bestellt und der Abend scheint gerettet, als plötzlich ein Heimwehrler mit einem Hahnenschwanz vorbeigeht.

„Jöh, der is aber fesch", sagt die kleine Mitzi Raunzinger. „Bist deppert?" empört sich ihr größerer Bruder. „Die Hahnenschwanzler werden immer frecher, und unser Parteivorstand macht in die Hosen." Sein Vater weist ihn zurecht. „Das verstehst net, Bertl. Zuerst müssen alle Möglichkeiten ausgeschöpft werden. Der Miklas braucht nur das Parlament einberufen." – Da erhält Robert von unerwarteter Seite Unterstützung. „Der Bub hat recht. Gegen eine Regierung, die illegal im Amt ist und die Rechte des Volkes mit Füßen tritt, ist Widerstand legitim“, sagt Motschger.

Das ist der Moment, wo der treue Beamte Friedrich im Namen der Obrigkeit einschreiten muß. „Die Regierung ist legitim im Amt und muß für Ordnung sorgen, nachdem der Nationalrat sich selbst ausgeschaltet hat. Hermann, deine Kameraden stellen sich gegen Recht und Ordnung. Attentat auf den Heimwehrführer Steidle, Bombenanschläge auf die Straßenbahn in Wien, die Eisenbahn in Mürzzuschlag, die Arlbergbahn. Und“ – er wendet sich drohend an Leopold – „die Warnung gilt auch für euch! Und jetzt Schluß der Debatte. Die Versammlung ist aufgelöst!“ – „Jetzt is er komplett übergschnappt, der Kieberer!“ stellt der Großvater lakonisch fest. „Fritz, du löst gar nix auf, du bist in Zivil“, sagt Gertrud Raunzinger scharf. „Aber ihr Männer haltets es halt net aus im Frieden. Is amal a paar Jahr ka Kriag, machts an Bürgerkriag und hauts euch die Schädel ein. Und jetzt Schluß! Der Hamweg von Petersdorf is weit, und die Kinder müssen ins Bett.“ Auf dem Weg zum 360er würdigt keiner mehr den andern eines Blickes. Die Frauen geben einander traurig die Hand, die Männer gehen grußlos auseinander.

Diesmal sollten 13 schwere Jahre vergehen, bis die ganze Runde wieder zusammenkam.

Aber das Jahr 1933 war noch nicht zu Ende, es begab sich auch sonst einiges. Schon am 28. Mai wurde der Großsender auf dem Bisamberg in Betrieb genommen. Am 3. November wurde die Kleinkunstbühne „Literatur am Naschmarkt“ eröffnet, und zwar im Café Dobner auf der Linken Wienzeile. Das literarisch-politische Kabarett erlebte überhaupt damals in Wien seine Höhepunkte, wobei Rudolf Weys das literarische „Mittelstück“ erfand. Hans Weigel, Jura Soyfer, Peter Hammerschlag waren die bekanntesten Autoren, und angeblich – natürlich unter einem Pseudonym – Augustin Raunzinger, wer sonst? Am 10. November führte die Regierung Dollfuß die Todesstrafe wieder ein. Am 10. Dezember erhielt der Physiker Erwin Schrödinger den Nobelpreis. Und Ende des Jahres gab es in Österreich eine Höchstzahl an Arbeitslosen von denen 316.000 unterstützt wurden.

Das Jahr 1934 sollte ein blutiges für Österreich werden. Wobei sich auch innenpolitisch das bekannte Clausewitz-Wort bewahrheitete: „Der Krieg ist die Fortsetzung der Politik mit anderen Mitteln." Es begann schon im Jänner mit 140 Sprengstoffanschlägen der illegalen Nazi in ganz Österreich. Gleichzeitig wurde auch die „Konkurrenz", die faschistischen Heimwehren, wieder aktiv. Am 4. Februar erzwangen sie in Tirol die Einsetzung einer autoritären Landesregierung. Einmal noch mahnte der christliche Demokrat Kunschak im Wiener Gemeinderat eindringlich vor dem Bürgerkrieg. Am 11. Februar erklärte der Heimwehrführer und Vizekanzler Emil Fey in Groß-Enzersdorf: „Wir werden morgen an die Arbeit gehen und wir werden ganze Arbeit leisten." Ziel war es, den Schutzbund zum Widerstand zu provozieren. Aber der Schutzbund war total unvorbereitet und durch das ständige Zurückweichen der Parteiführung demoralisiert. Es gab auch keinen Plan für den unvermeidlichen Bürgerkrieg, kein Konzept für ein koordiniertes militärisches Vorgehen. Längst schon bestand ein Konflikt zwischen General Theodor Körner, dem erfahrenen ehemaligen kaiserlichen Offizier, und Julius Deutsch, der eine Vorliebe für Exerzieren, Paraden und militärische Übungen hatte. Körner empfahl den Widerstand durch Sabotageakte, da er wußte, daß der Schutzbund gegen Bundesheer, Exekutive und paramilitärische Verbände chancenlos war. Als sozialdemokratischer Vorsitzender des Bundesrates sprach er bei Bundespräsident Miklas vor und bat ihn, seine Autorität zur Vermeidung des Bürgerkriegs einzusetzen. Vergeblich! So nahm das Schicksal seinen Lauf.

Der von den Austrofaschisten erhoffte und provozierte Anlaß war zum gewünschten Zeitpunkt da. Als die Polizei in Linz das Hotel Schiff, wo die Sozialdemokraten ihr Sekretariat hatten, nach Waffen durchsuchen wollte, gab der oberösterreichische Schutzbundkommandant Richard Bernaschek den Befehl zum Widerstand. Die Regierung wußte aus abgefangenen Telegrammen, daß Bernaschek längst des ewigen Zurückweichens überdrüssig war. Als sich die Nachricht von den Schüssen in Linz verbreitete, begannen in vielen Teilen Österreichs die Kampfhandlungen. Vorübergehend traten Teile der Arbeiterschaft in den Streik. Der Schutzbund verhielt sich sofort defensiv, verbarrikadierte sich in Gemeindebauten und Arbeiterheimen, statt konzentrisch gegen das Regierungsviertel in der Inneren Stadt vorzugehen. Nur in der Obersteiermark konnte sich der Schutzbund vorübergehend in den Besitz einiger Industrieorte setzen. Die schwersten Kämpfe gab es um den Karl-Marx-Hof, wo sogar Artillerie eingesetzt wurde, um den Goethe-Hof, das Ottakringer Arbeiterheim und in Margareten. Am 15. Februar gingen die letzten Gefechte in dem für den Schutzbund von vornherein aussichtslosen Kampf zu Ende. Nach offiziellen Angaben forderte der Bürgerkrieg 314 Tote, darunter 196 Schutzbündler, und mehr als 800 Verwundete. Die geschätzten Zahlen liegen weit höher. 9 Schutzbundführer, darunter Georg Weissel, Karl Münichreiter und der Abgeordnete Koloman Wallisch, wurden durch Standgerichte zum Tod verurteilt, Münichreiter sogar schwer verwundet zum Galgen geschleppt. Justizminister Dr. Kurt Schuschnigg unterschrieb die Urteile, Bundespräsident Miklas bestätigte sie nach Rücksprache mit Kardinal Innitzer. Tausende soziademokratische Funktionäre, darunter alle Abgeordneten, wurden verhaftet, ihre Mandate annulliert, die Partei verboten. Sozialdemokraten, Nationalsozialisten, Kommunisten waren jetzt illegal, später wurde auch der Landbund verboten, einzig legale Organisation war die „Vaterländische Front“, zu der sich Christlichsoziale und Heimwehren vereinigt hatten. Karl Seitz wurde aus seinem Büro im Rathaus gezerrt, das er als freigewählter Bürgermeister nicht verlassen wollte. Nur Otto Bauer und Julius Deutsch konnten in die Tschechoslowakei und damit in Sicherheit gebracht werden.

Dollfuß ernannte den 49jährigen Richard Schmitz zum „Bundeskommissar für Wien“, denn Leopold Kunschak, als Sprecher der christlichsozialen Gemeinderatsfraktion eigentlich logischer Kandidat, war stets ein aufrechter Demokrat und blieb es auch. Die Verfassung des Landes Wien wurde aufgehoben, an Stelle des gewählten Wiener Gemeinderates trat die ernannte „Wiener Bürgerschaft“. Ebenso ernannt wurden auch die Funktionäre der am 2. März geschaffenen Einheitsgewerkschaft. Am 30. April wurde vom Rumpfparlament die Verfassung des „Ständestaates“ mit 74 gegen 2 Stimmen beschlossen. Bestandteil der Verfassung war das im Vorjahr geschlossene Konkordat, das der katholischen Kirche bestimmenden Einfluß auf Schulwesen und Eherecht zubilligte. War der „Innere Friede“ damit gesichert? Nein, neue Kämpfe standen dem Land bevor. Im Mai und Juni starteten die Nazi eine neue Terrorwelle. Am 24. Juli wurde ein junger Floridsdorfer Sozialist namens Josef Gerl wegen eines Bombenanschlags zum Tod verurteilt. „Ein Glück, daß es kein Nazi war“, meinte Dollfuß, der noch immer auf irgendeinen Ausgleich mit Hitler hoffte. Doch für den nächsten Tag planten die Braunen einen Staatsstreich. Sie hatten aus den Fehlern des Schutzbunds gelernt und nahmen im Handstreich das Bundeskanzleramt und das Sendegebäude der RAVAG. 150 Nazi waren an dem Putsch beteiligt. Im Rundfunk wurde bekanntgegeben, der frühere steirische Landeshauptmann Anton Rintelen habe die Regierung übernommen. Emil Fey soll von den Putschplänen gewußt haben. Dollfuß war gewarnt worden, nahm die Warnung aber nicht ernst. So konnten die Putschisten, die sich in einer Turnhalle in der Siebensterngasse versammelt hatten, in Bundesheeruniformen das Kanzleramt besetzen. Dollfuß wurde angeschossen und tödlich verwundet. Die Nazi verweigerten dem Sterbenden geistlichen Beistand. Seine letzten Worte waren: „Ich wollte ja nur den Frieden.“ Inzwischen hatte die Polizei das Rundfunkgebäude gestürmt und das Kanzleramt umstellt. Den Putschisten wurde freier Abzug versprochen. Als sich jedoch der Tod des Dr. Dollfuß herausstellte, wurden ihre Führer zum Tod verurteilt und am 31. Juli hingerichtet. Auch in Kärnten und Oberösterreich wurden Nazi-Aufstände niedergeschlagen. Am 30. Juli hatte Dr. Kurt Schuschnigg eine neue Regierung gebildet.

Aber wie ist es unseren Freunden in diesem schicksalsschweren Jahr ergangen? Leopold Raunzinger wird schon vor Ausbruch der Februarkämpfe durch den Verrat des Fünfhauser Schutzbundführers Korbel verhaftet. Franz Keppl wird zum Mitglied der Bürgerschaft und des Bundeswirtschaftsrats ernannt. Hermann Motschger wird nach dem gescheiterten Naziputsch ins Anhaltelager Wöllersdorf gebracht und trifft dort zu seinem Erstaunen seinen befreundeten Gegner Leopold Raunzinger. Im September intervenieren Gertrud Raunzinger und Luise Motschger bei Keppl für ihre Männer. Franz liest ihnen zuerst die Leviten und meint, ihre Männer hätten sich das selbst zuzuschreiben, da sie „Ruhe und Ordnung gestört“ hätten. Auf Fürsprache von Frau Christine setzt er sich dann doch erfolgreich für die beiden ein. Sie sollten aber versprechen, sich nicht mehr politisch zu betätigen. Raunzingers hatten zwar das Gasthaus im Gemeindebau verloren, die Wohnung aber behalten. Leopold ist längere Zeit arbeitslos und findet schließlich eine Stellung als Buchhalter in einem Kaufhaus. Augustin tritt als Volkssänger auf, schreibt Beiträge für Kabaretts, erzählt Witze über Schuschnigg und ist selten nüchtern. Der Großvater hatte sowieso schon „alles längst kommen gesehen“, aber natürlich habe niemand auf ihn gehört. Hermann Motschger verkauft „wegen klerikaler Zensur" seine Buchhandlung. Daß seine Parteifreunde in Deutschland Bücher mißliebiger Autoren verbrannten, tut er als „Propaganda" und „Hetze" ab. Schließlich geht er selbst nach Deutschland zur „Österreichischen Legion". Und der treue Beamte Friedrich tut – wie immer – seine Pflicht.

Was begab sich noch im Schicksalsjahr 1934? In Stockholm wurde Karl Schäfer zum 5. Mal Europameister im Eiskunstlauf. Bei der Fußballweltmeisterschaft in Italien wurde Österreich Vierter. Nach Siegen gegen Frankreich und Ungarn verlor man 0:1, gegen Italien durch ein irreguläres Tor. Giuseppe Meazza hatte Tormann Peter Platzer (Admira) mitsamt dem Ball ins Tor gerempelt. Aber die Mannschaft des „Duce" mußte natürlich Weltmeister werden. – Gestorben sind der Schriftsteller Hermann Bahr, die Schauspielerin Hansi Niese und ihr Kollege Max Pallenberg sowie der Erfinder Viktor Kaplan.

Etwas ruhiger wurden die nächsten drei Jahre, aber es war die Ruhe vor dem Sturm oder, besser gesagt, zwischen zwei Stürmen. Leider nicht aus meteorologischer Sicht, so gab es auch keine Sturmwarnung von der Hohen Warte. Es war sozusagen ein politisches Sauwetter. Am 26. Jänner 1935 fand in Wien der erste Opernball statt. 4000 Gäste aus aller Welt und die gesamte Regierung nahmen daran teil. Am 21. Mai erklärte Adolf Hitler: „Deutschland hat weder die Absicht, noch den Willen, sich in innerösterreichische Angelegenheiten einzumischen, Österreich etwa zu annektieren oder anzuschließen." Das hatte gute Gründe. Der „Duce" hatte sehr deutlich klargemacht, daß er Österreich als italienisches Einflußgebiet betrachte und nach dem Putschversuch der Nazi Truppen an der österreichischen Grenze aufmarschieren lassen. Der Austrofaschismus war freilich auch „gemildert durch Schlamperei". Drei Beispiele: Gleich nach dem Februarputsch klebt an der Tür des Simmeringer Arbeiterheims die Mitteilung einer Sektion: „Wegen Beschlagnahme unseres Sektionslokals findet die Ausschuß-Sitzung in der Wohnung des Genossen Swoboda statt.“ Die illegalen Gruppen der „Revolutionären Sozialisten“ halten regelmäßig Sitzungen an unverdächtigen Orten ab, so auch im Extrastüberl eines vornehmen Ringstraßenkaffeehauses. Ein Genosse kommt zu spät. Der Herr Ober hüstelt diskret: „Die Herrn von der Partei sind vor zehn Minuten gegangen.“ Bundeskanzler Schuschnigg besucht eine Gemeinde in der Obersteiermark. „Wie ist die Stimmung?“ fragt er den Bürgermeister. „Die Hälfte unserer Gemeinde sind Rote.“ Der Kanzler nickt. „Und die andere Hälfte?“ „Na ja, das sind Nazi.“ – „So? Und wer ist in der Vaterländischen Front?“ braust der Kanzler auf. Der Bürgermeister stolz: „In der Vaterländischen Front sind alle.“ Am 9. Oktober wurde die 9 Kilometer lange Wiener Höhenstraße eröffnet. – Gestorben sind 1935 der Bassist Richard Mayr und der Komponist Alban Berg.

Bei den Olympischen Winterspielen in Garmisch-Patenkirchen im Februar 1936 errangen besonders Wiens Eiskunstläuferinnen und Eiskunstläufer wie Karl Schäfer und die Geschwister Ilse und Erwin Pausin große Erfolge. Wien galt überhaupt damals als die Welthauptstadt des Eiskunstlaufs. Auch Mitzi Raunzinger war eine begeisterte Eisläuferin, während ihr Bruder Robert bei Red Star in der Reserve Fußball spielte, natürlich Linksaußen. Am 25. März brach die Lebensversicherungsgesellschaft „Phönix“ mit einem Abgang von 260 Millionen Schilling zusammen. Man hatte sich verspekuliert. Am 1. April wurde die allgemeine Wehrpflicht eingeführt. Am 6. Mai gelang Österreich im Praterstadion ein sensationeller 2:1-Sieg gegen England, der erste eines kontinentalen Teams. Da 7 Austrianer im Team waren, protzt Keppl vor seinen Gästen: „Was sagen S' zur Austria? Schlagt England, no dazua mit vier Ersatzleut!“ Am 22. Juni wurde in der Universität der Professor Moritz Schlick von einem

Psychopathen erschossen. Inzwischen hatte sich die internationale Lage geändert. Das faschistische Italien hatte Abessinien überfallen und wurde international geächtet. Österreich schloß sich den Sanktionen des Völkerbunds nicht an und war nun auch international isoliert. Mussolini sah sich jetzt auf Hitlers Hilfe angewiesen. Schuschnigg erkannte die geänderte Situation und schloß am 11. Juli ein Abkommen mit Deutschland, in dem zwar die Souveränität Österreichs anerkannt, den Nazis aber ein begrenzter Einfluß zuerkannt wurde. Vizekanzler und Heimwehrführer Starhemberg setzte weiter auf den „Duce“ und sandte ihm ein Ergebenheitstelegramm, worauf er entlassen wurde. Augustin Raunzinger kümmerte dies alles nicht. Er lebte im Siebenten Himmel, verlobt mit einer jüdischen Lehrerin namens Thea Blum, deren Eltern eine Feinkosthandlung in Gumpendorf hatten. In einer Laientheatergruppe hatte er Thea kennengelernt, die von der Familie Raunzinger liebevoll aufgenommen wurde, und sogar der Großvater meinte: „Endlich kummt a gscheite Person in die Familie, und ausgerechnet durch den Kasperl.“ Am 12. Juli starb Karl Kraus, der Herausgeber der „Fackel“. Der unermüdliche Kämpfer für die Freiheit und Gerechtigkeit und unabhängige Linke hatte sich zuletzt, die Gefahr des Nazismus klar erkennend und in dem Buch „Vor der Walpurgisnacht“ anprangernd, auf die Seite von Dollfuß und Schuschnigg gestellt, die er offenbar als das kleinere Übel betrachtete.

Und wieder einmal brachen die letzten Monate vor einer sogenannten „großen Zeit“ an, wie sie über die Menschen immer wieder hereinbrechen, obwohl ihnen ein kleines Glück samt den üblichen kleinen Sorgen und Enttäuschungen lieber wäre! Kann man uns nicht in Ruhe lassen? Was will man denn schon Großes in den paar Jahren, die uns gegönnt sind? Ein bisserl Liebe und Liebelei, einen Arbeitsplatz, eine kleine Wohnung, ein Fahrrad, am Abend ein Kinobesuch oder eine Kartenpartie, den Sparverein,

Gesangsverein oder Kegelklub, am Sonntag einen Ausflug mit Jausenpackerl, ein Besuch im Gänsehäufel oder am Fußballplatz, den Fortsetzungsroman in der Zeitung oder den Dreigroschen-Roman. Freilich, viele sind auch arbeitslos, doch auch sie kommen grad noch durch. Die Großfamilie hält noch irgendwie zusammen: der Pepi-Onkel und die Anna-Tant und die Verwandten aufm Land. Und die Hoffnung auf einen Lotteriegewinn. So kann 's bleiben, aber, wie der Großvater sagt: „Wer fragt uns denn?"

Das Abkommen mit Deutschland vom Juli des Vorjahrs zeigte Wirkung. Am 17. Juli 1937 wurde im Rahmen der „Vaterländischen Front" ein „Volkspolitisches Referat" eingerichtet, um auch deutschnationale Kreise zur Mitarbeit zu gewinnen. Der Nationalsozialist Dr. Arthur Seyß-Inquart wurde „Staatsrat für Befriedung". Dagegen wurde der Vizebürgermeister Dr. Ernst Karl Winter, der sich um eine Versöhnung des Regimes mit der Arbeiterschaft bemüht hatte, schon 1936 entlassen. Im August 1937 kam es in Wiener Metallfabriken zu Streiks wegen Lohnforderungen. Am 17. September vernichtete ein Großbrand die Rotunde im Prater. Am 16. Oktober wurde die vollständig erneuerte Reichsbrücke dem Verkehr übergeben. Im Dezember gab es in Österreich 246.000 unterstützte Arbeitslose, immerhin 17 Prozent weniger als zwei Jahre früher. Die Wiener lachten über die Doppelconferencen von Karl Farkas und Fritz Grünbaum im Kabarett „Simpl" und in Radio Wien und sangen die Lieder von Hermann Leopoldi, wie „In einem kleinen Café in Hernals", „Schön ist so ein Ringelspiel" oder „Wie wär 's mit einer schönen kleinen Überlandpartie?" Anfang des Jahres ist der 20jährige Robert Raunzinger aus der elterlichen Wohnung verschwunden. Aus einem Brief geht hervor, daß er sich zu den Internationalen Brigaden im spanischen Bürgerkrieg durchschlagen wolle, um gegen die Faschisten zu kämpfen. Mutter Gertrud und Schwester Mitzi weinen sehr viel, Vater Leopold, der einer Gruppe Revolutionärer Sozialisten angehört, ist auch besorgt, aber heimlich auch stolz, und der Großvater meint: „Vü zu spät. Schon vor zehn Jahren hätt ma mit dem Faschistengsindel aufräumen müssen."

Onkel Gustl und seine Thea weilen noch immer im Siebenten Himmel. Hermann Motschgers Sohn Gernot – die Familie lebt ja jetzt in Deutschland – kämpft auch in Spanien, aber auf der anderen Seite, bei der Legion Condor. Nach der Aufnahme Seyß-Inquarts in den Staatsrat drängt Gustl seine Thea, mit ihm nach Amerika auszuwandern. „Der Hitler ist nimmer aufzuhalten. Immer mehr hoffen auf ihn. Und du bist da net sicher. Ich geh als Klavierlehrer, du wirst Dolmetscherin. Wir schlagen uns schon durch, wirst sehen. Und dann laß ma deine Eltern nachkommen." Thea schüttelt den Kopf: „Geh Gustl, du haltst es ja nicht aus, fern von Wien. Und außerdem, wer soll uns was tun? Mein Vater hat eine hohe Kriegsauszeichnung, der Onkel ist bei Lemberg gefallen, und ich bin katholisch getauft." Schließlich gehen sie im Streit auseinander. Augustin, der anderthalb Jahre „trocken" gewesen war, beginnt wieder zu trinken und geht keiner geregelten Tätigkeit nach.

Am 12. Februar 1938, vier Jahre nach dem Bürgerkrieg zwischen Austrofaschisten und Austromarxisten, hatte Hitler Schuschnigg auf den Obersalzberg zitiert, dort angebrüllt und unter Druck gesetzt. Er wurde auch gezwungen, Seyß-Inquart zum Innenminister zu ernennen. Doch seine Nachgiebigkeit nützte nichts. Am 1. März begannen Nazi-Unruhen und Kundgebungen im gesamten Bundesgebiet. Am 3. März sprang Schuschnigg über seinen Schatten und empfing eine Abordnung illegaler Sozialisten und Gewerkschafter, die gegen gewisse Zugeständnisse (z. B. freie Wahlen in den Gewerkschaften) die Unterstützung durch die Arbeiterschaft zusagte. Aber der Kanzler hatte Angst, Hitler zu provozieren. Am 9. März wagte er dennoch die Flucht nach vorne und setzte für den

13. März eine Volksabstimmung „für ein freies, deutsches, unabhängiges und soziales, für ein christliches und einiges Österreich“ an. Eine legal abgehaltene Delegiertenkonferenz sozialistischer und kommunistischer Gewerkschafter im Floridsdorfer Arbeiterheim beschloß mit nur 3 Gegenstimmen, Schuschnigg zu unterstützen. Hitler sah sich überrumpelt und fürchtete, die Abstimmung zu verlieren. Am 11. März stellte er ein Ultimatum, die Volksabstimmung abzusagen, sonst würden deutsche Truppen in Österreich einmarschieren. Schuschnigg kapitulierte. Jetzt verlangten aber Hitler und Göring auch seinen Rücktritt und die Ernennung Seyß-Inquarts zum Kanzler. Schuschnigg verabschiedete sich im Rundfunk am 11. März um 19.50 Uhr mit den Worten: „Gott schütze Österreich.“ Aber das hätte schon die Politik machen müssen: Rom, London, Paris, Schuschnigg selbst. Gott war zweifellos nicht zuständig, man hatte ihn ja vorher auch nicht gefragt. Die Deutschen Truppen marschierten ein, Hitler war schon in Linz, die Chefs der Gestapo (Geheime Staatspolizei) Himmler und Heydrich in Wien, die ersten Verhaftungen erfolgten. Bundespräsident Miklas wehrte sich lange gegen die Ernennung Seyß-Inquarts. Am 13. März trat er zurück, da er das Gesetz über den Anschluß Österreichs an das Deutsche Reich nicht unterzeichnen wollte. Seyß-Inquart war nun Bundespräsident, Bundeskanzler und – machtlos. Seine Hoffnung, Regierungschef eines Satellitenstaates zu werden, erfüllte sich nicht. Am 15. März verkündete Hitler in einer Großkundgebung auf dem Heldenplatz einer johlenden Menge und der Geschichte, die freilich nicht mitjohlte, „den Eintritt meiner Heimat in das Deutsche Reich“. Seyß-Inquart war nur noch „Reichsstatthalter des Landes Österreich“. Nur Chile, Mexiko, Spanien und die Sowjetunion protestierten gegen die Annektion.

Am 12. März wurden bereits Bürgermeister Richard Schmitz und zahlreiche Funktionäre der Vaterländischen

Front verhaftet. Am 13. März wurde der 55jährige Hermann Neubacher zum Bürgermeister Wiens bestellt. Er war unter den Sozialdemokraten zum Generaldirektor der Wohnbaugesellschaft GESIBA aufgestiegen, aber längst heimlich NSDAP-Mitglied. Er war allerdings nicht Bürgermeister einer Hauptstadt, sondern nur einer Provinzstadt des Deutschen Reiches. Sofort begannen auch Übergriffe des braunen Pöbels gegen die Juden. Eine Welle von Selbstmorden setzte ein: Bundesheergeneral Wilhelm Zehner, der Kulturhistoriker Egon Friedell, die Heimwehrführer Fey und Neustädter-Stürmer Theaterdirektor Rudolf Beer. Am 18. März beschloß die katholische Bischofskonferenz einen Hirtenbrief mit der Empfehlung, am 10. April für den Anschluß an Deutschland zu stimmen. Am 26. März erklärte Hermann Göring, Wien müsse binnen vier Jahren „judenrein" sein. Und in ganz Wien ertönte hysterisches Massengebrüll: „Ein Volk, ein Reich, ein Führer!"

Wie aber ist es unseren Freunden in diesen turbulenten Tagen ergangen? Hermann Motschger zieht am 31. März als Angehöriger der „Österreichischen Legion" in Wien ein. In der Folge wird er hoher Beamter im Rathaus, SA-Führer und Gauredner. Etwas enttäuscht ist er freilich, wie viele seiner Kameraden, daß die Führungspositionen von Parteigenossen aus dem „Altreich" besetzt werden. Er „arisiert" eine Judenwohnung in der Taborstraße. Schlechter ergeht es Franz Keppl. Am 1. April kommt er mit dem ersten Transport ins Konzentrationslager Dachau. Seine Kellnerin Babsi Nowotny, der er blind vertraut hatte, stellt sich als illegale „Nazisse" heraus und übernimmt die kommissarische Verwaltung (und die Kassa) des Kaffeehauses. Der brave Beamte Friedrich, der noch am 10. März an der Auflösung einer Nazidemonstration beteiligt war, tritt am 14. März der NSDAP bei und bleibt ein treuer Diener des Staates. Allerdings wird er zur Verkehrspolizei versetzt und macht Dienst auf der Opernkreuzung.

Leopold Raunzinger ist zunächst noch der „Aufmerksamkeit" der Gestapo entgangen. Am 9. April sitzt die Familie beisammen und überlegt, wie man am nächsten Tag abstimmen soll. Der Großvater meint zwar, „es is eh wurscht, das Ergebnis wird sowieso gefälscht, und in zwa Jahr hamma einen Kriag, weil länger als zwanzig Jahr halten die Menschen den Frieden net aus". Die drei anwesenden Familienmitglieder beschließen, mit „nein" zu stimmen. Mitzi Raunzinger ist zwar anderer Meinung, aber da sie erst 18 und nicht wahlberechtigt ist, beteiligt sie sich nicht am Gespräch. Der Grund für ihre abweichende Meinung ist 1,90 Meter groß, blond, aus Königsberg und heißt Oberleutnant Uwe Klopp.

Indessen wird an der Tür geklopft, und auf das „Herein" betritt mit Hakenkreuzarmbinde – Augustin Raunzinger die Wohnung „Heil Hitler, meine Lieben!" – „Bist deppert worden?" fragt ihn sein Bruder empört. „Was heißt worden, der war scho immer deppert", korrigiert ihn der Großvater. Frau Gertrud beschwichtigt: „Ihr wißt 's doch, der Gustl is ein Spaßvogel, aber das geht a bissel zu weit. Gib des Zeug weg." – „Nein, es ist mir verdammt ernst, schöne Schwägerin", erklärt Augustin. „Es war mir klar, daß nur eine starke, entschlossene Bewegung mit den klerikalen Arbeitermördern abrechnen kann. Daher bin ich schon seit Jahren illegaler Nationalsozialist. Der Wirt von meinem Stammlokal hat es mir bestätigt. Und Montag trete ich einen Posten im Stadtschulrat an." – „Du manst, dei Saufkumpan hat 's bestätigt", knurrt der Großvater, „aber heut waren ja auf amal alle illegal." Und Leopold schreit: „A Arbeiterverräter is er!" Augustin erwidert würdevoll: „Ich bin weder Arbeiter noch Verräter, sondern ein deutscher Kunstschaffender. Außerdem waren wir doch schon 1918 für den Anschluß, und der Doktor Renner hat auch erklärt, daß er für den Anschluß stimmen wird." Das ist jetzt auch der sanftmütigen Frau Gertrud zuviel. „Vielleicht ham s' ihn zwungen. Aber du kannst di schamen! Bis vor an halben Jahr warst Tag und Nacht mit deiner Thea beinander. Du hast scho zur Familie Blum ghört und sie zu uns. Und jetzt, wo sie di braucht, wo die Juden von die Nazi terrorisiert werden, laßt du sie in Stich? Du bist wirklich das Letzte! I mag di nimmer." Augustin schluckt. „Schau, Trude, bei jedem Umsturz gibt 's am Anfang Übergriffe, aber das legt si. Die Juden werden sich irgendwann entscheiden müssen, ob sie auf ihre Privilegien verzichten und sich in die Volksgemeinschaft einfügen oder auswandern wollen." Seine Schwägerin wendet sich ab. „Das glaubst ja selber net." Mitzi versucht im unpassendsten Moment die Wogen zu glätten: „Onkel Gustl, derzähl an Witz!" Aber ihr Vater öffnet die Tür und sagt zu seinem Bruder: „Schleich di!" Schweigend und traurig befolgt dieser die Aufforderung.

Wir müssen zugeben, daß Augustin Raunzinger in dieser Zeit ein Schandfleck der Familie ist. Aber die Stunde der Bewährung sollte nur allzubald kommen. Wird er sie bestehen? Was die übrigen Raunzingers betrifft, stimmten sie am nächsten Tag mit „Ja"! Denn alle füllten die Stimmzettel vor den Augen der Wahlkommission aus. Niemand wagte es, in die Wahlzelle zu gehen. Es ist halt nicht jeder als Held geboren. Aber dieses Schicksal teilten sie mit Hunderttausenden ihrer Landsleute. Anfang Mai wird auch Leopold verhaftet. Die Gestapo mußte ja nur die Liste der „politisch Unzuverlässigen" aus der Schuschnigg-Zeit durchgehen. Und so wie 1934 im Anhaltelager Wöllersdorf Motschger auf Raunzinger, trifft dieser im Konzentrationslager Dachau auf Keppl. Die „Begrüßung" ist mehr als frostig. Erst durch das gemeinsame Schicksal entsteht allmählich eine Art Kameradschaft.

Am 24. Mai verfügte Hitler die Aufteilung Österreichs in sieben Gaue. Der Name Österreich wurde durch Ostmark ersetzt. Im Sommer starben in Paris der Schriftsteller Ödön von Horvath und der sozialdemokratische Politiker Dr. Otto Bauer. Am 8. August begann man mit der Errichtung des KZ Mauthausen in einem Steinbruch der Gemeinde Wien. Am 5. September wurde die Ausplünderung Österreichs fortgesetzt. Nach dem Betrug beim Währungsumtausch (für 1,50 Schilling mit hoher Golddeckung bekam man nur 1 Reichsmark, die im Verhältnis ziemlich wertlos war) wurden am 5. September die Reichskleinodien und die Kaiserkrone nach Aachen gebracht. Am 29. September wurde in München ein Abkommen unterzeichnet, nach dem mit Zustimmung Italiens, Großbritanniens und Frankreichs die Tschechoslowakei die Sudetengebiete an Deutschland abtreten mußte.

Diesen großen Erfolg nützen Gertrud Raunzinger und Christine Keppl, um den schweren Bittgang zu Hermann Motschger anzutreten, damit er für ihre Männer interveniere. Für Frau Raunzinger ist es schon der zweite derartige Weg. Sie weist darauf hin, daß Leopold und Hermann gemeinsam in Wöllersdorf interniert waren, Frau Keppl erinnert daran, daß ihr Mann sich auch für Motschger eingesetzt hatte und der „Führer" einst Stammgast im Café Keppl gewesen sei. Frau Motschger unterstützt ihre Freundinnen, und tatsächlich kamen die Männer noch vor Weihnachten frei. Leopold konnte sogar seinen früheren Posten wieder antreten, Keppl mußte freilich in seinem eigenen Lokal als Kellner arbeiten. Am 8. Oktober wurde als Reaktion auf eine Kundgebung der katholischen Jugend gegen den Nationalsozialismus das erzbischöfliche Palais von Mitgliedern der Hitler-Jugend verwüstet. Am 15. Oktober trat ein Gebietsänderungsgesetz in Kraft. 97 niederösterreichische Gemeinden wurden an Wien angeschlossen und in die Bezirke Groß-Enzersdorf, Schwechat, Mödling, Liesing und Klosterneuburg aufgegliedert. Wien umfaßte 1215 km^2 mit 2 Millionen Einwohnern.

Unser Augustin ist um diese Zeit ein Zerrissener, wie er sich selbst nach Nestroys Figur des Herrn von Lips nennt. Er ist jetzt fast 40 Jahre alt und hat endlich einen fixen Posten. Durch Vermittlung von Josef Weinheber soll er dann im November einen Posten im neu zu schaffenden Kulturamt unter Vizebürgermeister Hanns Blaschke antreten. Allgemein herrscht eine ungeheure Aufbruchstimmung. Leute, die jahrelang arbeitslos waren, haben wieder Arbeit. Überall ist man voller Hoffnung. Anderseits verschwinden Menschen, die er persönlich gekannt hatte: Hermann Leopoldi, Jura Soyfer. Theodor Kramer soll noch da sein. Gustl hat eine kleine, gemütliche Zimmer-Küche-Wohnung in Hernals. Jetzt könnte er durch Hermann Motschger eine größere Wohnung in der Wiesingerstraße im 1. Bezirk bekommen, die einer jüdischen Familie gehört hatte. Aber er lehnt ab. Denkt er an Thea? Sie hat, wie er von ihrem Cousin, einem Ingenieur Mandelbaum, der sein Schachpartner war, erfahren hatte, sofort ihre Arbeit als Hauptschullehrerin für Deutsch und Englisch verloren und arbeitet jetzt im Feinkostgeschäft der Eltern, die sich, nachdem sie mehrmals angepöbelt wurden, nicht mehr auf die Straße wagen. Doch immer mehr Stammkunden blieben weg. Zuerst die, die auf Pump kauften, natürlich ohne vorher noch ihre Schulden zu bezahlen. Und noch mehr, als man einer Stammkundin eine Tafel umgehängt hatte: „Ich bin ein großes Schwein und kauf' bei Juden ein!"

Augustin trinkt jetzt ziemlich viel. Und sonntags wacht er mit schwerem Schädel auf, denn er muß zum Appell des SA-Sturms. Flagge hissen, abzählen, exerzieren, marschieren, ein Lied, zwo drei, vier: „Wir wollen weitermarschieren, wenn alles in Scherben fällt, denn heute gehört uns Deutschland und morgen die ganze Welt!" Nach dem Appell, wieder im Stammlokal, schreibt Gustl auf die Speisekarte: „Wir leben in einer großen Zeit / 's wär' schöner, die Zeit wäre klein / bin Teil einer Masse, der Weg ist noch weit / und wünsche mir immer, man wäre zu zweit / wird 's jemals wieder so sein?"

Zwischendurch betätigt sich Gustl in Liebesgeschichten und Heiratssachen. Leopold und Gertrud hatten ja den Verkehr mit dem mißratenen Familienmitglied abgebrochen, aber seine „Lieblingsnichte“ (Kunststück, er hat ja nur eine, die Mitzi), braucht ihn, und der gutmütige Onkel hat halt ein Wort nicht in seinem Vokabular, das Wort „Nein“. Mitzi (im Moment wieder einmal Maria) ist nämlich soo in diesen langen Oberleutnant aus Königsberg verliebt, der am Wiener Wehrmeldeamt Dienst tut. Die Eltern aber dürfen davon nichts wissen, besonders der Papa würde nicht zögern, auch seine Tochter, die beim Staatsopernballett ist, hinauszuwerfen. Von Robert kommen noch sporadisch Karten aus Spanien. Da weder Maria noch Uwe Plato gelesen haben, wissen sie auch nicht, was „platonisch“ heißt (und wollen es auch gar nicht wissen). Onkel Gustl (von Uwe fälschlich Justav genannt), stellt ihnen mitunter seine Wohnung zur Verfügung. Endlich aber meint er, es wäre Zeit, „Nägel mit Köpfen“ zu machen um das „schlamperte Verhältnis“ zu beenden. Er kauft heimlich Verlobungsringe und lädt das Pärchen zum Heurigen seines Freundes Franz Schier nach Nußdorf ein. Es gilt ja auch, Augustins neue Stellung im Kulturamt zu feiern. Es war, was er nicht ahnen konnte, der Tag der „Reichskristallnacht.“

Die Stimmung ist gut, der Wein schmeckt, und endlich ist es Zeit, die Ringe herauszuholen. Da sagt eben Uwe Klopp: „Allmählich wird 's Zeit, die schlappen Ostmärker auf Vordermann zu bringen und sie an unser Niveau ranzuführen. Eure ewige Jemütlichkeit muß auch mal ein Ende haben.“ Augustin Raunzinger wird grantig. „Hör zua, Uwe, mir san ka deutsche Kolonie. Wien hat 's scho geben, da san die Preißen noch nackert auf die Bam kraxelt.“ (Historisch ist das natürlich nicht haltbar). Ein Wort ergibt das andere. Die Stimmung wird gereizter. Mitzi-Marias in brenzlichen Situationen übliches „Onkel Gustl, erzähl einen Witz“ verhallt ungehört. In dem Moment kommt ein Gast ins Lokal: „In ganz Wien is der Teufel los. In Gumpendorf brennt der Judentempel!“

Nachdem ein verzweifelter jüdischer Flüchtling namens Herschel Grynszpan in Paris den deutschen Botschaftsrat Ernst vom Rath niedergeschossen hat, organisierte Propagandaminister Goebbels im gesamten Reichsgebiet „spontanen“ Volkszorn.

Uwe Klopp schlägt auf den Tisch. „Zeit, daß mit diesen Saujuden abgerechnet wird. Wien muß endlich judenrein werden!“ Augustin Raunzinger steht auf. „Leck mi am Orsch“, sagt er ruhig. „Mitzi, komm mit. Du paßt net zu dem Piefke.“ Mitzi zögert. „Maria, hier geblieben!“ befiehlt der Oberleutnant. Das gibt den Ausschlag. Onkel und Nichte verlassen das Lokal, steigen in den D-Wagen ein. Am Lichtenwerderplatz nimmt der Onkel ein Taxi, bringt die Nichte nach Hause, fährt weiter in die Gumpendorfer Straße. Zwei SA-Leute zertrümmern eben die Auslagenfenster der Feinkosthandlung Blum. Thea steht weinend beim Haustor.

„Hallo, Wachmann!“ ruft Gustl einem Polizisten zu, der sich abgewendet hat und so tut, als ob er nichts hört. Augustin Raunzinger ist kein Held, aber ein einziges Mal im Leben, vom Alkohol enthemmt, wird er einer. Er stößt den SA-Mann zu Boden, der andere weicht zurück. Im nächsten Augenblick liegen sich Thea und Augustin in den Armen. „Wir heiraten“, ruft er, „und niemand kann dir mehr was tun!“ Thea schluchzt: „Geht ja net Gustl. Die Nürnberger Rassengesetze verbieten es ja!“ Aber Augustin steckt ihr schon den für Mitzi gedachten Ring an den Finger. Ein letzter Kuß – doch jetzt greift die Polizei ein. Augustin Raunzinger wird brutal weggezerrt, zum Auto, das ihn in die Gestapo-Zentrale am Morzinplatz bringen wird. Ein letztes Mal winkt er der Geliebten. Ahnt er, daß er sie nie mehr sehen wird?

Augustins schwere Zeit hat uns jetzt aufgehalten, also rasch wieder zurück in die „Große Zeit“. Die Jahreswende 1938/39 konnten die Menschen noch in Frieden feiern, doch der Wahnsinnige in der Reichskanzlei, durch seine

Erfolge berauscht und durch seine unterwürfigen Speichellecker ermutigt, verlor jedes Augenmaß für das Machbare. Im März annektierte er Böhmen und Mähren. Jetzt erst erkannten die Staatsmänner des Westens, daß sie einem notorischen Lügner und Hasardeur aufgesessen waren, als sie geglaubt hatten, den „Frieden in unserer Zeit" gerettet zu haben, und daß sein ewiges „Das ist meine unwiderruflich letzte territoriale Forderung" nur ein Täuschungsmanöver war. Obwohl er auch gesagt hatte, „wir wollen gar keine Tschechen", hatte er erstmals auch nichtdeutsches Gebiet annektiert. Am 20. April feierte er mit Pomp und Huldigungen den 50. Geburtstag. Nun war sein nächstes Ziel Polen. Zwar gaben die Westmächte jetzt erstmals eine Garantieerklärung für Polen ab, aber Hitler, von seinem einfältigen Außenminister Joachim von Ribbentrop beraten, nahm das nicht ernst. Noch einmal gelang dem Diktator ein großer Coup: mit dem anderen imperialistischen Diktator, Josef Stalin, auch ihn haben wir im Café Keppl kennengelernt, einigte er sich über einen Nichtangriffspakt und die Abgrenzung der Interessenssphären in Europa. Der große Kämpfer gegen den Bolschewismus lieferte der Sowjetunion unter anderem das gesamte Baltikum aus. Der schneidige Luftwaffenoffizier Gernot Motschger, aus Spanien zurückgekehrt, war genauso verstört wie Robert Raunzinger in einem französischen Internierungslager. In Wien aber erzählte man sich den Witz: „Hitler, Mussolini und Stalin sind Fotografen geworden. Hitler vergrößert, Mussolini kopiert und Stalin wartet in der Dunkelkammer die Entwicklung ab."

Am 26. Jänner 1939 starb unter ungeklärten Umständen Matthias „Motzl" Sindelar, der „Papierene", legendärer Mittelstürmer des „Wunderteams" und der Wiener Austria, damals einer der besten Fußballer der Welt. Gasunfall oder Selbstmord? Man wird es nie erfahren. Am 30. Jänner wurde nach dem Kärntner Odilo Globocnik der Pfälzer Josef Bürckel Gauleiter von Wien, von den Wienern „Bierleiter Gaukel" genannt. Der Gauleiter war dem jeweiligen Bürgermeister übergeordnet. Allmählich wandelte sich die Stimmung der Wiener. Als am 15. Februar im Volkstheater Grillparzers „König Ottokars Glück und Ende" aufgeführt wurde, gab es bei der „Rede an Österreich" minutenlangen Applaus. Dabei waren alle Zeitungen im Sinne des Regimes gleichgeschaltet, und die traditionsreiche „Neue Freie Presse", 1848 gegründet, war am 31. Jänner letztmalig erschienen. Im März wurden aus Lebensmittelknappheit mitten im Frieden Fettstoffe rationiert. Am 28. April trat für Österreich das Gesetz über die Einhebung der Kirchenbeiträge in Kraft. Zahlreiche Austritte aus der katholischen Kirche, die bisher vom Staat finanziert wurde, waren die Folge. Bis Anfang Mai waren 100.000 Juden, darunter zahlreiche berühmte Künstler und Wissenschafter, wie der weltbekannte Psychiater Sigmund Freud, ausgewandert. Freud, der eine Erklärung unterschreiben mußte, er sei gut behandelt worden, fügte handschriftlich hinzu: „Ich kann die Gestapo nur jedermann herzlich empfehlen." Am 23. September starb er in London. Am 28. August wurde das Abhören ausländischer Sender verboten. Der Kriegsbeginn ersparte Wien die Neugestaltungspläne der Nazi, die unter anderem eine Monumentalstraße auf den Kahlenberg, einen „Kultbezirk" auf dem Heldenplatz, eine Verlängerung der Ringstraße über den Donaukanal, ein Parteiforum und eine Schleifung der Gegend um die Ruprechtskirche und Kirche am Gestade für ein alle historischen Bauten überragendes Nationaldenkmal planten.

Am 1. September 1939 um 4.45 Uhr begann mit dem Überfall Hitler-Deutschlands auf Polen der Zweite Weltkrieg. Die ersten Bomben fielen bezeichnenderweise auf ein Warschauer Irrenhaus. Großbritannien und Frankreich forderten ultimativ den Rückzug der deutschen Truppen und erklärten nach Ablehnung des Ultimatums dem Deutschen Reich den Krieg. Nach 35 Tagen war der Krieg in Polen zu Ende, in den gegen Schluß auch die Sowjetunion eingriff. Die beiden Spießgesellen Hitler und Stalin teilten sich das unglückliche Land. Am 21. Oktober schlossen Deutschland und Italien ein Abkommen, das die Südtiroler vor die Wahl stellte, entweder ihr Volkstum aufzugeben oder ihre Heimat, indem sie nach Deutschland umsiedelten. Im Oktober wurde ein Heldenfriedhof für Gefallene im Areal des Zentralfriedhofs eingerichtet. Vom Aspangbahnhof gingen die ersten Deportationszüge österreichischer Juden nach Polen ab.

1940 überfielen und eroberten Hitlers Truppen Dänemark und Norwegen, die Niederlande, Belgien und Luxemburg und zwangen Frankreich zur Kapitulation. Das Satellitenregime des Marschalls Philippe Pétain lieferte internierte deutschsprachige Spanienkämpfer, darunter Robert Raunzinger, aus, der ins Konzentrationslager Buchenwald kam. Am 22. Jänner, nach einer lang anhaltenden Kältewelle, erreichte ein Eisstoß Wien. Am 1. Juni wurden Metallgegenstände, darunter auch Kirchenglokken, ablieferungspflichtig. Überhaupt wurde ständig gesammelt. In Häusern und auf Straßen Geld fürs Winterhilfswerk, Altpapier, Knochen, Metall, Lumpen, Flaschen. Am 7. Juli wurde der „Reichsjugendführer“ Baldur von Schirach Reichsstatthalter und Gauleiter von Wien. Ein weiterer Reichsdeutscher, der hessische Jurist Dr. Philipp Jung, wurde Bürgermeister von Wien. Gleichzeitig wuchs der Widerstand. Der Leiter der österreichischen Freiheitsbewegung, der Augustiner Chorherr Karl Roman Scholz, und etliche seiner Mitkämpfer wurden von einem Gestapo-Spitzel, dem Burgschauspieler Otto Hartmann, verraten. Scholz wurde 1944 hingerichtet. Am 30. Oktober wurde im Belvedere ein Vertrag über eine neue Grenzziehung zwischen Rumänien und Ungarn unterzeichnet. 1940 starb im Konzentrationslager Dachau, wo schon 1939 der Autor Jura Soyfer gestorben war, der Kabarettist Fritz

Grünbaum. Friedlich in Wien starben Burgschauspielerin Katharina Schratt, die Freundin Kaiser Franz Josephs, Altbundespräsident Michael Hainisch sowie und der Psychiater und Nobelpreisträger Julius Wagner-Jauregg.

Zu Ostern, am 6. April 1941, bombardierten deutsche Bomber ohne vorherige Kriegserklärung Belgrad. Viele Menschen waren eben auf dem Weg in die Kirchen, denn Ostern ist das höchste Fest der Orthodoxie. Deutschland griff Jugoslawien und Griechenland an, weil der „Duce" vorher vom annektierten Albanien aus Griechenland überfallen ließ und nun am Rand einer Niederlage stand. In wenigen Wochen war der Balkan überrannt. Am 22. Juni ließ Hitler die Sowjetunion angreifen. Die deutschen Truppen hatten keinerlei Winterausrüstung mit, denn der große Stratege und Exgefreite glaubte, daß das Riesenreich in sechs Wochen zerschlagen sein würde. An diesem von Sorge und Unsicherheit geprägten Tag wurde Rapid durch einen 4:3-Sieg über Schalke 04 im Berliner Olympia-Stadion deutscher Fußballmeister. Die Gelsenkirchner hatten zur Halbzeit schon 3:0 geführt. Drei Tore der Hütteldorfer erzielte „Bimbo" Binder. Die Spiele zwischen Teams aus der „Ostmark" und dem „Altreich" waren stets spannungsgeladen. Schon im Vorjahr kam es im Wiener Stadion bei einem Spiel Admira gegen Schalke, das nach zwei vom deutschen Schiedsrichter aberkannten Admira-Toren 1:1 endete, zu antideutschen Kundgebungen und Ausschreitungen, wobei auch der Wagen des Gauleiters beschädigt wurde.

Am 2. Juli gelang der Gestapo in Wien ein Schlag gegen den kommunistischen Widerstand. Ab 19. September mußten Juden und Jüdinnen ab dem 6. Lebensjahr den „Judenstern" tragen. In dieser Zeit, wo die Begeisterung über den „Anschluß" längst verflogen war, entstand in Folge der versuchten Gleichschaltung durch die Beseitigung all dessen, was an Österreich erinnern konnte, und das überhebliche Auftreten mancher Altreichsdeutscher erstmals ein österreichisches Nationalbewußtsein. Identitätsstiftend war dabei neben dem Sport auch der Film. „Unsterblicher Walzer", „Operette", „Wiener Blut" und „Schrammeln" unter Regisseuren wie Willy Forst, E. W. Emo und Geza von Bolvary, mit Schauspielern wie Hans Moser, Paula Wessely, Paul und Attila Hörbiger, Marte Harell, Rudolf Carl. 60 Millionen Menschen pro Jahr besuchten die 222 Wiener Kinos, um Ablenkung vom trostlosen Kriegsalltag zu finden. Zum Meinungsumschwung trug aber auch die militärische Lage bei. Die Wehrmacht war zwar tief nach Rußland vorgedrungen, aber Stalin dachte natürlich nie an Kapitulation. Der furchtbare russische Winter überraschte die dafür nicht ausgerüsteten Truppen, die vor Moskau erstmals zum Rückzug gezwungen wurden. Und während Japan die Westmächte in Asien angriff, erklärte Hitler völlig unmotiviert den USA den Krieg. In Wien kursierte ein Witz: Graf Bobby läßt sich von seinem Freund Rudi auf dem Globus die riesigen Flächen der Sowjetunion, der USA und des Britischen Weltreichs zeigen. „Und der kleine Punkt da ist Deutschland." Darauf Bobby entsetzt: „Weiß das der Führer?"

1942 verschlechterte sich die Ernährungslage weiter. Normalverbraucher erhielten wöchentlich 2000 Gramm Brot, 206 Gramm Fett, 300 Gramm Fleisch, 3 Kilo Erdäpfel, 2 Eier im Monat. Obst und Gemüse gab es selten, noch seltener Sonderzuteilungen von Knoblauch oder gar Bohnenkaffee. Zigaretten wurden rationiert. Schuhe, Heizmaterial, Papier und Seife waren Mangelware. Der Gasthaus- und Hotelbetrieb wurde stufenweise eingeschränkt, ab 29. Mai wurden auch die Heurigen geschlossen. Bei Straßenbahn, Post und im Bürodienst der Polizei kamen vermehrt Frauen zum Einsatz, das Lied von der „Lieben kleinen Schaffnerin" war oft im Reichssender Wien zu hören. An den Fronten begann sich das Blatt zu wenden. Die Schlacht von Stalingrad (24. August 1942 bis

2. Februar 1943) endete mit einer Katastrophe, da Hitler den rechtzeitigen Rückzug und nach der Einkesselung den rechtzeitigen Ausbruch verbot. Eine Armee mit 250.000 Mann wurde vernichtet, darunter besonders viele „Ostmärker". Täglich konnte man nun Anzeigen in der Zeitung lesen, wo „in stolzer Trauer" mitgeteilt wurde, daß der Sohn oder der Ehemann und Vater, „für Führer, Volk und Vaterland" gefallen war. Bei El Alamein wurden im Herbst die deutschen und italienischen Truppen unter Feldmarschall Erwin Rommel von den Briten geschlagen. Kurz darauf landeten Amerikaner und Briten in Marokko und Algerien. Bis Mai 1943 waren die Truppen der Achsenmächte aus Nordafrika vertrieben, Italien hatte sein gesamtes Kolonialreich verloren. Die Wehrmacht mußte nun auch Südfrankreich besetzen, deutsche Truppen die „Festung Europa" von Norwegen bis Griechenland bewachen, Truppen, die an der Ostfront dringend gebraucht worden wären! Die angloamerikanische Luftwaffe beherrschte große Teile des Luftraums über Deutschland, die Städte in West- und Norddeutschland waren der Zerstörung preisgegeben. Die BBC brachte nun Sendungen für Österreich. Österreicher kämpften in Freiheitsbataillonen in den Armeen der USA und des Vereinigten Königreichs. In der Emigration starben die Schriftsteller Stefan Zweig (Selbstmord) und Robert Musil, im Konzentrationslager der Kabarettist Peter Hammerschlag und Franz Léhars Librettist Fritz Löhner-Beda, welcher bis zum Schluß vergeblich gehofft hatte, der bei Hitler angesehene Komponist würde sich für ihn einsetzen.

Ab Jänner 1943 galt für alle Männer zwischen 16 und 65, für alle Frauen zwischen 17 und 45 Jahren Arbeitsdienstpflicht. Am 18. Februar rief Goebbels im Berliner Sportpalast vor einem ausgewählten jubelnden Publikum den „totalen Krieg" aus. Am 11. Mai wurden wieder die Fleischrationen um 100 Gramm pro Woche gekürzt. Inzwischen hatte sich die militärische Lage für Deutschland weiter verschlechtert. Im Osten stieß die Rote Armee allmählich auf die Grenzen Rumäniens und Vorkriegspolens vor. In Jugoslawien waren starke deutsche Kräfte durch die kommunistischen Partisanen unter Marschall Tito (wir erinnern uns: auch so einer aus dem Café Keppl) und monarchistische Tschetniks gebunden. Immer mehr deutsche U-Boote wurden durch Einsatz von Radar versenkt. Hitlers Spießgeselle, der aufgeblasene „Duce", wurde nach der Eroberung Siziliens durch die Alliierten vom König entlassen. Er wurde verhaftet und nach der Kapitulation Italiens durch ein SS-Kommando unter dem Wiener Otto Skorzeny befreit. Die Deutschen benötigten nun weitere Truppen, um Italien zu besetzen, doch Amerikaner und Briten hatten sich bereits in Süditalien festgesetzt. Dadurch lagen nun auch die „Donau-Alpengaue" in der Reichweite der alliierten Bomberverbände. Am 13. September erfolgte ein schwerer amerikanischer Luftangriff auf Wiener Neustadt. Der Angriff des über den Neusiedler See angeflogenen Bomberverbands kam so überraschend, daß die Sirenen erst heulten, als schon die ersten Bomben fielen. Am 30. Oktober beschlossen in Moskau die Außenminister der USA, der Sowjetunion und Großbritanniens, Hull, Molotow und Eden, eine Deklaration über die „Wiederherstellung eines freien und unabhängigen Österreich". Augustin Raunzinger, der am gleichen Tag nach vierjähriger Haft freigelassen worden war, wußte davon natürlich nichts. Sein erster Weg führt zu Theas Wohnung, aber die Familie Blum war nicht mehr da, das Geschäft geschlossen. Hausparteien wußten nur, daß Thea und ihre Eltern vor anderthalb Jahren, „irgendwo nach Polen oder Litauen umgesiedelt" worden seien. Augustin durfte also noch hoffen, denn von Auschwitz und von Gaskammern wußte noch kaum jemand etwas. Man hätte es wahrscheinlich auch nicht geglaubt. Die Familie Raunzinger nimmt Gustl unter Tränen auf, er hatte ja inzwischen seine Wohnung verloren. Augustin, Leopold, Gertrud und Mitzi weinen, der Großvater verschwindet im Klo, denn in seiner Generation weinten Männer noch nicht, und kommt nach einigen Minuten mit geröteten Augen wieder zum Vorschein. „Jetzt is der blede Bua wieder da", stellt er fest, und Frau Gertrud sagt: „Wann mir a bissel zsammrucken, hamma alle fünfe Platz." Am nächsten Tag muß sich Gustl am Arbeitsamt melden und wird in einen Rüstungsbetrieb dienstverpflichtet. Zum Abschluß des Jahres erhielt Wien wieder einmal einen neuen Bürgermeister. Es war diesmal sogar ein Wiener Parteigenosse, der 47jährige frühere Patentanwalt Hanns Blaschke. – In New York starb der weltbekannte Regisseur Max Reinhardt.

„Nein, er gefällt mir nicht, der neue Bürgermeister", sagt ein Spaziergänger in Goethes „Osterspaziergang". Vielleicht hätten es auch die Wiener bei einem Neujahrsspaziergang 1944 gesagt, aber sie hatten andere Sorgen. Möglicherweise hätten sie es auch nicht gesagt, weil man schon froh sein mußte, wenn einmal ein Wiener zum Zug kam. Außerdem war Blaschke als Kulturdezernent gar nicht so übel gewesen. Das kulturelle Leben Wiens hatte im 5. Kriegsjahr trotz des schweren Aderlasses durch Vertreibung der jüdischen Künstler 1938 und der Aufführungsverbote für Stücke jüdischer und politisch verfemter Autoren noch beachtliches Niveau. In den Theatern gab es gute Aufführungen mit renommierten Schauspielern. Junge Künstler wie Oskar Werner und Inge Konradi kamen ins Rampenlicht. Lothar Müthel leitete das Burgtheater, Dr. Karl Böhm die Staatsoper. Und das Kabarett, pardon, die Kleinkunstbühne „Wiener Werkel" in der Liliengasse, durfte sich noch einiges trauen. Das Stadtbild änderte sich. Flaktürme wurden errichtet, Löschteiche „verzierten" die Parks, andere Parks wurden zu „Grabeland" umfunktioniert. „Fremdarbeiterinnen" und „Fremdarbeiter" bevölkerten die Straßen. Sie waren aus ihren Heimatländern verschleppt worden, um in der

Rüstungsindustrie zu arbeiten. Am 12. April fielen die ersten Bomben auf Wien, in Atzgersdorf und Mauer entstanden größere Schäden. Am 6. Juni begann die Invasion im Westen. Amerikaner und Briten landeten mit gigantischer Luftwaffenunterstützung in der Normandie. Es war die größte Landungsoperation der Geschichte. „Die sind gekommen, um vom großen Wolf gefressen zu werden", spottete der „größte Feldherr aller Zeiten", nachdem man gewagt hatte, ihn zu wecken, und die Herrn Generäle lachten pflichtschuldigst über den Witz des Gefreiten. Wochen später wird er sagen: „Wenn es notwendig ist, schlage ich(!) mich mit ihnen auch am Rhein, das ist mir gleichgültig!" In Wirklichkeit kam er immer seltener aus seinem Bunker hervor. Anfang Juli erfolgte wieder ein Luftangriff auf Wien. Döbling, Brigittenau und Floridsdorf wurden getroffen, und viele Leute fuhren hin, um bombenbeschädigte Häuser zu sehen. Mit etwas Geduld hätten sie sich die Fahrt ersparen können, denn Monate später waren die Bombenschäden im gesamten Stadtgebiet zu besichtigen. Um diese Zeit ist Augustin Raunzinger wieder einmal leichtsinnig. In der Mittagspause erzählt er den Kollegen: „Der Chauffeur vom Göring hat einen Hund überführt. Sagt der Blade, geh zum Bauern und sag, mir ersetzen den Hund. Nach einer Viertelstunde kummt der Chauffeur mit einem Kranz von Würsten und einem Doppler Wein zurück. Sagt der Göring: Was is los? Der Chauffeur: I waaß net, i hab nur gsagt: Heil Hitler, der Hund is hin." Gustl wundert sich, wieso keiner lacht. Dann merkt er den Grund: Der Prokurist, ein bekannter Nazi, war hinzugekommen.

Am gleichen Abend geht Augustin zu Hermann Motschger und berichtet sein Mißgeschick. „Bevor mi noch amal die Gestapo verhört, bring i mi um!" Motschger macht ein bedenkliches Gesicht: „Gustl, ich kann dir nicht helfen. Ein Verstoß gegen das Heimtückegesetz. Und du bist einschlägig vorbestraft. Ich kann dir nur raten: Meld dich freiwillig zur Wehrmacht. Die Grundausbildung hast ja vom letzten Kriag. Und" – fügt er, von düsteren Pessimismus erfüllt hinzu – „überleben werden wir wahrscheinlich alle nicht." Augustin befolgt den Rat und rückt ein.

Am 20. Juli wurde Augustins Witz beinahe Wirklichkeit. Auf Adolf Hitler wurde ein Attentat verübt, das leider scheiterte, was im letzten Kriegsjahr noch 5 Millionen Menschen das Leben kosten und zu weiteren furchtbaren Zerstörungen führen sollte. Mit 1. September wurden alle Theater geschlossen. Unsere Mitzi hatte nun als Balletteuse nichts mehr zu tun und wurde für einen Rüstungsbetrieb dienstverpflichtet. Am 10. September erfolgte der bisher schwerste Luftangriff auf Wien. Erstmals wurde auch die Innere Stadt getroffen. Viele Wiener hatten bisher gehofft, die Alliierten würden Wien nicht bombardieren. Es folgten weitere Luftangriffe. Nach der Durchsage „Kampfverband aus dem Süden im Anflug auf Kärnten-Steiermark" wurden die Menschen nervös. Bald folgte der Kuckucksruf und die Mitteilung: „Der Rundfunksender Wien schaltet nun ab. Wir bitten unsere Hörer, ihr Empfangsgerät auf den Drahtfunk umzustellen!" Wenn dann die Sirenen ertönten, wußte man, daß die Bomber bis auf 100 Kilometer herangekommen waren. Ein weiterer schwerer Angriff folgte am 5. November. Inzwischen hatte sich die militärische Lage weiter verschlechtert. Die Alliierten waren auch in Südfrankreich gelandet, weshalb sich die Wehrmachtsverbände aus Südwestfrankreich, um nicht abgeschnitten zu werden, zurückziehen mußten. Ähnliches passierte den Deutschen auch in Griechenland, Albanien und Serbien, als Rumänien und Bulgarien, wie auch Finnland, kapitulierten. Im Westen standen die Amerikaner nun vor Aachen, in Osten die Russen an der Grenze Ostpreußens. Die Alliierten hatten im Süden den gesamten italienischen „Stiefel" besetzt. Nun standen die Briten bei Ravenna, die Sowjets südöstlich von Budapest, und die Wiener hofften noch immer, die Briten könnten früher in Wien sein. Am 10. Oktober verlangte ein Abordnung Wiener Industrieller und Offiziere vergeblich von Gauleiter Schirach, Wien zur offenen Stadt erklären zu lassen, also nicht zu verteidigen. An Wiener Gebäuden tauchte vermehrt die Inschrift „O5“ als Zeichen der österreichischen Widerstandsbewegung auf. Auch zahlreiche Verhaftungen und Hinrichtungen konnten den Widerstand nicht mehr stoppen. Am 18. Oktober wurden alle männlichen Staatsbürger zwischen 16 und 60 Jahren zum Volkssturm gerufen.

1944 machten sich besonders fanatische Nazi noch irrationale Hoffnungen: im Juni und Juli, als die Deutschen mit den Raketenbomben V1 und V2, den sogenannten „Wunderwaffen“, London angriffen, im Dezember, als sie mit der Ardennenoffensive einen Großangriff starteten, der natürlich angesichts der drückenden Luftüberlegenheit der Alliierten nach wenigen Tagen scheitern mußte. Vergeblich hatten die Generäle Hitler gewarnt, daß die Russen an der Ostfront gigantische Truppenmassen zusammenzögen. Der Dilettant bezeichnete das als den „größten Bluff seit Dschingis-Khan“. Am 13. Jänner 1945 begann die sowjetische Großoffensive in Polen. 17 Tage später, am 12. Jahrestag der „Machtergreifung des Führers“, stand die Rote Armee schon bei Küstrin, zirka 50 Kilometer östlich der Reichshauptstadt. Anfang März überschritten die US-Truppen den Rhein. Am 12. März erlebte Wien den schwersten Bombenangriff. Stephansdom, Staatsoper, Burgtheater und Kunsthistorisches Museum wurden schwer beschädigt, in der Kärntnerstraße und im Kaiviertel entstanden schwere Zerstörungen. Es waren genau 7 Jahre, daß die deutschen Truppen hier eingezogen waren. So sah also die „Fassung“ aus, die Hitler damals der „Perle Wien“ versprochen hatte. Am 16. März begann zwischen Plattensee und Donau eine sowjetische Großoffensive mit Stoßrichtung Wien. Am 29. März um 11.05 Uhr überschritten die sowjetischen Truppen bei Klostermarienberg die österreichische Grenze. Am 30. März verhängte Reichsstatthalter Baldur von Schirach den Ausnahmezustand für (oder gegen) Wien. Am 2. April wurden Plakate angeschlagen: „Wien ist zum Verteidigungsbereich erklärt worden. Frauen und Kindern wird empfohlen, die Stadt zu verlassen. Der Reichsverteidigungskommissar: Baldur von Schirach." Gleichzeitig nahm der österreichische militärische Widerstand unter Major Szokoll Verbindung mit dem sowjetischen Oberkommando auf und empfahl, Wien vom Westen her anzugreifen, wo nur schwacher Widerstand zu erwarten wäre. Weiters ersuchte er, die Hochquellenwasserleitung nicht zu zerstören. Das geschah auch nicht. In Wien sollte die Widerstandsbewegung die Initiative an sich reißen und dies durch grüne Leuchtkugeln anzeigen. Dieser Plan scheiterte durch Verrat. Major Biedermann, Hauptmann Huth und Oberleutnant Raschke wurden am Floridsdorfer Spitz gehängt. Aber die Wiener taten alles, um den Kampf abzukürzen, und der Volkssturm ging, wo es möglich war, nach Hause. In einem Lagebericht des Oberkommandos der Wehrmacht hieß es: „Ein Teil der Wiener Bevölkerung hat seine Haltung verloren." Am 5. April um 8 Uhr begann die Schlacht um Wien. Am 8. April war vom Süden und Westen her der Gürtel erreicht, am 10. April waren die Innere Stadt und alle Bezirke südlich des Donaukanals in sowjetischer Hand, und obwohl die Wehrmacht fast alle Brücken gesprengt hatte, hielt sie am 12. April nur noch Floridsdorf und einen Brückenkopf in der Brigittenau. Am 13. April um 14 Uhr war der Kampf um Wien zu Ende.

Wieder einmal wehten andere Fahnen. Aus den roten Fahnen mit dem Hakenkreuz auf weißen Grund hatte man einfach den Teil mit dem Hakenkreuz herausgeschnitten, manchmal in der Mitte einen weißen Streifen eingenäht, rotweißrote und rote Fahnen sah man allenthalben. Doch wie sah es sonst in Wien aus? Die Wahrzeichen Stephansdom und Riesenrad waren zerstört, auch den Bisamberg-Sender hatten die Deutschen noch gesprengt. 53 Luftangriffe hatten 8769 Todesopfer gefordert, 2266 Zivilisten kamen während der Kämpfe ums Leben. 192 von jeweils 1000 Neugeborenen starben. 21.317 Häuser, 110.000 Wohnungen, also 21 Prozent des Bestandes waren zerstört. Es gab weder Strom noch Gas, das Schienennetz der Straßenbahn und die Oberleitungen waren weitgehend unbenützbar. Auf den Straßen lagen Leichen und Tierkadaver, die Feuerwehren hatten die Nazi noch nach Oberösterreich geschickt, Rettung und Müllabfuhr waren nicht vorhanden, überall häuften sich Schutt und Unrat. Die Spitäler waren überfüllt, Medikamente gab es keine, Nahrungsmittel sowieso nicht, Polizei auch nicht. Während sich die Kampftruppen diszipliniert verhielten, waren beim Troß der Russen Vergewaltigungen und Plünderungen an der Tagesordnung, besonders auf Uhren hatte man es abgesehen. In der Nacht herrschte Ausgangssperre, im Morgengrauen stellten sich die Menschen um ein Stück Brot an. Wasser wurde beim Hydranten geholt, Männer im wehrfähigen Alter waren kaum vorhanden. Mitunter verhungerten alleinstehende alte Menschen, einige Nationalsozialisten, darunter der Dichter Josef Weinheber, begingen Selbstmord. Von den Nazi als Aushängeschild mißbraucht, war dieser großartige, zutiefst wienerische, volkstümliche und vielseitige Lyriker schon bald schwer enttäuscht. Auf die gönnerhafte Frage von Joseph Goebbels, was man für die Kultur der Ostmark tun könne, antwortete er schlicht: „In Ruah lassen!“ In den letzten Jahren seines Lebens hatte er mehr und mehr Trost im Alkohol gesucht.

Schon in den ersten Tagen nach Ende der Kampfhandlungen nahmen die antifaschistischen Parteien SPÖ, ÖVP und KPÖ ihre Tätigkeit wieder auf. Am 13. April setzten die Sowjets einen ziemlich unbekannten Kommunisten namens Rudolf Prikryl als Bürgermeister ein, von dem man auch später nichts mehr hörte. Er hatte sich offenbar selbst angetragen, während die Spitzenfunktionäre der KPÖ noch im Moskauer Exil waren. Am 17. April ernannte der sowjetische Stadtkommandant Blagodatow auf Vorschlag der SPÖ den 72jährigen General Theodor Körner zum Bürgermeister. Es war ein Glücksfall für Wien. Der alte Offizier des Ersten Weltkriegs und Politiker der Ersten Republik, der auch im Winter ohne Hut und Mantel ging, war von enormer Tatkraft, eiserner Kondition, bescheiden, anspruchslos, und sprach die Sprachen der Siegermächte – und die Sprache der Militärs. Er ging zu Fuß durch die Stadt, sprach mit den Menschen, hörte sich ihre Sorgen an und half, wo er konnte, rasch und unbürokratisch. Ein wahrer Volksbürgermeister. Vizebürgermeister wurden Leopold Kunschak (ÖVP) und Karl Steinhardt (KPÖ). Am 23. April erschien die erste österreichische Tageszeitung „Neues Österreich". Am 27. April bildete der Sozialdemokrat Dr. Karl Renner, wie schon 1918, die erste Regierung der neuen Republik. 1938 hatte Renner erklärt, als alter Sozialdemokrat für den Anschluß an Deutschland zu stimmen, was ihm später mit Recht vorgehalten wurde. Die Nazizeit hatte er zurückgezogen in Gloggnitz überlebt. Nun stand er wieder zur Verfügung. Er berief Dr. Adolf Schärf (SPÖ), Ing. Leopold Figl (ÖVP) und Johann Koplenig (KPÖ) zu seinen Stellvertretern. Als erfahrener Staatsmann und Verwaltungsexperte war er zweifellos in dieser schwierigen Stunde der richtige Mann, da es ihm gelang, sowohl das Vertrauen Stalins als auch der Westmächte zu erlangen, wobei der alte Fuchs ein doppeltes Spiel spielte. Letztlich erreichte er aber, daß Österreich die Teilung erspart blieb, zum Unterschied von Deutschland. Noch aber bestand Österreich nur aus dem Gebiet hinter der Front, und die reichte von Radkersburg, Feldbach, Mürzzuschlag, Sankt Pölten, Krems, Tulln, Stockerau nach Mistelbach. Noch immer saß Hitler im Bunker der Reichskanzlei, zeichnete Pläne für das künftige Linz nach dem Sieg, tobte, sandte Befehle an Armeen und Divisionen, die nicht mehr existierten, machte die Generäle für alles verantwortlich und stellte fest, daß das deutsche Volk seiner nicht würdig gewesen sei. Am 30. April entzog er sich der Verantwortung durch Selbstmord. Am 8. Mai kapitulierte sein Nachfolger Karl Dönitz. Nach 6 Jahren und 8 Monaten war wieder Friede in Europa. Überall läuteten die Kirchenglocken. Millionen Europäer, darunter auch Hunderttausende Österreicher, im Krieg gefallen, in Konzentrationslagern ermordet, als Widerstandskämpfer hingerichtet, bei Luftangriffen getötet, hörten sie nicht mehr.

Aber der Lebenswille in der stark zerstörten, hungernden, unsicheren Stadt mit ihren zerborstenen, durch Pappendeckel unzureichend ersetzten Fensterscheiben war ungebrochen. Man wollte und man würde weiterleben. Schon am 27. April gab es im Konzerthaus das erste Konzert der Wiener Philharmoniker unter Leitung von Clemens Krauss mit Werken von Beethoven, Schubert und Tschaikowsky. Am 29. April meldete sich erstmals wieder Radio Wien, fuhren auch auf einigen Strecken wieder Straßenbahnen. Am 30. April nahm im Ronacher das Burgtheater mit Grillparzers „Sappho“ den Spielbetrieb wieder auf, am 1. Mai in der Volksoper die Staatsoper mit Mozarts „Hochzeit des Figaro“, Dirigent Josef Krips. Ab 1. Mai gab es erstmals wieder regelmäßige Lebensmittelzuteilungen, die sogenannte „Stalin-Spende“, hauptsächlich Erbsen, ab Juni Tagesrationen von 840 Kalorien. Wer einen Schrebergarten besaß, hatte es etwas leichter. Für andere blieben Schleichhandel und Hamsterfahrten. Wertgegenstände wechselten den Besitzer. Bald spielten wieder mehr als 100 Kinos, auch Witze wurden wieder gemacht: „Ein Sowjetsoldat kommt mit einer gestohlenen Taschenuhr, die nicht geht, zum Uhrmacher. Der stellt fest, daß eine tote Wanze in der Uhr ist. Der Russe: Ich versteh, Maschinist kaputt.“

Am 7. Juli unterzeichneten die Alliierten das Kontrollabkommen: Der Alliierte Rat, Marschall Konjew und die Generäle Clark, McGreery und Bethouart, übernahmen die Kontrolle, und Österreich wurde in vier Besatzungszonen eingeteilt: UdSSR: Niederösterreich, Burgenland, Mühlviertel und die Wiener Bezirke 2, 4, 10, 20 bis 23. USA: Oberösterreich südlich der Donau, Salzburg und die Wiener Bezirke 7 bis 9, 17 bis 19. Großbritannien: Steiermark, Kärnten, Osttirol und die Wiener Bezirke 3, 5, 11 bis 13. Frankreich: Vorarlberg, Nordtirol und die Wiener Bezirke 6, 14 bis 16. Der erste Bezirk wurde von allen vier Mächten kontrolliert. Alle Besatzungsmächte gaben eigene Zeitungen heraus und hielten oder kontrollierten Rundfunkstationen. Ab 5. August gaben auch die drei Parteien wieder ihre Zeitungen heraus. Im August fand eine große Schutträumaktion statt. Frauen, Jugendliche, ehemalige Nazi (letztere gezwungenermaßen) räumten Tonnen von Schutt weg. Der Begriff der „Trümmerfrauen“ entstand. Die Männer waren ja, soweit sie nicht gefallen waren, noch in Kriegsgefangenschaft. Durch Lieferungen der Amerikaner besserte sich die Lebensmittelversorgung, 1540 Tageskalorien waren das Ziel. Trotzdem (und trotz ständiger Razzien) blühte im Resselpark der Schleich- und Tauschhandel. Die Regierung Renner wurde zunächst nur in der Sowjetzone anerkannt. Otto Habsburg, Sohn des letzten Kaisers, schrieb einen Brief an den amerikanischen Präsidenten Truman, worin er empfahl, die Regierung Renner nicht anzuerkennen und dafür einen engen Zusammenschluß der westlichen Bundesländer zu forcieren, also praktisch Wien, Niederösterreich und Burgenland aufzugeben. Unterzeichnet: „Otto von Österreich“. Das hätte die Teilung des Landes auf Jahrzehnte bedeutet. Aber andere Länder, andere Sitten: Was anderswo als Hochverrat gewertet würde, wird in Österreich mit Ehrenbürgerschaften belohnt. Zum Glück dachten die Österreicher patriotischer. Am 24. September fand in Wien die erste gesamtösterreichische Länderkonferenz statt. Die Regierung wurde durch Vertreter der westlichen Bundesländer ergänzt, und für den 25. November wurden Wahlen anberaumt. Am 1. Oktober wurde der Postverkehr in ganz Österreich wieder aufgenommen, am 8. Oktober die viersprachige Identitätskarte eingeführt, die Reisen über die Zonengrenzen ermöglichte. Am 20. Oktober wurde die provisorische Staatsregierung von allen Besatzungsmächten als Regierung für ganz Österreich anerkannt.

Aber jetzt müssen wir uns wirklich bei unseren Freunden entschuldigen. Im Trubel der Ereignisse haben wir sie sträflich vernachlässigt. Also: Leopold Raunzinger ist Bezirkssekretär der SPÖ und Bezirksobmann beim Konsumverein. Augustin wird in den letzten Kriegstagen plötzlich von argen Rheuma-Anfällen gequält und erlebt das Kriegsende in einem Lazarett in Braunschweig. Beim Einmarsch der Alliierten wird er auf wundersame Weise gesund, verläßt mit Hilfe einer Krankenschwester in Zivilkleidung das Lazarett und schlägt sich sofort in sein geliebtes Wien durch, wo er noch im Juli eintrifft und sich zunächst dem Schleichhandel zuwendet. Am 4. August hat er erstmals wieder einen Rausch. Ab September spielt und singt er für die amerikanischen Besatzungstruppen und im Militärsender Rotweißrot. Ganz in der Nähe, in der Seidengasse, bezieht er eine kleine Wohnung und ist fast wieder der Alte. Nur manchmal, wenn er an Thea denkt, muß er plötzlich weinen. Robert Raunzinger kommt im Oktober als überzeugter Kommunist aus dem KZ Buchenwald zurück. In der väterlichen Wohnung kann er natürlich nicht mehr bleiben. Er wird Redakteur bei der kommunistischen „Volksstimme“, heiratet eine Genossin und bezieht eine Wohnung in der sowjetischen Zone im 20. Bezirk. Mitzi Raunzinger tritt ihren Posten im Staatsopernballett wieder an. Dann kommt es, wie es kommen muß. Sie lernt durch Onkel Gustl ihren Bobby kennen und lieben und heißt nun Mary. Bobby ist groß, blond und Leutnant der US-Streitkräfte. Zum Unterschied von Mary sind ihre Eltern „not amused“, schon „wegen die Leut“. „Der Bua a Kummerl und das Madel a Ami-Girl“, schimpft der Vater. Aber Mary findet einen Verbündeten. „Das Madel is 25 Jahr. Und die Konserven, die Silverhakes und den Schoklad, was sie mitbringt, freßts schon“, grantelt der Großvater. Schlimm hatte es die Familie Keppl getroffen. Ein Sohn war gefallen, einer noch in Gefangenschaft. Die Wohnung hatte einen Bombentreffer erhalten, wobei Tochter Julia, die wegen der gelähmten Großmutter nicht in den Luftschutzkeller gegangen war, samt der alten Frau getötet wurde. Franz Keppl ist jetzt stellvertretender ÖVP-Bezirksobmann. Trotzdem hätte er sein Kaffeehaus fast nicht zurückbekommen, denn Babsi Nowotny behauptet nun, sie habe das Lokal regulär gekauft, nur die Papiere seien in den Kriegswirren verlorengegangen. Doch wer tritt für Keppl als Zeuge auf? Der Bezirkspolizeichef. Erraten: niemand anderer als der treue Beamte Friedrich, der sofort nach Ende der Kampfhandlungen der KPÖ beigetreten war, um seinem geliebten Vaterland weiterhin dienen zu können. Keppl erhält sein Café zurück und sagt seinerseits aus, daß Friedrich Widerstandskämpfer gewesen sei: Eine Hand wäscht die andere. Manus manum lavat. Diese Tradition hat sich seit dem alten Vindobona erhalten. Hermann Motschger ist am 3. April aus Wien geflüchtet und derzeit im Internierungslager Glasenbach. Sein Sohn Gernot ist bei der Luftschlacht über England 1940 abgeschossen worden, verlor ein Bein und ist in britischer Gefangenschaft.

Keppl und Raunzinger haben ihre Lektion aus der Geschichte gelernt und ihre Feindschaft begraben. Nur einmal kommt es noch zu einer lautstarken Auseinandersetzung, als sich in der 10. Runde der Herbstmeisterschaft im Stadion Austria und Rapid 0:0 trennen, und beide Herrn behaupten, vom Schiedsrichter um den verdienten

Sieg betrogen worden zu sein. Am 25. November fanden Wahlen statt, die von den Sowjets sicher nicht zugelassen worden wären, hätte es damals schon Meinungsforschung gegeben. Die Ergebnisse: Nationalrat: ÖVP 85, SPÖ 76, KPÖ 4, Wiener Gemeinderat: SPÖ 58, ÖVP 36, KPÖ 6. Beide Herrn können also halbwegs zufrieden sein. Am 20. Dezember wurde Dr. Karl Renner von der Bundesversammlung zum Bundespräsidenten gewählt. Am gleichen Tag trat die Dreiparteienregierung Figl-Schärf ihr Amt an, mit Oskar Helmer (SPÖ) als Innenminister, Dr. Karl Gruber (ÖVP) als Außenminister und Dr. Karl Altmann (KPÖ) Energieminister. Am 24. Dezember hielt Bundeskanzler Ing. Leopold Figl im Rundfunk jene schlichte und bewegende Weihnachtsansprache, die zugleich dieses Kapitel abschließen und dem nächsten als Motto dienen soll.

„Ich kann euch zu Weihnachten nichts geben. Ich kann euch für den Christbaum, wenn ihr überhaupt einen habt, keine Kerzen geben. Kein Stück Brot, keine Kohlen zum Heizen, kein Glas zum Einschneiden. Wir haben nichts. Ich kann euch nur bitten: Glaubt an dieses Österreich!“

Mit vereinten Kräften

Zweifellos glaubten die Österreicher an ihr Land, sonst wäre das Wunder des Jahrzehnts von 1945 bis 1955 nicht möglich gewesen. Denn die Chancen waren denkbar schlecht. Die Menschen litten Hunger, besonders in der sowjetischen Besatzungszone. In Wien waren die Rationen allmählich wieder von 1540 auf 1000 Tageskalorien gesunken. Dazu waren allein in Wien zirka 54.000 „Displaced Persons“ zu ernähren, Menschen, die gegen Ende des Krieges verschleppt worden oder geflüchtet waren. 523.833 Personen in Österreich waren als Mitglieder der NSDAP registriert. Da die NSDAP-Mitglieder, aus dem öffentlichen Dienst und anfangs auch aus dem Kulturleben ausgeschlossen, die jüdischen Intellektuellen, Wissenschafter und Künstler, soweit sie sich durch Emigration der Ermordung entziehen hatten können, nicht zur Rückkehr eingeladen wurden, fehlten allenthalben qualifizierte Kräfte, vor allem in den Bereichen Kunst und Wissenschaft. Zehntausende Österreicher waren nach wie vor in Kriegsgefangenschaft. Wohl gaben die Alliierten am 28. Juni einige Kompetenzen an die Bundesregierung ab, doch schon am 5. Juli beschlagnahmten die Sowjets in ihrer Zone 300 Industriebetriebe, 140 land- und forstwirtschaftliche Betriebe, die Erdölindustrie und die Donau-Dampfschiffahrts-Gesellschaft als angeblich „Deutsches Eigentum". Das vom Nationalrat beschlossene Gesetz zur Verstaatlichung von Banken und zahlreichen Industriebetrieben sowie der Erdöl- und Montanindustrie, gegen das die vier kommunistischen Abgeordneten auf sowjetischen Befehl stimmten, wurde dadurch unterlaufen. Auch gab es in der Sowjetzone ständig Übergriffe: Menschenraub, Überfälle, mitunter auch Vergewaltigungen. Nur die „Arbeiterzeitung" unter Chefredakteur Dr. Oscar Pollak wagte darüber zu berichten. Mit Recht konnte sich die AZ damals als „die Zeitung, die sich was traut" bezeichnen und hatte die höchste Auflage aller österreichischen Blätter. Doch auch sie durfte nur von „Unbekannten" oder von „Männern in russischer Uniform" berichten. Aber alle wußten, wer die „Unbekannten" waren. Zu all diesen Problemen kam noch, daß das verarmte Land 35 Prozent des Budgets für Besatzungskosten aufwenden mußte.

Doch die Österreicher hatten aus der Vergangenheit gelernt. Zum Beispiel, daß in einer Demokratie politische Gegensätze nicht auf der Straße, mit Waffen oder Fäusten auszutragen sind. Das Motto „mit vereinten Kräften" war keine Phrase, es wurde gelebt. Und man ließ sich trotz aller Not nicht entmutigen. Am 2. Jänner 1946 zeigte die Wiener Eisrevue ihr erstes Programm auf dem Eislaufvereinsplatz. Am gleichen Tag konnte auch der Postverkehr mit dem Ausland wiederaufgenommen werden. Am 6. Jänner eröffnete die Stadt Wien 32 Wärmestuben, wo es täglich von 14 bis 20 Uhr eine Schale Tee und einen kleinen Imbiß gab. Am 20. Jänner trafen 107 Lastwagen der Schwedenhilfe mit Lebensmitteln, Kleidern und Medikamenten in Wien ein. Am 12. April wurde der Schwarzenbergplatz in Stalinplatz umbenannt, und die Reichsbrücke hieß nun „Brücke der Roten Armee". Am 19. Mai wurde die Floridsdorfer Brücke wieder dem Verkehr übergeben. Am 10. Juni wandte sich Bürgermeister Körner mit einem Hilferuf „Wir können nicht mehr weiter" an die Vereinten Nationen, deren Hilfsprogramm UNRRA eben im Anlaufen war. Immer wieder kam es zu Streiks wegen der Hungerrationen. Auch die Stromversorgung brach ständig zusammen. Am 23. Juni erließ das Ernährungsministerium ein strenges Rucksackverbot, um die Hamsterkäufe einzuschränken. Am 23. August hatte der erste österreichische Nachkriegsfilm Premiere: „Schicksal in Ketten" mit Maria Andergast, Hans Holt, Rudolf Prack und Karl Skraup. Am 6. Oktober hoben die Alliierten die Zensur der Inlandspost auf, am 3. Dezember senkten sie auch die Besatzungskosten auf 15 Prozent des Staatshaushalts. Bei den Verhandlungen der Siegermächte über den Abschluß eines Staatsvertrags mit Österreich gab es freilich keine Annäherung. Nichtsdestoweniger feierte Österreich am 1. November seinen 950. Geburtstag, nämlich das Jubiläum des Tages, an dem der Name Ostarichi erstmals in einer Urkunde aufschien. Jedoch nicht einmal der Großvater kann sich an diesen Tag erinnern. Er meint nur: „Damals ham si die Leut wenigstens noch sattessen können."

Das Jahr 1947 begann mit extremer Kälte. Wegen Mangels an Kohlen und Strom wurden Schulen, Theater und Kinos kurzfristig geschlossen, die Bundesbahn stellte den Betrieb ein, die Industrieproduktion lag weitgehend still. In Wien grassierten Typhuserkrankungen. Was tut man aber hier in solchen Fällen? Erraten, man schert sich nicht drum. Charakteristisch war ja ein Witz über ein Telefonat zwischen Figl und seinem deutschen Parteifreund Adenauer. Der Deutsche: „Uns jeht 's kümmerlich, aber wir fürchten uns nicht!" Der Österreicher: „Uns geht 's fürchterlich, aber wir kümmern uns net." Die Wiener feierten am 16. Februar ihr erstes „Gschnasfest" im Künstlerhaus. Die erste Wiener Messe nach dem Krieg vom 22. bis 30. März besuchten 700.000 Menschen. Am 25. Mai drehte sich das Riesenrad wieder. Hans Moser sang ein Lied von Peter Wehle: „Wann der Steffel wieder wird, so wie er war." Und Heinz Conrads in seiner beliebten Sonntag-Morgensendung: „Den Wurstel, mei Liaber, den kann kaner derschlagen!" Unser Freund Augustin hatte es ja bewiesen.

Auch das offizielle Österreich sang. Seit 25. Februar gab es wieder eine Bundeshymne. Typisch österreichisch: Eine katholische Dichterin schrieb den Text zu einer Freimaurerkantate. Damit konnten alle leben. Und vor Länderspielen im Stadion mußte nicht mehr „O du mein Österreich" gespielt werden. Und weil wir grad beim Sport sind: Auch da gab es wieder kräftige Lebenszeichen: Ellen Müller-Preis wurde Weltmeisterin im Sportfechten, Herma Bauma stellte mit 48,21 Meter einen Weltrekord im Speerwerfen auf, Österreichs Eishockeyteam eroberte den 3. Platz bei der Weltmeisterschaft in Prag und die Fußballer schlugen Italien 5:1! – Am 5. Juli (Fronleichnam) fanden Geheimgespräche zwischen ÖVP und KPÖ statt. Figl und Raab wollten ausloten, ob die Sowjets bei einer stärkeren Regierungsbeteiligung der Kommunisten dem Staatsvertrag zustimmen würden. Die Sozialisten waren natürlich verärgert. „Vom Baldachin in Ernst Fischers Laube" spottete Dr. Ernst Koref im Nationalrat. Um diese Zeit verzichteten die USA auf die Besatzungskosten, und Stalin sagte auf Ersuchen der KPÖ die Freilassung der Österreicher aus der Kriegsgefangenschaft zu. Aus den anderen Siegerstaaten mit Ausnahme Jugoslawiens waren sie ja schon heimgekehrt. Tatsächlich trafen im Herbst Transporte mit 162.000, bis 1950 insgesamt 488.000 Heimkehrern ein. Zehntausende Menschen zitterten an den Radioapparaten, wenn die Namen der Heimkehrer des nächsten Transports verlesen wurden. Erschütternd die Mütter und Frauen, die mit Namensschildern oder Bildern ihrer vermißten Angehörigen auf den Bahnsteigen standen, in der meist vergeblichen Hoffnung, etwas vom Gatten, Vater oder Sohn zu erfahren. Der Wiederaufbau ging inzwischen weiter, auch Neubauten wurden bereits errichtet. Am 23. August wurde der Grundstein für die Per-Albin-Hansson-Siedlung in Favoriten gelegt. Ab November stieg der Tagessatz für Normalverbraucher auf 1700 Kalorien. Die Währungsreform brachte eine Abwertung des Schillings von 3:1 – ein Opfer, damit der Schilling wieder zur harten Währung aufsteigen konnte. Dies und die Teilnahme Österreichs am Marshall-Plan waren Gründe für den Rücktritt des einzigen kommunistischen Ministers, Dr. Altmann. Die nächsten 19 Jahre wurde Österreich von einer großen Koalition regiert.

Jeden Mittwoch treffen sich Gertrud Raunzinger und Christine Keppl im Café Keppl zu einem Plauderstündchen. Es sei ihnen gegönnt, sie haben sich ’s verdient. Eines Tages, 1946, bekommen sie Besuch. Diesmal ist es wieder einmal Luise Motschger, die den Canossa-Gang antreten muß. Sie hat jetzt eine kleine Hausbesorgerwohnung in Meidling und bringt sich und ihren invaliden Sohn Gernot, der inzwischen aus der britischen Kriegsgefangenschaft zurückgekommen war, mühselig durch. Ob die Freundinnen nicht was für sie tun können? Franz und Leopold sitzen schließlich im Gemeinderat – Hermann sitzt auch, allerdings immer noch in Glasenbach. Er hat doch niemandem was getan. Na ja, die Judenwohnung. Die Nussenblatts hätten sowieso weg müssen. Und der Hermann hat ihnen freiwillig Ablöse für die Möbel gezahlt.

Das Geld haben sie ja für die Ausreise gebraucht. „Und heut tut mir das ja so leid. Aber sind wir nicht genug gestraft? Und die Staatsbürgerschaft haben wir auch verloren wegen dieser blöden österreichischen Legion!“ Die beiden Freundinnen zögern. „Und der Hermann hat auch geholfen, als eure Männer in Dachau waren.“ Das gibt den Ausschlag, die weibliche Solidarität siegt. „Allerweil zahlen mir Frauen die Zeche, weil die Mannsbilder so fanatisch san“, seufzt Frau Keppl und blickt mißmutig auf den weißen Fleck über dem bewußten Tisch, wo während des Ständestaats der „Duce“, während der Nazizeit der „Führer“ und im Sommer 45 Väterchen Stalin „gehangen“ sind, jeweils mit dem Hinweis, daß sie frühere „Stammgäste“ gewesen seien. Von Präsident Truman ließ sich das leider beim besten Willen nicht behaupten.

Die Gemeinderäte Raunzinger (SPÖ) und Keppl (ÖVP) stehen in einer Sitzungspause beisammen. Keppl: „Mei Christl sekkiert mi dauernd wegen dem Hermann. Dir geht ’s wahrscheinlich auch net besser.“ Raunzinger: „Eh net, kannst dir ja denken. Was tamma?“ Keppl: „Irgend was muß gschehn, vorher is eh ka Ruah. I werd halt schaun wegen seiner Enthaftung.“ Raunzinger nickt: „Dann kümmer i mi um die Staatsbürgerschaft.“ Beide sind schließlich erfolgreich.

Mit seiner Familie ist Leopold nicht sonderlich zufrieden. „Die Mitzi a Ami-Girl, der Robert a Kummerl“, murrt er immer wieder. „Dei Erziehung“, zuckt der Großvater die Achseln. Und so sehr sich Gertrud auch bemüht, Maria-Mitzi-Mary darf ihren Bobby nicht ins Haus bringen. Aber wer hat wieder ein Herz für die Liebenden? Onkel Gustl. Teils, weil ihm inzwischen klar ist, daß ihm selbst dieses Glück nicht mehr gegönnt sein wird, nach vielen vergeblichen Nachfragen und den grauenhaften Details, die man inzwischen über Konzentrationslager und Gaskammern erfahren hatte. Teils, weil ihm das Glück seiner Nichte immer schon ein Anliegen war. Bei ihm kann sich das Pärchen jederzeit treffen und auch die Schwägerin den Geliebten der Tochter kennenlernen. Leopold ist sowieso immer beschäftigt. Die Familie ist inzwischen in ein Siedlungshaus mit Garten am Flötzersteig übersiedelt. Aber auch die Verbindung mit dem Gemeindebau bleibt erhalten, denn kurz vor Weihnachten 1947 eröffnen die Raunzingers wieder ihr früheres Gasthaus. Gertrud hat es geschafft, daß alle eingeladen sind, sogar Robert, der inzwischen Personalchef in einem USIA-Betrieb (so hießen die von den Sowjets beschlagnahmten Betriebe) geworden ist. Nur Mary hat abgelehnt, da ihr Bobby nicht eingeladen ist. Franz Keppl wollte vorübergehend absagen, da die Austria kurz vorher von Rapid 7:2 geschlagen worden war. Doch die Frauen verbürgten sich, daß über Fußball nicht geredet werden würde.

„Vor 14 Jahren, beim Heurigen in Petersdorf, waren wir zum letzten Mal alle beinander“, begrüßt Frau Gertrud die Gäste, „und alle sind im Streit auseinander gegangen. Inzwischen hamma alle Lehrgeld zahlen müssen. Hoffentlich haben die Herrschaften draus gelernt.“ Der Großvater ist ungeduldig, denn aufgrund seiner Erfahrung steht ihm die Eröffnung zu. „14 Jahre älter seids worden, und so schauts a alle aus. Obs gescheiter worden seids, wage ich zu bezweifeln. Die große Koalition hätt ma scho damals braucht, da wär uns viel derspart blieben.“ Alle nicken, nur Robert Raunzinger schüttelt unwillig den Kopf, sagt aber um des lieben Friedens willen nichts. Der Alte ist noch nicht fertig. Er lächelt süffisant, hat also noch eine Bosheit auf Lager. „Und der arme Fritz hätt net zwamal das Parteibuach wechseln müssen.“

„Dreimal“, murmelt der brave Beamte Friedrich verlegen. Er ist nämlich, als der kommunistische Staatssekretär Franz Honner nach der Wahl das Innenressort dem Sozialisten Oskar Helmer überlassen mußte, der SPÖ beigetreten. Was allerdings niemand weiß: Friedrich ist auch Mitglied der ÖVP. Schließlich ist Ferdinand Graf (ÖVP)

Staatssekretär im Innenministerium, und man kann ja nie wissen. „Aber“, so fügt er eilig hinzu, „ich habe immer meine Pflicht getan.“ Leopold und Franz, die ihn beide für ihre Partei geworben haben, ohne vom anderen zu wissen, nicken ihm anerkennend zu. Robert sagt: „Man kann auch bei der gleichen Partei bleiben und trotzdem die Gesinnung wechseln, wie mein Herr Vater. Vom Schutzbundfunktionär zum kleinbürgerlichen Gastwirt, alle Achtung!“ Das ist zuviel für Leopold. „Erstens waren mir immer Wirte und zweitens bin i beim Freien Wirtschaftsverband und drittens, besser Kleinbürger als Landesverräter, Kollaborateure, die ihr Geld in einer von der Besatzungsmacht gestohlenen Firma verdienen!“ Gertrud springt auf: „Schluß jetzt! Geht das schon wieder an? Noch dazu in der eigenen Familie?“

„Apropos eigene Familie“, sagt Leopold. „Da fehlen ja zwei. Mein Fräulein Tochter schmollt wieder einmal, und mein Herr Bruder ist wahrscheinlich angsoffen.“ Der Großvater kichert. „Ka Wunder bei eucherer Familie.“ (Als ob es nicht auch seine wäre.) „Und außerdem: im Zweifel für den Angeklagten.“ Und das ist jetzt das Stichwort für Hermann Motschger. Er räuspert sich. „Ich bin zwar hier nicht angeklagt, nicht mehr, aber ich spüre den stillen Vorwurf, und er ist berechtigt. Ja, wir waren immer für den Anschluß an Deutschland. Ich persönlich habe Österreich nie für lebensfähig gehalten und habe auch jetzt meine Zweifel. Ich will mich auch nicht auf Renner oder Innitzer ausreden. Wir Großdeutschen wollten den Anschluß an Deutschland, aber mit demokratischen Mitteln. Man hat uns aber keine andere Wahl gelassen. Die Verbrechen, die begangen wurden, haben wir nicht gewollt, aber wir fühlen uns mitschuldig. Aber von den Verbrechen an den Juden haben wir nichts gewußt, weiß Gott, nein, niemals!“ – „Das weiß höchstens der Wotan“, spottet der Großvater, „aber ihr habts halt glaubt, die Juden werden auf Erholung gschickt, wie sie s’ auf die

Lastwagen verladen ham." Hermann verläßt gesenkten Blickes die Runde und begibt sich auf die Toilette, wobei er Franz Keppl begegnet. „Hermann", flüstert der ihm zu, „wenn du einen Posten brauchst, mir von der ÖVP helfen dir. Du kannst bei uns Redakteur werden. Das Radl hat si draht, ganz Osteuropa ist kommunistisch, mir brauchen Kämpfer gegen den Bolschewismus, denk drüber nach." Und als Motschger die Toilette wieder verläßt, begegnet ihm wie zufällig Leopold. „Im Vertrauen, Hermann, mir Sozialisten haben durch den Proporz eine Menge Posten zu besetzen. Die jüdischen Akademiker fehlen uns. Du brauchst nur dem BSA (Bund Sozialistischer Akademiker) beitreten. Außerdem wird der Helmer dafür sorgen, daß bald wieder a Partei für das nationale Lager zuglassen wird. Die Schwarzen dürfen net glauben, daß sie ewig die einzige bürgerliche Partei bleiben. Überleg dir das."

Vielleicht wäre dieses unwürdige Treiben weitergegangen, wäre nicht plötzlich Augustin – wer sonst? – in der Tür gestanden: „Guten Abend, die erlauchte Runde, küß die Hand, schöne Schwägerin! Was ist, Bruderherz, willst du dich nicht bei deiner Tochter Mary und bei deinem Schwiegersohn verabschieden? Sie verlassen nächste Woche old Europe und ziehen ins Land der unbegrenzten Möglichkeiten!" Sein Bruder will eben fragen, wie viel Vierteln er schon getrunken hat, als Mary, noch im Brautkleid, das sie in der Wohnung des Onkels angezogen hat, in Begleitung eines großen blonden Hauptmanns in amerikanischer Uniform das Lokal betritt. „Ab heut bist du keine Raunzinger mehr!" ruft Leopold empört. „Aber ja, Daddy!" sagt Mary glücklich. „Excuse me, dear father in law", sagt der Captain und reicht ihm seine Visitenkarte. Und da steht doch tatsächlich „Captain Robert Rowncinger" und eine Adresse in Chikago. „Mein Ururgroßvater Robert und seine Gattin Julia, geborene Keppl, sind 1849 aus Wien eingewandert. Mary ist meine Cousine 3. Grades." – „Dann san mir ja auch verwandt!" ruft Franz Keppl und umarmt die jungen Eheleute. Und Christine Keppl umarmt ihre Freundin. „Net weinen, Trude. Dei Kind wird 's guat haben drüben." Im nächsten Augenblick liegen sich alle in den Armen. Sogar Robert, der KPÖ-Funktionär, gibt dem amerikanischen Schwager die Hand. „Paß guat auf auf mei Schwester", sagt er und schluckt. Und bald übertönen allgemeine Hochrufe auf das Brautpaar das Schnarchen des Großvaters.

„Das Merkmal dieser Zeit ist Unsicherheit, und darum verlangt man in dieser Zeit ständig wechselnder Erscheinungen gerade von der Kunst bestimmten Umriß und klare Stellungnahmen." Wie der Bildhauer Fritz Wotruba sagte, und das war auch Motto seiner Schüler Wander Bertoni und Alfred Hrdlicka oder der Maler und Expressionisten Herbert Boeckl und Albert Paris Gütersloh. So beachtenswert aber die Leistungen dieser und anderer Künstler in schwerer Zeit waren, so großartige Ensembles auch Burg und Oper damals hatten, für die Bevölkerung gab es wichtigere Ereignisse. Im Februar 1948 waren von den 700 im Krieg zerstörten Brücken 125 wieder hergestellt und dem Verkehr übergeben. Auf der Aspangbahn wurde der Verkehr wieder aufgenommen. Im Mai gab es erstmals wieder Bananen in Wien. Auch die Schleichhandelspreise waren merklich zurückgegangen. Bei den Olympischen Spielen in London errang Herma Bauma Gold im Speerwerfen. In der Modeschule Hetzendorf fand die erste Modeschau statt, und im September stiegen die Rationen für Normalverbraucher auf 2100 Kalorien. Am 19. Dezember wurde der restaurierte Teil des Stephansdoms wieder eröffnet.

Doch nicht nur Erfreuliches gab es zu berichten. Die Staatsvertragsverhandlungen verliefen weiterhin ergebnislos. Ebenso ergebnislos waren Österreichs Proteste gegen die Besatzungskosten. Dazu forderte Jugoslawien unter Marschall Tito Teile Kärntens mit Klagenfurt und

Villach, sowie Reparationen. Aber mit den ehemaligen Gästen aus dem Café Keppl hatte Österreich ja sowieso kaum gute Erfahrungen gemacht. „Ab jetzt hat er Lokalverbot“, stellt Franz Keppl klar. In Wien waren mehr als 40.000 Wohnungssuchende vorgemerkt. 5144 Wohnungen, 258 Villen, 41 Hotels, Schulen und 110 Geschäftslokale waren von den Besatzungsmächten beschlagnahmt. – Am 24. Oktober starb in Bad Ischl der Operettenkomponist Franz Léhar.

1949 ging es langsam weiter aufwärts. Unter anderem auch im Sport. Eva Pawlik wurde Europameisterin, Edi Rada Europameister im Eiskunstlauf. Im Schwergewicht war der Wiener Berufsboxer Joschi Weidinger sehr erfolgreich. Und Richard Menapace gewann die erste Österreich-Radrundfahrt. Kulturell bedeutend waren die Uraufführungen von Fritz Hochwälders „Öffentlichem Ankläger“ im Burgtheater mit Werner Krauß und Judith Holzmeister und die Wiedereröffnung der „Secession“. Am 8. Mai wurde im Prater eine internationale Automobilausstellung eröffnet. Von den 50.000 in Wien gemeldeten Kraftfahrzeugen waren aber weniger als die Hälfte Autos. Bereits am 11. Jänner wurde die Brot- und Mehlrationierung aufgehoben. Am 26. Juni waren die ersten Nylonstrümpfe zu haben. Am 22. September wurde im Auer-Welsbach-Park der Kindergarten „Schweizer Spende“, der modernste Kindergarten Europas, eröffnet. Und am 9. Oktober fanden Wahlen zum Nationalrat statt. Das nationale Lager hatte wieder eine Vertretung: Der VdU verstand sich als liberale Nachfolgepartei von Großdeutschen und Landbund und kandidierte, nachdem in Oberweis Verhandlungen zwischen der ÖVP und ehemaligen Nazifunktionären über die Einbeziehung der „Nationalen“ in die ÖVP gescheitert waren. Die ÖVP erhielt 77, die SPÖ 67, der VdU (Verband der Unabhängigen) 16, der kommunistische Linksblock 5 Sitze. Wieder wurde eine große Koalition Figl-Schärf gebildet. Auch im öffentlichen

Dienst herrschte totaler Proporz, und es wurde gewitzelt, jeder Posten würde dreifach besetzt, mit einem Schwarzen, einem Roten und einem Fachmann. Der Wiener Gemeinderat setzte sich jetzt wie folgt zusammen: SPÖ 52, ÖVP 35, Linksblock 7, VdU 6 Mandate. Theodor Körner wurde wieder zum Bürgermeister gewählt. – Die Weltlage hatte sich weiter verschlechtert, der Staatsvertrag samt Abzug der Besatzungstruppen war in weiter Ferne. Die Kräfteverhältnisse hatten sich zugunsten des Ostblocks verschoben: Nach den USA hatten jetzt auch die Russen die Atombombe, und China war kommunistisch geworden. In Deutschland waren zwei Staaten entstanden, die prowestliche BRD und die prosowjetische DDR. Aber in Wien saßen die vier Besatzungsmächte doch noch in einem Auto (Die Vier im Jeep)! Hatte das sprichwörtliche „Leben und Leben lassen" der Wiener selbst auf die Alliierten abgefärbt?

Das Jahr 1950 sollte vor allem im Zeichen schwerer innenpolitischer Auseinandersetzungen stehen. Im übrigen normalisierte sich das Leben weiter. Am 3. Februar starb in Wien der populäre Altbürgermeister Karl Seitz. Noch im Vorjahr hatten ihm tausende Wienerinnen und Wiener bei der Feier seines 80. Geburtstags zugejubelt. Auch in Zeiten des Austrofaschismus und des Nationalsozialismus war er überall respektiert und als „Herr Bürgermeister" angesprochen worden. Nach seiner Rückkehr aus dem KZ übernahm er wieder den Vorsitz der SPÖ, wurde später Ehrenvorsitzender und hielt noch im Nationalrat eine große Rede, in der er den Abzug der Besatzungsmächte forderte. Am 10. März wurde im Apollo-Kino der Film „Der Dritte Mann" (Regie: Orson Welles) uraufgeführt, der im Nachkriegs-Wien spielte und durch den der Wiener Zitherspieler Toni Karas berühmt wurde. Die Motorisierung steckte noch in den Anfängen. Große Aufmerksamkeit erregte es, als Tausende „Tifosi" (italienische Fußballfans) zum Länderspiel Österreich–Italien

(1:0) nach Wien kamen. Am 2. Juni wurde im Wiener Stadion Joschi Weidinger durch einen Sieg über den Franzosen Stefan Olek Europameister im Schwergewicht. Am 21. Juni wurde das „Gänsehäufel“ wieder eröffnet, am gleichen Tag wurde die Todesstrafe endgültig abgeschafft. Bürgermeister Körner legte am 16. August den Grundstein für die zehntausendste Gemeindewohnung nach dem Krieg. Am 31. August wurde die Lebensmittelrationierung komplett aufgehoben.

Die allmähliche Konsolidierung der Wirtschaft ging auf Kosten der Arbeiter und Angestellten. Die kommunistische Bedrohung (alle Nachbarn im Norden und Osten waren kommunistische Diktaturen) und die Tatsache, daß die an sich kleine KPÖ sich auf die sowjetische Besatzungsmacht und die von ihr exterritorial verwalteten USIA-Betriebe stützte, führten zu einem Rechtsruck der SPÖ und des von ihr dominierten Gewerkschaftsbundes. ÖGB-Präsident Johann „Schani“ Böhm meinte, „wir sitzen alle im gleichen Boot“ und schloß mit den Unternehmern Kompromisse, die den Arbeitermassen zu weit gingen: die sogenannten Lohn-und-Preis-Abkommen. Und der Industrielle Mautner Markhof forderte mitten in der erregten Stimmung noch eine Bierpreiserhöhung. Trotz der extrem antikommunistischen und prowestlichen Stimmung in Österreich folgten 120.000 Arbeiter dem kommunistischen Streikaufruf. In der Sowjetzone wurden Postämter besetzt, der Verkehr lahmgelegt, Arbeitswillige zum Streik gezwungen, und die Polizei durfte nicht eingreifen. Am 26. September machten 6000 kommunistische Demonstranten Anstalten, das Bundeskanzleramt zu stürmen. Doch an der Parteidisziplin der sozialistischen Gewerkschafter scheiterte am 6. Oktober die Streikbewegung.

Franz Keppl sitzt in seinem Kaffeehaus in der Kaiserstraße und lobt die Sozialisten, die den „kommunistischen Putschversuch“ niedergeschlagen hätten. Unmittelbar betroffen aber sind die Raunzingers. Als nämlich Friedrich, der treue Beamte, der dem Polizeikordon angehörte, welcher das Kanzleramt vor den anstürmenden Kommunisten schützte, seinem Freund Leopold berichtet, auch Robert unter den „Putschisten“ gesehen zu haben, bricht Leopold die Beziehungen zu seinem Sohn und dessen Familie ab, obwohl Frau Gertrud zu vermitteln versuchte, und bezeichnete ihn als russischen Agenten. „Und du bist a amerikanischer Agent“, schimpft der Großvater. „Der Victor Adler und der Otto Bauer täten si im Grab umdrahn, aber ihr heutigen Sozialisten packelts mit die Kapitalisten und habts vergessen, was Klassenkampf is.“ Trost findet die Familie im Glück ihrer Mitzi-Mary. Sie und ihr Mann haben in Chikago ein Motel an einer Einfahrtsstraße. Ständig kommen Briefe und Pakete, obwohl die Eltern versicheren, daß es längst wieder alles zu kaufen gäbe. Und als noch die Nachricht von der Ankunft des kleinen Harry Leopold Rowncinger eintrifft, strahlen alle voll Stolz und Glück, nur der ewig grantelnde Großvater, inzwischen zweifacher Urgroßvater, meint „hoffentlich wird er ka Gangster wia der Al Capone“. Und dabei schmunzelt er.

Am 31. Dezember starb Bundespräsident Dr. Karl Renner. Somit war 1951 wieder ein Wahljahr. Die 1929 auf Druck der Heimwehren gegen den Willen der Sozialdemokratie eingeführte Volkswahl des Bundespräsidenten würde nun erstmals stattfinden. Es sollte sich herausstellen, daß es lange Zeit ein Nachteil für die Befürworter und ein Vorteil für die Gegner der Direktwahl war. Ein sogenannter „Treppenwitz der Geschichte“, wie man zu sagen pflegt, obwohl auf Treppen selten Witze gemacht werden.

Am 2. Februar 1951 wurde Helmut Seibt Europameister im Eiskunstlauf. Im März waren 120 Wiener Schulen wieder aufgebaut. Am 6. Mai fand dann die Bundespräsidentenwahl statt. Alle vier Parlamentsparteien hatten Kandidaten aufgestellt, so daß eine Stichwahl notwendig war. Im ersten Wahlgang lag der oberösterreichische Landeshauptmann Dr. Heinrich Gleißner (ÖVP) knapp vor dem Wiener Bürgermeister General Theodor Körner (SPÖ). Vor der Stichwahl war die Familie Motschger (Hermann war jetzt Redakteur des VdU-Organs „Neue Front“), die erstmals wieder wahlberechtigt war, hintereinander im Café Keppl und im Gasthaus Raunzinger eingeladen. Wen sie dann gewählt haben, kann wegen des Wahlgeheimnisses leider nicht berichtet werden. Am 27. Mai wurde überraschend Theodor Körner mit 52,1 Prozent gewählt. Da Österreichs Fußballteam am gleichen Tag Schottland 4:0 schlug, erschien die „Welt am Montag“ mit der Schlagzeile „Schottland und Gleißner geschlagen!“

Durch den Sieg Körners mußte der Wiener Gemeinderat am 23. Juni einen neuen Bürgermeister wählen. Es war der 52jährige Stadtrat Franz Jonas, ein gelernter Schriftsetzer aus Floridsdorf, obwohl ein Teil seiner Fraktion für den Vizebürgermeister Karl Honay gestimmt hatte. Jonas konnte ein völlig anderes Wien übernehmen als sein Vorgänger, denn die wesentlichsten Kriegsschäden waren beseitigt. In diesem Jahr erschien in Wien Heimito von Doderers großer Roman „Die Strudelhofstiege“. Am 26. Mai wurden die ersten Wiener Festwochen nach dem Krieg eröffnet. – Am 29. April ist der Philosoph Ludwig Wittgenstein in Cambridge gestorben.

Mit Beginn des Jahres 1952 nahm die amerikanische „Sendergruppe Rotweißrot“ den 136 Meter hohen Sendemast am Steinhof in Betrieb. Jede Besatzungsmacht hatte ja ihren eigenen Rundfunk, und der Hörfunk war vor Einführung des Fernsehens ein wesentlicher Faktor der Meinungsbildung. Einen Radioapparat hatte schon fast jeder, während sich nur wenige einen eigenen Telefonanschluß leisten konnten. Ende des Jahres wurde ein Fernsehversuchsprogramm ausprobiert, von der Einführung des Fernsehens sah man aber ab, da man sich nicht der Zensur der Besatzungsmächte unterwerfen wollte. Die populärste

Rundfunksendung war die Sonntagvormittag-Sendung der sowjetisch kontrollierten RAVAG „Was gibt es Neues“ mit Heinz Conrads. Sonst war aber der Rotweißrot-Sender am populärsten (natürlich dank Onkel Gustl). Besonders beliebt waren die Radiofamilie mit Hans Thimig, Vilma Degischer und Guido Wieland, Text Jörg Mauthe, Quizsendungen mit Maxi Böhm und die Kabarett-Sendungen „Der Watschenmann“ und „Die Befreiten“. Abends gab es in beiden Stationen Aufführungen der Radiobühne mit hervorragenden Schauspielern. Da auch die Briten (Sendergruppe Alpenland) und die Franzosen (Sendergruppe West) eigene Programme ausstrahlten, gab es eine wirkliche Vielfalt im Äther.

Bei den Staatsvertragsverhandlungen ging nichts weiter, die sowjetischen Vertreter sagten immer „Njet“ und knüpften eine Entscheidung stets an neue Bedingungen, wie zum Beispiel „Lösung der Frage Triest“. Am 12. April nahm die DDSG auf der Stecke Wien–Linz den Personenverkehr wieder auf. Am 26. April gab es einen Festtag. Der Wiederaufbau des Stephansdoms, an dem sich alle Bundesländer beteiligt hatten, war abgeschlossen, die in Oberösterreich neu gegossene Pummerin läutete wieder. Am 11. September wurde in Wien der österreichische Katholikentag eröffnet. Kardinal Innitzer fungierte als offizieller Vertreter des Papstes im roten Ornat. Der Bundespräsident: „Wir heißen zwar beide Theodor, aber Sie sind außen rot und innen schwarz, bei mir ist es umgekehrt.“ – Am 13. Dezember legte Bürgermeister Jonas den Grundstein zur 25.000 Gemeindewohnung nach dem Krieg. Es waren freilich nicht mehr die intimen Bauten der Zwischenkriegszeit mit den geräumigen begrünten Innenhöfen, sondern oft Hochbauten, denn die Grundstückspreise waren auch hoch und die Wohnungsnot war groß. Dafür wurden die Wohnungen schon etwas größer. Am 19. Dezember war der letzte Teil der Westbahn von Wien nach Amstetten elektrifiziert.

1953 wurde wieder gewählt. Die SPÖ gewann am 22. Februar 6 Mandate hinzu, alle anderen verloren. Der neue Mandatsstand lautete: ÖVP 74, SPÖ 73, VdU 14, KPÖ (diesmal als „Volksopposition") 4. In der ÖVP war inzwischen die Unzufriedenheit mit der angeblichen Nachgiebigkeit Figls gegenüber der SPÖ gewachsen. Julius Raab hatte ihn als Parteiobmann abgelöst. Schon im Vorjahr hatte er gemurrt: „Ich hab es getragen sieben Jahr, ich kann es nicht tragen mehr!" Nun galt es, Kanzler Figl auf elegante Weise abzulösen. Der ÖVP-Vorstand beauftragte ihn daher, eine Einbeziehung des VdU in die Regierung zu verlangen. Nachdem Bundespräsident Körner das erwartungsgemäß abgelehnt hatte, bildete Raab eine Koalition mit den Sozialisten. Am 13. März starb der angesehene christliche Demokrat Leopold Kunschak. Sein Nachfolger als Nationalratspräsident wurde Dr. Felix Hurdes. Um die gleiche Zeit starb auch der Sowjetdiktator Josef Stalin, für Franz Keppl kein großer Verlust, da er schon 40 Jahre das Café Keppl nicht mehr besucht hatte. Auch für die übrige Menschheit war der Verlust verschmerzbar. An seine Stelle trat eine Troika aus den Herrn Malenkow, Molotow und Bulganin, als starker Mann stellte sich aber bald Nikita Chruschtschow heraus, der deutliche Signale der Entspannung setzte. So verzichtete nun auch die Sowjetunion auf Besatzungskosten. In der Beurteilung der Situation gab es zwei Richtungen, die quer durch die Koalition gingen. Während Schärf, Gruber und Helmer bedingungslos auf die USA setzten, standen Körner, Raab, Figl und Kreisky für Entspannung und dachten bereits an Neutralität. Raab entließ daher am 14. November Außenminister Gruber und ersetzte ihn durch Figl, eine Art Wiedergutmachung für den langjährigen Bundeskanzler. Am 1. September übernahmen Ernst Haeussermann und Franz Stoß die Leitung des Theaters in der Josefstadt. Friedrich Torberg und Hans Weigel galten damals als die führenden Theaterkritiker. Weigel war auch

Mentor zahlreicher Nachwuchsliteraten wie Ingeborg Bachmann und Ilse Aichinger. Mit seinen pointierten Rezensionen waren freilich die Betroffenen nicht immer einverstanden, so daß ihn die Schauspielerin Käthe Dorsch vor seinem Stammcafé Raimund einmal mit einer Ohrfeige „begrüßte".

Vom 25. Jänner bis 28. Februar 1954 fand in Berlin eine Außenministerkonferenz der vier alliierten Großmächte statt, an der Österreich, vertreten durch Außenminister Ing. Leopold Figl (ÖVP) und Staatssekretär Dr. Bruno Kreisky (SPÖ), erstmals als gleichberechtigter Partner teilnehmen konnte. Durch das österreichische Neutralitätsangebot gab es eine gewisse Annäherung an die Sowjetunion, die von den Westmächten, welche ein Machtvakuum in Mitteleuropa befürchteten, mit einigem Mißtrauen beobachtet wurde. Molotows Angebot, die alliierten Truppen sollten auch nach dem Staatsvertrag „bis zur Lösung der Deutschland-Frage" in Österreich bleiben und nur Wien räumen, das dann entmilitarisiert mitten im sowjetisch besetzten Gebiet gelegen wäre, führte dazu, daß die österreichische Delegation die Gespräche beendete und ohne den heißersehnten Vertrag zurückkehrte. Dies rief große Enttäuschung und Verbitterung hervor. Daß das österreichische Fußball-Nationalteam am 3. Juli bei der Weltmeisterschaft in der Schweiz durch einen 3:1 Sieg über Uruguay den dritten Platz und damit den größten Erfolg in der österreichischen Fußballgeschichte errang, war nur ein schwacher Trost. Am 20. Juli wurde die Wiener Kammeroper gegründet.

Am 1. September kehrten 80 der 97 im Jahr 1938 angegliederten Gemeinden zu Niederösterreich zurück, 17 Gemeinden, darunter Albern, Inzersdorf, Liesing, Rodaun, Mauer, Hadersdorf-Weidlingau und Kahlenbergerdorf, verblieben bei Wien. Der 22. Bezirk heißt seitdem Donaustadt, der 23. Bezirk Liesing. In ihren endgültigen Grenzen umfaßte die Stadt 23 Bezirke und hatte etwas mehr als

1,6 Millionen Einwohner. Am 15. Oktober wurde der Hugo-Breitner-Hof im 14. Bezirk, die bisher größte kommunale Wohnhausanlage der Zweiten Republik, eröffnet. Bei der Gemeindewahl am 17. Oktober bauten die Sozialisten unter Bürgermeister Jonas ihre absolute Mehrheit auf 59 Sitze aus, die ÖVP erhielt 35, die KPÖ 6 Sitze, der gespaltene VdU ging leer aus. Am 18. Oktober erschien erstmals der „Neue Kurier“ als österreichische Tageszeitung. – Gestorben sind 1954 der Operettenkomponist Oscar Straus, der vom Ständestaat eingesetzte Bürgermeister Richard Schmitz und der erst nach dem Tod bekannt gewordene Satiriker Fritz Herzmanovsky-Orlando.

Wer an gute Vorzeichen glaubt, kann sich wieder einmal bestätigt fühlen: Das Jahr 1955 begann schon gut. Am 8. Jänner wurde die neu errichtete Rotundenbrücke über den Donaukanal dem Verkehr übergeben. Am 29. Jänner wurde die 15jährige Wienerin Hanna Eigel in Budapest Europameisterin im Eiskunstlauf. Am 9. März konnte Bundeskanzler Ing. Raab feststellen, Österreich habe den Anschluß an die Weltwirtschaft wieder erreicht. Am 16. März stellte die Regierung klar, Österreich werde keinem Bündnis beitreten und keine militärischen Stützpunkte auf seinem Staatsgebiet zulassen. Damit war die Voraussetzung geschaffen, daß eine österreichische Delegation zu Ostern nach Moskau fliegen konnte. Fanatische Antikommunisten wie Innenminister Helmer warnten vor der Reise. Doch in Moskau gelang Bundeskanzler Raab, Vizekanzler Schärf, Außenminister Figl und Staatssekretär Kreisky der Durchbruch. Freilich nicht so einfach, wie in einer Schweizer Karikatur dargestellt, wo Raab Zither spielend singt, die Sowjetpolitiker weinen und Figl rät: „Jetzt noch die Reblaus, Raab, dann san s' waach.“ Vizekanzler Schärf mußte überzeugt werden, der Neutralität zuzustimmen, Bundeskanzler Raab, einer Ablöse für die Erdölförderung zuzustimmen, während die Sowjetunion eine österreichisch-sowjetische Gesellschaft präferiert hätte. Das Verhandlungsergebnis wurde von der Bevölkerung mit beispiellosem Jubel begrüßt.

Am 15. Mai wurde also der Staatsvertrag im Belvedere von den Außenministern der Alliierten und Österreichs unterzeichnet. Zehntausende Menschen erwarteten vor dem Schloß das Erscheinen der Minister auf dem Balkon. Unter den Wartenden entdecken wir auch unsere Freunde. Für zwei von ihnen wird sich durch den Staatsvertrag einiges ändern. Robert wird seinen Posten bei der USIA verlieren, aber das Gasthaus Raunzinger übernehmen. Vater und Sohn haben sich nämlich dank der geduldigen Bemühungen von Frau Gertrud schon seit längerem versöhnt. Onkel Gustl verliert auch seinen Posten beim Sender Rotweißrot – er hat sowieso schon zu lange ein fixes Anstellungsverhältnis gehabt. Im Winter wird er als freier Mitarbeiter für den österreichischen Rundfunk tätig sein, im Sommer als Reiseleiter für ein Reisebüro ältere Damen mit seinem Charme und seinem Schmäh bezaubern. Und nachdem Mary nach Amerika abgeflogen ist, kann er den Beschützer einer jungen Dame spielen, die den umgekehrten Weg gegangen ist. Es ist Ruth Mandelbaum, eine Nichte Theas, die in Wien Medizin studiert. Sie ist für ihn eine Art Tochterersatz. Wehmütige Erinnerungen werden bis an sein Lebensende mit Momenten der Ausgelassenheit wechseln.

„Jetzt könnten s' schon kommen", murrt der Großvater, der trotz seiner 87 Jahre mitgekommen ist. „Vielleicht finden s' die Füllfeder net", lacht Augustin. Ein hoher Polizeioffizier, der sich schon auf die baldige Pensionierung freut, hat ihnen einen guten Platz verschafft. Es ist natürlich kein Geringerer als der brave Beamte Friedrich. „I hab deinem Vater schon vor Jahrzehnten gsagt, tua den drei Pülchern, dem Hitler, dem Mussolini und dem Stalin, a Ratzengift in den Mokka, dann wär uns das alles derspart blieben", sagt der Großvater zu Franz Keppl. Frau Gertrud lacht. „Geh, Vater, damals hast ja noch gar net gwußt, was aus die drei amal wird." – „Trotzdem ham s' net auf mi ghört. Auf mi hört ja nie wer", beharrt der Alte eigensinnig. „Jetzt kriag ma wieder eine Armee", ärgert sich Robert, „aber mei Bua wird einmal nicht einrücken, das schwör ich!" Franz Keppl lacht: „Ah, da schau ich ja, ein Spanienkämpfer als Pazifist", spottet er. Fast gleichzeitig ließ sich Motschger vernehmen: „Es wäre ein schöner Tag. Doch mit der Neutralität sind wir praktisch aus der Weltgeschichte ausgetreten. Und ohne Anschluß an Deutschland sind wir nicht lebensfähig." Leopold fragt scheinheilig: „Welches Deutschland meinst denn, Hermann? West oder Ost?" Die Frauen greifen auch ein. Gertrud Raunzinger: „I bin froh, daß mir aus der Weltgeschichte austreten san, das hat uns noch nie Glück bracht!" Christine Keppl: „Habts ihr Männer noch immer nix glernt?" Luise Motschger: „Ich bitt dich, Hermann, fang net schon wieder an!"

In diesem Moment brandet Jubel auf, die Minister treten auf den Balkon, Leopold Figl schwenkt den Staatsvertrag, spricht einige Worte und schließt mit der bekannten Feststellung: „Öst'reich ist frei." Der Mann, der in Dachau für sein Land gelitten und dann zehn Jahre um jedes Stück Freiheit gekämpft hat, darf diesen Moment genießen. Manche haben Tränen in den Augen, und ein dicker Mann, der vor dem Großvater steht, sagt zu sich selbst: „Karl, das hast jetzt auch gschafft!"

Als die Raunzinger nach Hause kommen, setzt sich der Großvater müde in seinen geliebten Lehnstuhl und brummt noch einmal zufrieden: „Österreich ist frei!" Dann schläft er ein. Als ihn Gertrud nach zwei Stunden wecken will, stellt sich heraus, daß er für immer eingeschlafen ist. Es ist, als ob er grad noch auf diesen Tag gewartet hätte.

Mit der Unterzeichnung des Staatsvertrags war die Reihe der positiven Ereignisse dieses historischen Jahres noch nicht abgeschlossen. Am 14. Juni wurde der Ringturm eröffnet. Am 27. Juli trat mit der abgeschlossenen Ratifizierung durch die Parlamente der Signatarstaaten der Staatsvertrag in Kraft, und die 90tägige Frist für den Abzug aller Besatzungstruppen begann. Am 1. August wurde die erste österreichische Fernsehsendung ausgestrahlt. Am 26. September fand vor Bundespräsident Körner die erste Parade österreichischer Truppen seit 18 Jahren statt. Am 15. Oktober wurde das Burgtheater mit Grillparzers „König Ottokars Glück und Ende" (mit Ewald Balser als Ottokar und Attila Hörbiger als Rudolf von Habsburg) wieder eröffnet. Direktor war Adolf Rott. Am 25. Oktober zogen – endlich – die letzten Besatzungssoldaten aus Österreich ab. Am 26. Oktober beschloß der Nationalrat das Gesetz über die „immerwährende Neutralität" Österreichs. Am 4. November wurde die Opernpassage (von den Wienern „Jonas-Grotte" genannt) eröffnet, am Tag darauf die wiederaufgebaute Staatsoper unter Direktor Karl Böhm mit Beethovens „Fidelio" (mit Martha Mödl). Der Wiederaufbau beider Staatstheater hatte sehr viel Steuergeld gekostet und wurde von der Bevölkerung mit großer Begeisterung aufgenommen. Am 15. Dezember wurde Österreich, quasi als Abschluß des glanzvollen Jahres, in die UNO aufgenommen. – Gestorben sind 1955 der Schriftsteller und Kunstkritiker Alfred Polgar sowie Kardinal Theodor Innitzer.

1956 – das erste Jahr in voller Freiheit seit 14 Jahren – würde, so dachte man – ein ruhiges Jahr werden, aber ganz so ruhig wurde es dann doch nicht. Das war zunächst freilich noch nicht abzusehen. Zwischen 26. Jänner und 5. Februar sah man viele Wiener vor den Auslagen der Radiogeschäfte stehen; die wenigen Lokale, die schon einen der teuren Fernsehapparate hatten (Preis drei bis vier Monatsgehälter), waren überfüllt. Denn bei den olympischen Winterspielen in Cortina errang Österreich viermal Gold, viermal Silber und dreimal Bronze. Drei Goldmedaillen errang allein der 20jährige Tiroler Skiläufer Toni Sailer, die vierte im Eiskunstlauf das Wiener Paar Elisabeth Schwarz und Kurt Oppelt. Am 9. Februar fand der erste Opernball seit Kriegsende statt. Das Ehepaar Keppl ist dabei. Den Raunzingers war der Ball natürlich „zu feudal“, und der brave Beamte Friedrich, der gern in seiner Uniform als hoher Polizeioffizier teilgenommen hätte, ist schon im wohlverdienten Ruhestand. Am 14. April wurde die Börse bei einem Brand schwer beschädigt. Am 9. Mai wurde Dr. Franz König als Nachfolger des verstorbenen Kardinals Innitzer Erzbischof von Wien. Am 13. Mai fanden auf Druck der ÖVP vorgezogene Nationalratswahlen statt. Die ÖVP präsentierte Julius Raab als Staatsvertragskanzler und erwartete sich zu Recht den Dank der Wähler. Sie errang 82 Sitze (+ 8), die SPÖ 74 (+ 1). Verlierer war die Freiheitliche Partei (FPÖ), Nachfolgepartei des VdU, die von dessen 14 Sitzen nur 6 halten konnte. Natürlich mußten Sündenböcke gefunden werden. Einer davon ist Hermann Motschger, der als Redakteur des Parteiorgans in Pension geschickt wurde. Auch die KPÖ verlor eines ihrer 4 Mandate (nunmehr 3).

Der Wahlkampf der ÖVP richtete sich sehr gegen den Minister für Verkehr und verstaatlichte Industrie, Ing. Karl Waldbrunner (SPÖ). Dem „Königreich Waldbrunner“ wurde „der erfolgreiche Raab-Kamitz-Kurs“ gegenübergestellt (Finanzminister und „Feindbild“ der SPÖ war Dr. Reinhard Kamitz). Die Folgen des Wahlergebnisses: Waldbrunner mußte die verstaatlichte Industrie abgeben. Ferdinand Graf (ÖVP) übernahm das neugeschaffene Verteidigungsministerium. Man hatte sich schon im Vorjahr auf ein Milizheer mit neunmonatiger Dienstpflicht geeinigt. (Die ÖVP wollte eine einjährige, die SPÖ, die Probleme mit ihrer pazifistischen Jugendorganisation hatte, eine viermonatige Ausbildungsdauer.) Den Rundfunk teilte man sich: Die ÖVP erhielt den Hörfunk, die SPÖ das Fernsehen, denn Raab meinte: „In das Kastl wird eh niemand eineschaun.“ (Eine klassische Fehleinschätzung, so wie bei Bürgermeister Jonas, der meinte, Wien würde nie eine U-Bahn brauchen, da die Straßen nie durch eine Vollmotorisierung verstopft sein würden.) Am 4. Juni wurde der direkte Zugverkehr Wien–Moskau aufgenommen, am 13. Juni übernahm Herbert von Karajan die Leitung der Staatsoper, und am 18. Juli erhielten die nach sowjetischen Politikern und Heerführern benannten Straßen und Brücken ihre ursprünglichen Namen zurück. Am 29. September wurde der wiederaufgebaute Südbahnhof in Betrieb genommen, ebenso die elektrifizierte Eisenbahnstrecke Wien–Gloggnitz. Am 22. Oktober beschloß die UNO, in Wien eine Behörde für die friedliche Nutzung der Atomenergie einzurichten.

Aber eine ernste Bewährungsprobe stand der Republik, dem jungen Bundesheer (am 15. Oktober waren die ersten Rekruten einberufen worden) und dem Volke Österreichs noch bevor: Die von der neuen Sowjetführung nach dem Tode Stalins eingeleitete Entspannungspolitik hatte zu vorschnellen Hoffnungen auf mehr Freiheit geführt. Bereits 1953 war es in Ostberlin und Posen zu Streiks und Demonstrationen gekommen, die niedergeschlagen wurden. Im Oktober kam es auch in Ungarn zu Unruhen. Nach dem Staatsvertrag mit Österreich wollten die Menschen auch dort Freiheit und Neutralität. Es kam zum Aufstand. Der Reformkommunist Imre Nagy bildete eine Koalitionsregierung mit Vertretern der bisher verbotenen demokratischen Parteien. Aber der Haß der Aufständischen gegen die KP war zu groß; es kam zu antikommunistischen Ausschreitungen, und der aus der Haft entlassene Kardinal-Primas Jószef Mindszenty hielt eine provokante Rundfunkrede. Nun schlugen die Sowjettruppen, die vorher nicht eingegriffen hatten, den Aufstand blutig nieder. Die österreichische Regierung schickte die unausgebildeten Rekruten zur Sicherung an die Ostgrenze. Zehntausende Flüchtlinge kamen nach Österreich, wo sie mit unglaublicher Sympathie, Solidarität und Hilfsbereitschaft aufgenommen wurden. Quartiere wurden freigemacht, Geld, Lebensmittel und Kleidung gesammelt. Auch unsere Freunde schlossen sich nicht aus. Die Keppls richten im Extrazimmer ein Notquartier ein, Raunzingers spenden, Robert legt verbittert seine KP-Funktionen nieder, zum Austritt kann er sich nicht entschließen. Der Großvater, der natürlich alles vorhergesehen hätte, war ja leider schon gestorben. Auch von den übrigen Angehörigen dieser Generation wollen wir uns nun verabschieden und hoffen, daß der nächsten Generation ähnliche Prüfungen erspart bleiben. – Gestorben sind 1956 unter anderem der Heimwehrführer Ernst Starhemberg, Altbundespräsident Wilhelm Miklas und der Kunstgewerbler Josef Hoffmann, tödlich verunglückt ist der Motorrad-Rennfahrer Fritz Dirtl.

Am 4. Jänner 1957 starb Bundespräsident Theodor Körner. Von einem im August des Vorjahrs erlittenen leichten Schlaganfall scheinbar erholt, hatte er seine Amtsgeschäfte wieder aufgenommen, aber seine Kräfte überschätzt. Er war der erste vom Volk direkt gewählte Bundespräsident und ein wahrer Volkspräsident, wie er auch ein Volksbürgermeister gewesen war; weit über die Parteigrenzen hinweg wurde er tief betrauert. Am 12. März wurde die Paritätische Kommission für Lohn- und Preisfragen gebildet. Es war sozusagen die Festschreibung der Sozialpartnerschaft, um die Österreich vor allem von Ländern wie Italien, Frankreich und Großbritannien beneidet wurde, die von dauernden Streikwellen erschüttert wurden. Kritiker im Inland stellten allerdings fest, daß sich dieses Gremium zeitweise fast zu einer Art Nebenregierung entwickelt hatte, die zu Lasten von Regierung und Parlament die Entscheidungen traf. Am 27. März erhielt das Bundesheer die ersten Düsenjäger. Ab 9. April durften österreichische Schiffe wieder bis zur Donaumündung fahren. Am 5. Mai fand die Wahl des neuen Bundespräsidenten statt. Die ÖVP schlug aufgrund des letzten Wahlergebnisses vor, die Volkswahl wieder abzuschaffen und das Staatsoberhaupt durch die Bundesversammlung wählen zu lassen. Dafür war man bereit, den sozialistischen Innenminister Oskar Helmer zum Bundespräsidenten zu wählen. Diesmal lehnten die Sozialisten ab und stellten ihren Vorsitzenden, Vizekanzler Dr. Adolf Schärf, als Kandidaten auf. Darauf einigte sich die ÖVP mit der FPÖ auf einen gemeinsamen Kandidaten, den Universitätsprofessor und Arzt Dr. Wolfgang Denk. Nach der „Papierform" hätte der auch gewählt werden müssen. Doch der antiklerikale Flügel der Freiheitlichen stimmte für den konfessionslosen Dr. Schärf, der mit 51,1 Prozent überraschend die Wahl gewann. An seiner Stelle wurde der Vollblutparlamentarier Dr. Bruno Pittermann Vizekanzler und SPÖ-Vorsitzender. Ab 9. Oktober war das Grand Hotel am Kärntner Ring Sitz der Internationalen Atomenergie Organisation (IAEO).

Vielfältig war das Angebot an kulturellen Höhepunkten und sonstigen Vergnügungen. An der Staatsoper kooperierte Herbert von Karajan mit der Mailänder Scala. Stars wie Maria Callas (als „Lucia di Lammermoor") waren zu erleben. Freilich endete in Wien und weltweit durch den steigenden Flugverkehr auch die Ära des Ensembletheaters, das durch wesentlich teurere Gastspielverträge abgelöst wurde. Im Kabarett dagegen brachte ein Ensemble von hoher Qualität Spitzenleistungen: Gerhard Bronner, Helmut Qualtinger, Carl Merz, Peter Wehle, Georg Kreisler, Louise Martini, Kurt Sobotka, Eva Pilz. Programme wie „Brettl vorm Kopf", „Glasl vorm Aug", „Spiegel vorm Gsicht", „Hackl vorm Kreuz", die Figur des „Travnicek", Chansons wie „Der gschupfte Ferdl" oder „Der Papa wird 's scho richten" brachten dem Ensemble, das später ins „Theater am Kärntnertor" übersiedelte, Serienerfolge und das Publikum zum Lachen und zum Nachdenken. Für ein weniger anspruchsvolles Publikum gab es noch das Freistilringen auf dem Heumarkt.

Die Kämpfe waren natürlich abgesprochen. Da gab es die „Guten“ wie etwa Schurl Blemenschitz, und die „Bösen“, die als „Maskenmann“ oder „Mr. X“ antraten. Klar, daß am Ende die Guten siegten, vom Publikum mit Rufen wie „Hörst, sauf eam das Aug aus“ enthusiastisch angefeuert. So kam letztlich jede Publikumsschicht auf ihre Rechnung. – Gestorben waren 1957 der Operettenkomponist Ralph Benatzky und die Schauspielerin Käthe Dorsch.

Am 30. März 1958 nahm die im Vorjahr gegründete staatliche Luftfahrtgesellschaft AUA auf dem Flughafen Schwechat den Flugbetrieb auf. Am 21. Juni wurde die Wiener Stadthalle (Architekt Roland Rainer) mit einem Zuschauerraum für 16.000 Zuschauer auf dem Vogelweidplatz in Fünfhaus eröffnet. Am 17. Dezember empfing Erzbischof Dr. Franz König von Papst Johannes XXIII. die Kardinalswürde. ÖVP und SPÖ gaben sich 1958 neue Programme. Die ÖVP präsentierte sich als Partei der Mitte, bekannte sich zur christlich abendländischen Tradition und zur sozialen Marktwirtschaft. Die SPÖ trat für einen sozialistischen Humanismus und eine gerechte Eigentumsordnung ein und stellte die Vereinbarkeit von Sozialismus und Christentum fest. Im Pressewesen wurde Hugo Portisch statt Hans Dichand der Chefredakteur des „Kurier“, und nach einem Zeitungskrieg zwischen „Weltpresse“ und „Bildtelegraf“ entstand als neues Boulevardblatt der „Expreß“. Literarisch trat die „Wiener Gruppe“ mit Friedrich Achleitner, H. C. Artmann, der vor allem im Wiener Dialekt schrieb, Konrad Bayer und Gerhard Rühm ins Rampenlicht. Auch Augustin Raunzinger schreibt nun Dialekt. Der Klarinettist Fatty George eröffnete am Petersplatz das bedeutendste Jazzlokal Wiens. Dagegen gab es nur noch zwei Werkelmänner. Der Fußballmeister Wiener Sportklub feierte einen triumphalen Erfolg: Im Europacup wurde der italienische Spitzenklub Juventus-Turin 7:0 abgefertigt. Die Stürmerreihe der Dornbacher: Horak, Knoll, Hof, Hamerl, Skerlan. Nicht nur die Familie Motschger feierte diese Glanztat. – Gestorben sind die Burgschauspieler Hedwig Bleibtreu und Raoul Aslan sowie der Physiker und Nobelpreisträger Wolfgang Pauli.

Am 22. Februar 1959 gastierte Louis Armstrong, der König des Jazz, in der Stadthalle. Am 11. April erschien nach 14 Jahren wieder die populäre „Kronenzeitung", von vielen Wienern despektierlich als „Hausmasterblattl" bezeichnet. Und was kaum jemand erwartet hatte: Das von Hans Dichand und Kurt Falk herausgegebene, stark auf Lokalberichterstattung konzentrierte Kleinformat sollte im Laufe der Jahre zur weitaus größten Tageszeitung des Landes werden. Am 23. April eröffnete Bundespräsident Dr. Schärf das auf Anregung Theodor Körners errichtete „Historische Museum der Stadt Wien" am Karlsplatz. Am 10. Mai gab es wieder einmal vorgezogene Wahlen. Der Staatsvertragsnimbus Raabs war verblaßt, die SPÖ gewann 4 Mandate: ÖVP 79 (-3), SPÖ 78 (+4), FPÖ 8 (+2). Die KPÖ kam mit 3,3 Prozent nicht mehr in den Nationalrat. In der Folge mußte die ÖVP das Außenministerium an den Sozialisten Dr. Bruno Kreisky abgeben, Leopold Figl wurde dafür statt seinem Parteifreund Dr. Felix Hurdes Nationalratspräsident. Am 14. August wurde das neue Laaerbergbad eröffnet. Während der letzten Jahre hatten sich Spannungen zwischen Österreich und Italien ergeben, da Italien ständig versuchte, das Gruber-De Gasperi-Abkommen zu unterlaufen. Es kam zu einer Reihe von Sprengstoffanschlägen in Südtirol. Österreich als Schutzmacht der Südtiroler beschloß daher, diese Frage vor die UNO zu bringen, wo Außenminister Kreisky am 21. September eine aufsehenerregende Rede hielt. Am 25. Oktober wurde der Wiener Gemeinderat neu gewählt. Das Ergebnis: SPÖ 60, ÖVP 33, FPÖ 4, KPÖ 3. Franz Jonas wurde zum dritten Mal vom Gemeinderat zum Bürgermeister gewählt. Am 20. November trat Österreich dem Freihandelsabkommen EFTA bei, dem auch Großbritannien, die skandinavischen Staaten, die Schweiz und Portugal angehörten, während Frankreich, Italien, die BRD und die Benelux-Staaten die EWG bildeten. In Wien kursierte der Witz, wie sich die Frau Nawratil von der Frau Pospischil den Unterschied zwischen EWG und EFTA erklären ließ. Frau Pospischil: „EWG heißt: Einmal wöchentlich genügt." Meint Frau Nawratil: „No, da bin ich schon für EFTA." – Zu dieser Zeit erreichte in der Malerei die „Wiener Schule des phantastischen Realismus", der Rudolf Hausner, Ernst Fuchs, Arik Brauer, Anton Lehmden und Wolfgang Hutter angehörten, Höhepunkte ihres Schaffens. – Gestorben sind in diesem Jahr der Gewerkschaftspräsident Johann Böhm, der Volkssänger und Komponist Hermann Leopoldi, der Maler und Graphiker Alfred Kubin, der Schauspieler und Regisseur Hubert Marischka sowie der berühmte Burgschauspieler Werner Krauß, durch dessen testamentarische Verfügung der populäre Volksschauspieler Josef Meinrad den Iffland-Ring erhielt.

Im Jänner 1960 gab es in Österreich schon 127.402 Fernsehteilnehmer. Auch die Motorisierung und die Zahl der privaten Telefonanschlüsse nahmen deutlich zu. Durch das Fernsehen begann ein Kino- und Theatersterben. Das traditionsreiche Wiener Bürgertheater im 3. Bezirk, das nun abgerissen wurde, hatte freilich schon 6 Jahre früher seine Pforten geschlossen. Am 9. Juni fand im Rathaus nach 25jähriger Unterbrechung der traditionelle Concordia-Ball statt, für den Johann Strauß (Sohn) seinerzeit die Polka „Morgenblätter" komponiert hatte. In der ersten Juliwoche kam der sowjetische Ministerpräsident Nikita S. Chruschtschow auf Staatsbesuch. Auf seiner Reise durch Österreich wurde er überall von der Bevölkerung freundlich begrüßt. Man hatte seine Rolle beim Zustandekommen des Staatsvertrags nicht vergessen. Bei einem Besuch auf Figls Bauernhof wettete er um ein Schwein, daß Mais in Österreich gute Erträge liefern würde – Figl gewann die Wette. Am 2. August entgleiste in Döbling ein Straßenbahnzug der Linie 39. Der Fahrer hatte ziemlich viel getrunken. Das Unglück forderte 19 Todesopfer und 33 Schwerverletzte. Ende August sank die Zahl der Arbeitslosen auf ein Rekordtief von 44.320. Der Zustand der Vollbeschäftigung war damit erreicht. Im Oktober kam es zwischen den Koalitionspartnern zum Streit über das Budget. Als daraufhin die Regierung Raab-Pittermann ihren Rücktritt anbot, deutete Bundespräsident Dr. Schärf an, er habe schon vorsorglich eine Liste für ein Beamtenkabinett vorbereitet, worauf man sich sehr schnell wieder einigte. Um diese Zeit erreichten die Romane des Wiener Schriftstellers Johannes Mario Simmel Millionenauflagen. Simmel hatte seine literarische Tätigkeit nach dem Krieg als junger begabter Lyriker begonnen, mußte aber feststellen, daß damit nicht viel Geld zu verdienen war. Auch nicht mit zwei Zeitungsromanen: „Der Mörder trinkt keine Milch“ und „Mich wundert, daß ich so fröhlich bin“. Das brauchte ihn nun längst nicht mehr zu wundern. 1960 erschien sein Roman „Es muß nicht immer Kaviar sein.“ – Gestorben waren 1960 der sozialdemokratische Politiker Friedrich Adler, Sohn des Parteigründers Victor Adler, der Schriftsteller Rudolf Brunngraber, der den gesellschaftskritischen Wirtschaftsroman forciert hatte („Zucker aus Kuba“, „Karl und das 20. Jahrhundert“, „Der Opiumkrieg“), und die Romanschriftstellerin Vicky Baum („Menschen im Hotel“).

Bei der Volkszählung 1961 hatte Wien 1,627.034 Einwohner. Es gab 158.000 Pkw, 28.000 Lkw, 40.000 Motorräder und 46.000 Mopeds. Ganz Österreich hatte 7,073.807 Einwohner. Die Beziehungen zu Italien verschlechterten sich wegen Südtirol, es gab gegenseitige Sprengstoffanschläge von Extremisten. Am 27. März ging die Schnellbahnstrecke Hauptzollamt–Floridsdorf in Betrieb, am 29. April wurde die Schottentorpassage, das sogenannte Jonas-Reindl, eröffnet, und am 14. Juli die Fußgängerpassagen bei der Bellaria und der Babenbergerstraße. Am 11. April wurde Bundeskanzler Ing. Raab durch seinen Parteifreund Dr. Alfons Gorbach ersetzt. Die ÖVP machte ihn für den Verlust von drei Mandaten bei der letzten Nationalratswahl verantwortlich. Der Staatsvertrag zählte nicht mehr. Immer wieder bildete sich in der Volkspartei ein „Reformflügel", der für ein schärferes Vorgehen gegen die Sozialisten eintrat. Die Folge war jeweils ein Sturz des Obmanns. So war es Figl ergangen, so würde es auch Gorbach gehen. Dankbarkeit ist, wie schon Wallenstein erfahren mußte, keine österreichische Tugend, oder, wie es Kreisky formulierte „keine politische Kategorie". Die Familie Keppl gehörte meist dem gemäßigten ÖVP-Flügel an. Die Raunzingers verhielten sich dafür am 4. Mai „gemäßigt", als es beim Europacupspiel Rapid–Benfica-Lissabon beim Stand von 1:1 zum Spielabbruch und zu Tumulten mit 57 Verletzten kam. Erfreulicher und ehrenvoller für Wien war Anfang Juni ein Gipfeltreffen des sowjetischen Ministerpräsidenten Chruschtschow mit dem neuen US-Präsidenten Kennedy, dessen attraktive Gattin Jacqueline von den Wienern sehr bewundert wurde. Das Stadttheater im 8. Bezirk wurde abgerissen. Sehr umstritten war das Einpersonenstück von Carl Merz und Helmut Qualtinger „Der Herr Karl", in dem das Bild eines opportunistischen, egoistischen Wieners gezeichnet wird, das leider nicht ganz untypisch ist. – Gestorben sind 1961 die Nobelpreisträger Erwin Schrödinger und Otto Loewi sowie die Schauspieler Albin Skoda und Fritz Imhoff.

Am 17. Jänner 1962 wurde die Schnellbahnstrecke von Meidling nach Gänserndorf in Betrieb genommen. Um von Meidling nach Floridsdorf zu gelangen, brauchte man nur noch 22 Minuten. Am 12. März gab es ein Verbrechen, das die Wiener erregte. In der Garderobe des Staatsopernballetts wurde die Elevin Dagmar Führich vergewaltigt und ermordet. Am 28. Mai wurde das renovierte Theater an der Wien wieder eröffnet. Die Wiener Festwochen haben damit ein eigenes Haus erhalten. Am 1. September wurde unter dem Votivpark die erste Tiefgarage eröffnet. Am 20. September wurde das Museum des 20. Jahrhunderts, im Volksmund „Zwanzgerhaus“ genannt, im Schweizergarten (3. Bezirk) eröffnet. Der erste Vorschlag dazu kam vom Architekten Otto Wagner schon 1899, aber manchmal kommt es halt in Wien kurzfristig zu Verzögerungen. Am 27. November wurde vor dem Haus Sauraugasse 28 im 13. Bezirk die letzte Gaslaterne Wiens gelöscht. Trotz einer prosperierenden Wirtschaft (Anfang Oktober erreichte Österreich mit 2,391.570 Arbeitnehmern den bisher höchsten Beschäftigtenstand in der Geschichte der Republik, wobei auch immer mehr Frauen auf den Arbeitsmarkt strömten, die leider vielfach bei gleicher Leistung schlechter bezahlt waren) kam es immer öfter zu Spannungen in der Koalition. Die Legislaturperioden dauerten meistens nur noch 3 Jahre. So fanden auch 1962 wieder Wahlen statt, bei denen 2 SPÖ-Mandate an die ÖVP fielen: ÖVP 81, SPÖ 76, FPÖ 8. – Inzwischen hatte das österreichische Fußball-Nationalteam unter Trainer Karl Decker fast wieder Erfolge wie zur Zeit des Wunderteams: 4:1 gegen Schottland, 3:1 gegen die Sowjetunion, 3:0 gegen Spanien, 2:1 gegen Italien, 3:1 gegen England, 2:1 gegen Ungarn, 1:0 gegen die Sowjetunion. Auf die Teilnahme an der Weltmeisterschaft in Chile wurde aber aus Kostengründen verzichtet. Jedenfalls gab es damals 9 Siege und nur eine Niederlage bei einem Torverhältnis von 22:9. Leider waren halt nur die Spieler erstklassig, die Funktionäre hingegen letztklassig.

Das Jahr 1963 begann wieder einmal mit einem Katastrophenwinter. Im Klagenfurter Becken sanken die Temperaturen auf minus 28 Grad, und die Donau war zugefroren. Am 28. April wurde Bundespräsident Dr. Adolf Schärf schon im ersten Wahlgang mit (55,4 Prozent) gegen Ing. Julius Raab (40,6 Prozent) und General Josef Kimmel (EFP, 4 Prozent) wiedergewählt. Am 31. Mai führte eine Entscheidung des Verwaltungsgerichtshofs, wonach die Verzichtserklärung des Kaisersohns Dr. Otto Habsburg-

Lothringen ausreichend sei, beinahe zu einer innenpolitischen Krise. Dr. Habsburg verzichtete darin offiziell auf seinen „Anspruch“ auf den Kaiserthron und anerkannte damit auch formell die Republik, womit seine Landesverweisung hinfällig war. Vor allem die Sozialisten waren aber mißtrauisch. Dr. Habsburg hatte sich ja noch 1945 als „Otto von Österreich“ bezeichnet und später verlangt, daß für ihn das Amt eines „Justizkanzlers“ geschaffen werde, eine Art Vorwegnahme der späteren Volksanwaltschaft. In einer überzogenen Reaktion bezeichnete der sozialistische Justizminister Dr. Christian Broda die rechtlich einwandfreie Entscheidung als „Juristenputsch“. Am 4. Juli nahm der Nationalrat einen Antrag des freiheitlichen Abgeordneten Dr. Willfried Gredler an, worin die Rückkehr Dr. Habsburgs unerwünscht sei. Obwohl der Beschluß rechtlich nicht relevant war, löste bei der ÖVP der Umstand, daß sie erstmals von SPÖ und FPÖ überstimmt worden war, blankes Entsetzen aus. Am 30. Dezember waren mit der Lieferung von 500 Tonnen Erdöl Österreichs „Schulden“ an die Sowjetunion abgezahlt. – Gestorben waren 1963 der frühere Innenminister Oskar Helmer (SPÖ), der Erzähler und Lyriker Franz Karl Ginzkey sowie der Chirurg Leopold Schönbauer.

Zwei Posten sind in Österreich meist besonderen Intrigen ausgesetzt und gelten als „Schleudersitze“: der des ÖVP-Obmanns und der des Staatsoperndirektors. Beiden schlug 1964 die Stunde. Julius Raab, der am 8. Jänner verstorben war, war immerhin 8 Jahre Bundeskanzler gewesen. Nachdem schon er als „Reformer“ Figl abgelöst hatte und vom „Reformer“ Gorbach abgelöst worden war, konnte sich dieser nur drei Jahre halten. Der Mann der Stunde war Dr. Josef Klaus, der in einer Kampfabstimmung mit 63 Prozent gegen den deklarierten Großkoalitionär und langjährigen Unterrichtsminister Dr. Heinrich Drimmel zum Obmann gewählt wurde. Am 2. April, mitten in der Legislaturperiode, wurde er auch Bundeskanzler. Ein Ende der großen Koalition war bereits absehbar. Am 11. Mai trat Herbert von Karajan von der Leitung der Staatsoper zurück, angeblich aus „gesundheitlichen Gründen“. In Wirklichkeit war wohl ständige Kritik an den hohen Kosten seiner erfolgreichen Periode die Ursache, ebenso ein Zerwürfnis mit seinem Co-Direktor Egon Hilbert, der nun allein die Leitung der Staatsoper übernahm. Seit Gustav Mahler hatte sich in dieser Hinsicht nichts geändert. In der Musikstadt Wien stand die Staatsoper stets im Zentrum der Aufmerksamkeit. – Große Trauer löste auch am 18. Juni der Tod des populären Volksschauspielers Hans Moser aus, der ein ganz großer Charakterdarsteller war. Er konnte die Menschen zum Lachen und zum Weinen bringen, leider wurde sein Talent oft in belanglosen Lustspielfilmen vergeudet.

Am 16. April wurde die „Wiener internationale Gartenschau“ (WIG) eröffnet, aus der der Donaupark mit dem 252 Meter hohen Donauturm entstand. Am 20. Juni wurde das Planetarium im Prater eröffnet. Vom 5. bis 12. Oktober fand ein Volksbegehren, das erste in der Geschichte Österreichs, für einen unabhängigen Rundfunk statt. Da es vom „Kurier“ und der „Kronenzeitung“ massiv unterstützt wurde, brachte es 832.353 Unterschriften. Am 25. Oktober fand in Wien die Gemeindewahl statt: SPÖ 60, ÖVP 35, FPÖ 3, KPÖ 2 Mandate. Franz Jonas wurde zum 4. Mal vom Gemeinderat zum Bürgermeister gewählt. In diesem Herbst kam es in der SPÖ zu einer schweren Krise: Der ebenso populäre wie ehrgeizige frühere Gewerkschaftspräsident und Innenminister Franz Olah wurde vom Parteivorstand mit 35 gegen 13 Stimmen aus der Partei ausgeschlossen. Olah, der viele Jahre im Konzentrationslager verbracht hatte und 1950 beim Kampf gegen die kommunistische Streikbewegung eine führende Rolle spielte, hatte eigenmächtig Gewerkschaftsgelder zur Gründung der „Kronenzeitung“ verwendet, um sich eine persönliche Machtposition zu schaffen, und auch zur Unterstützung der FPÖ, mit der er eine rot-blaue Koalition unter seiner Führung anstrebte. Sein Parteiausschluß löste stürmische Protestdemonstrationen seiner Anhänger aus.

Es war fast symbolisch, daß im Jahr vor dem Ende der großen Koalition deren beide Architekten, Dr. Adolf Schärf und Ing. Leopold Figl, verstarben. Beide hätten unterschiedlicher nicht sein können. Schärf, der umfassend gebildete, doch etwas trockene Jurist, Figl, der trinkfreudige, volkstümliche Bauernsohn aus dem Tullnerfeld. Als Schärf am 2. Februar an Krebs starb, stellte sich naturgemäß die Frage seiner Nachfolge. Figl wäre der logische Kandidat seiner Partei gewesen, doch in den Führungsgremien der ÖVP wußte man, daß auch er Krebs im fortgeschrittenen Stadium hatte. Man wollte es ihm natürlich nicht sagen. Es muß schon eine Enttäuschung für den ehemaligen Kanzler, Außenminister, Nationalratspräsidenten und nunmehrigen Landeshauptmann von Niederösterreich gewesen sein, daß ihm Gorbach als Kandidat vorgezogen wurde. Leopold Figl starb am 9. Mai. Von seiner Popularität zeugte eine Unzahl von Witzen, wie: Ein ungarischer Aristokrat stellte sich vor: „Gestatten, Eszterházy." Darauf Figl: „Sehr erfreut, Figl haaß i." – Die SPÖ stellte Bürgermeister Franz Jonas als Kandidaten auf, der auch mit 50,7 Prozent gewählt wurde. Es war das vierte Mal in ununterbrochener Reihenfolge, daß der Kandidat der SPÖ siegreich war, und die Wiener witzelten in politisch nicht korrekter Sprache: „A Schwarzer kann nur Präsident werden, wann die Roten einen Neger als Kandidaten aufstellen." Nach der Wahl von Franz Jonas, der 14 Jahre, also länger als Lueger, Bürgermeister gewesen war, wäre Vizebürgermeister Felix Slavik Favorit für die Nachfolge gewesen, doch wurde ihm sein Nahverhältnis zum aus der Partei ausgeschlossenen Franz Olah vorgeworfen. Die Wahl fiel auf den 65jährigen Landtagspräsidenten und Präsidenten der Messe-AG, den Mariahilfer

Bruno Marek, einen begeisterten Fischer und Jäger, der auch bald durch sein Zugehen auf die Menschen populär wurde. Mit Bruno Pittermann, Bruno Kreisky und Bruno Marek hatten die Sozialisten nun drei Brunos in führenden Positionen, die von den Wienern die „Karl-Marx-Brothers“ genannt wurden.

1965, also 20 Jahre nach dem Ende der Naziherrschaft, die Millionen Tote und schwere Verwüstungen gebracht hatte, traten jene Kreise, die sich bisher nur an Stammtischen und bei Veteranentreffen artikuliert hatten, wieder ins Rampenlicht der Öffentlichkeit. Nachdem ein Universitätsprofessor, der den urgermanischen Namen Taras Borodaykjewycz trug, durch wiederholte nationalsozialistische, antiösterreichische und antisemitische Tiraden aufgefallen war, demonstrierten Antifaschisten für dessen Abberufung. Rechtsradikale demonstrierten dagegen, es kam zu gewalttätigen Auseinandersetzungen, und ein polizeibekannter Rechtsradikaler erschlug einen alten Mann, den 67jährigen Ernst Kirchweger. Es war das erste politische Opfer in der Zweiten Republik. Am 18. November kam es zum endgültigen Bruch der schwarzroten Koalition und damit auch wieder einmal zu einer „Eiszeit“ zwischen den Familien Raunzinger und Keppl. – Erstmals wurde ein Klub aus den Bundesländern Fußballmeister, der LASK.

Schon lange waren dem Wirtschaftsflügel der ÖVP die verstaatlichte Industrie und die steigenden Kosten des Sozialstaates ein Dorn im Auge. Der Wiederaufbau war abgeschlossen, die Besatzungsmächte längst abgezogen und die Demokratie so weit gefestigt, daß Österreich reif war für das in der Demokratie übliche Wechselspiel von Regierung und Opposition, mit allenfalls wechselnden Koalitionen. Die Österreicher, seit jeher geneigt, eigene Leistungen herunterzuspielen, meinten: „Das deutsche Wirtschaftswunder ist das Ergebnis sorgfältiger Planung, enormen Fleißes und des konzentrischen Einsatzes aller Kräfte. Das österreichische Wirtschaftswunder ist – wirklich ein Wunder." Welch ein Unsinn: Von den tapferen, hungernden Trümmerfrauen, vom Wiederaufbau der zerstörten Brücken, Häuser, Bahnlinien bis zu den enormen Leistungen in Industrie und Gewerbe führte ein gerader Weg zu einem bescheidenen Wohlstand, zum Sozialstaat, zur Vollbeschäftigung. Mit vereinten Kräften hatte man es geschafft.

Die Wahlen am 6. März waren eine „gmahte Wiesen" für die ÖVP. Drei schwere Fehler hatte die SPÖ innerhalb kurzer Zeit begangen: der Ausschluß Franz Olahs, der nun eine eigene Partei, „Demokratische Fortschrittliche Partei" (DFP) gründete, die „Fussach-Affäre", als der sozialistische Verkehrsminister Otto Probst den Vorarlbergern für ein Bodenseeschiff den Namen „Karl Renner" aufzwingen wollte, und die Annahme einer kommunistischen Wahlempfehlung. Da die abgespaltene Olah-Partei mit 3,2 Prozent den Einzug in den Nationalrat verfehlte, erreichte die ÖVP mit 48,3 Prozent 85 Mandate und damit die absolute Mehrheit. SPÖ (74) und FPÖ (6) verloren je 2 Sitze. In ihrem Siegestaumel stellten die ÖVP-Spitzen Dr. Klaus und Dr. Withalm den Sozialisten demütigende und unannehmbare Bedingungen. Mit 30:10 Stimmen beschloß der SPÖ-Vorstand, in die Opposition zu gehen, und die ÖVP bildete eine Alleinregierung. „Bei Philippi, Herr Bundeskanzler, sehen wir uns wieder", kündigte Dr. Kreisky im Nationalrat der Regierung an. Eine Ära war zu Ende gegangen, die mit großen Erfolgen begonnen und mit gegenseitigen Blockaden geendet hatte. Eine neue Periode konnte beginnen: 17 Jahre der Alleinregierungen.

Vom Beisel zu McDonald's

Das Wien und die Wiener von 1966 waren noch so wie in den letzten 50 Jahren. Die Wunden, die der Krieg geschlagen hatte, waren verheilt. Im Theater wurden noch die

Klassiker so gespielt, wie Goethe, Schiller, Shakespeare, Grillparzer sie erdacht hatten, wenn auch mit weniger Pathos. Und beim Nestroy lachten die Wienerinnen und Wiener wie eh und je über die aktualisierten Kuplets. Man ging noch zum Greißler ums Eck, ein paar Straßen weiter ins Kino und man lachte über die Witze von Karl Farkas – auch die Antisemiten. Denn trotz eines nur noch geringen jüdischen Bevölkerungsanteils, vererbte sich in manchen Kreisen der Antisemitismus von Eltern auf Kinder und, wie schon Dr. Lueger gesagt hatte: „Wer a Jud is, bestimm i!“ Die Mitschuld an den Verbrechen des Dritten Reiches wurde verdrängt, Österreich war schließlich das erste Opfer Hitlers gewesen. Hitler selbst war ja eigentlich Deutscher, dafür war Beethoven Österreicher. Es gab auch noch die alte Beiselszene mit den Stammtischen und Vereinen. Es gab noch in jedem Grätzel mehrere Fleischhauer und Feinkostläden, es gab Schneider und Schuster. Die Straßen waren voller Leute, im Frühling saßen die Liebespärchen in den Parks, die Menschen blieben stehen, um zu plaudern; dafür war immer Zeit. Man richtete einander aus, ohne etwas auszurichten.

Es herrschte Vollbeschäftigung, es gab noch kaum Gastarbeiter, man war „unter sich“. Viele Frauen waren noch im Hauhalt und bei den Kindern, es galt eher als Schande, wenn der Mann die Familie „nicht erhalten“ konnte. Scheidungen waren eher selten, auch wenn hie und da wer zwischendurch „a Pantscherl“ hatte. Der Geburtenboom nach dem Staatsvertrag hielt noch an. Frauen legten Wert darauf, „ka Emanze“ zu sein, und Johanna Dohnal war noch ein junges Mädchen. Viele Menschen waren Mitglieder politischer Parteien, denn es schadete zumindest nicht, wenn man einen Posten oder eine Wohnung wollte. Söhne und Töchter wählten die gleiche Partei wie Eltern und Großeltern, man wußte ja, „wo man hingehört“. Wohlfahrtsstaat und die damals prosperierende „Verstaatlichte“ wurden auch unter der ÖVP-Regierung nicht angetastet, man blieb maßvoll und kannte seine Grenzen. Die Unternehmer wollten zufriedenes Personal, die Gewerkschaften nahmen Rücksicht auf die Möglichkeiten der Wirtschaft. 50 Kilometer östlich von Wien verlief schließlich der „Eiserne Vorhang“ mit Wachtürmen, Stacheldraht und Minenfeldern. Hie und da fuhr man hin und blickte mit wohligem Schaudern hinüber. Wien, Berlin, München, Paris, Rom, Istanbul, Tokio hatten noch ihre typischen Eigenheiten, und diese Vielfalt hatte ihre Reize. Kurz, das Leben war noch lebenswert, wie später ein Großvater feststellen würde. Aber das sagen und sagten Großväter ja immer: „Vor 30 Jahren war alles idyllisch.“ Und diese latente Nostalgie gehört eben zum Genius loci dieser Stadt.

Aber das Leben ging weiter, was es ja immer tat. Der Regierung Klaus gehörte auch eine Gewerkschafterin, die Sozialministerin Grete Rehor, an. Josef Klaus setzte damit ein doppeltes Signal. Er anerkannte, daß das Sozialressort eine Domäne der Gewerkschaften war und daß Frauen ein größerer Anteil am politischen Leben zukomme. Zwar hatte schon der provisorischen Staatsregierung die Kommunistin Hella Postranecky als Unterstaatssekretärin angehört, dennoch war es ein Durchbruch. Am 20. August 1966 wurde auf das Büro der italienischen Fluggesellschaft Alitalia in Wien ein Sprengstoffanschlag verübt. Ab September gab es das neunte Pflichtschuljahr, den polytechnischen Lehrgang. Am 22. Dezember wurde der Autobahnabschnitt Auhof–Preßbaum dem Verkehr übergeben. – Verstoben sind 1966 der Maler Herbert Boeckl und einer der bedeutendsten Erzähler, Heimito von Doderer („Strudelhofstiege“).

Am 28. Jänner 1967 ging ein Kapitel der Wiener Zeitungsgeschichte zu Ende. Die Tageszeitung „Neues Österreich“ stellte ihr Erscheinen ein. Sie war 1945 als erste österreichische Tageszeitung nach dem Zweiten Weltkrieg von SPÖ, ÖVP und KPÖ gemeinsam gegründet worden, war überparteilich und hatte einen besonders wertvollen

Feuilleton- und Kulturteil. Journalisten wie Rudolf Kalmar (Autor von „Zeit ohne Gnade“) waren dort tätig. Die Sonntagssperre der Trafiken (das Blatt hatte Sonntag einen großen Inseratenteil) und der Vormarsch der Boulevardpresse besiegelten ihr Schicksal. Wieder einmal bewahrheitete sich ein Wort von Karl Kraus: „Je größer der Stiefel, desto größer der Absatz.“ Inzwischen machte die Suche nach Sündenböcken, bei der ÖVP Teil der Parteifolklore, auch vor der SPÖ nicht Halt. Parteivorsitzender Dr. Bruno Pittermann wurde für die Fehler, die zur Wahlniederlage geführt hatten, allein verantwortlich gemacht, obwohl seine Politik immer vom Parteivorstand gebilligt worden war. An seiner Stelle wurde am 1. Februar Dr. Bruno Kreisky zum Vorsitzenden gewählt. Er hatte die Bundesländerdelegierten hinter sich, die Wiener und die Gewerkschafter votierten für seinen Gegenkandidaten Hans Czettel. Pittermann reagierte mit seinem üblichen Sarkasmus. Als ihn am Wiener Landesparteitag ein Delegierter fragte: „Waaßt, wer gstorben is?“ antwortete er: „Nein, aber mir is jeder recht.“ Bei den Eiskunstlaufmeisterschaften in Wien siegte Anfang März Emmerich Danzer vor Wolfgang Schwarz. Ab 28. Mai gab es eine neue Städteschnellverbindung Wien–Bregenz mit einer Fahrtdauer von neun Stunden. Im September forderte der Bundeskongreß des ÖGB die 40-Stunden-Woche. Am 24. Oktober demonstrierten linke Studenten vor dem Parlament für eine Demokratisierung der Hochschulen, Mitbestimmung der Studenten und ein höheres Bildungsbudget. Die revolutionäre Studentenbewegung in Deutschland und Frankreich mit Persönlichkeiten wie Rudi Dutschke und Daniel Cohn-Bendit begann auch auf Österreich überzugreifen. Eher etwas bildungsferne Gruppen verursachten am 5. November im Stadion den Abbruch des Fußball-Länderspiels Österreich–Griechenland.

1968 war ein Jahr, das beiderseits des Eisernen Vorhangs in Europa politische Beben hervorrief. Unter den Studenten griffen zunehmend revolutionäre Strömungen um sich. Der Vietnamkrieg führte zu einer großen Friedensbewegung, auch die kapitalistische Gesellschaftsordnung an sich wurde in Frage gestellt. Philosophen wie Herbert Marcuse, Theodor Adorno und andere lieferten die theoretischen Grundlagen. Es war die Zeit der Blumenkinder und der Kommunen. Rufe wie „Ho-Ho-Ho-chi-minh!" hallten durch die Straßen. In Frankreich eskalierte die Situation, es kam zu regelrechten Straßenschlachten. In der Bundesrepublik Deutschland führte Axel Springers rechtsgerichtete „Bildzeitung" eine gehässige Kampagne gegen die radikalen Organisationen SDS (Sozialistischer Deutscher Studentenbund) und APO (Außerparlamentarische Opposition), die schließlich zu einem Revolverattentat eines Primitivlings gegen Dutschke führte. Dabei hatten die linken Organisationen mit der kommunistischen DDR nichts am Hut. Rudolf Augsteins „Spiegel" und Henri Nannens „Stern" hatten Verständnis für die Aufsässigen. Und Österreich? Hier sammelten sich die Linken im Verband Sozialistischer Studenten, der dadurch in einen Gegensatz zum sozialistischen Parteivorstand geriet. Der Riß ging sogar durch die Familie des Parteivorsitzenden, dessen Sohn Peter ebenfalls zu den „Radikalen" gehörte. Sonst aber ging es hier friedlicher zu. Natürlich skandierten die Studenten auch hier: „Unter den Talaren Mief von tausend Jahren!" Doch neben den Forderungen nach Demokratisierung der Hochschulen ging es vor allem gegen die ihrer Meinung nach „verzopfte" Kulturpolitik: „Es scheißt der Herr von Karajan bei jedem falschen Ton sich an und wascht sein Arsch im Goldlawur, das nennt man bei uns Hochkultur" und ähnlich despektierliche Sprücherln zirkulierten. Immerhin: Für österreichische Verhältnisse schien es schon revolutionär, Althergebrachtes zu „hinterfragen", wie der neue Modeausdruck lautete. War es doch hier Tradition, daß man als Student entweder zum CV oder zu einer „schlagenden Verbindung" gehörte, deren „Alte Herrn" einen später förderten.

Doch auch im Osten gärte es. In der Tschechoslowakei geschah Unerhörtes. Neue Männer, wie Alexander Dubcek, Ota Sik, Jiri Pelikan hatten den alten, verknöcherten Führungskader der KP abgelöst. Sie wollten einen „Sozialismus mit menschlichem Gesicht“. Ein Hauch von Freiheit wehte plötzlich durch das Land. Es gab so etwas wie Meinungsfreiheit. Diskussionen von großer Offenheit wurden geführt. Plötzlich durfte man wieder ins Ausland reisen. Und diese Entwicklung würde weitergehen. Es herrschte Aufbruchstimmung. Das konnten Breschnew und die anderen kommunistischen Diktatoren nicht zulassen. Da könnte ja ein Flächenbrand entstehen! Und die Panzer des Warschauer Paktes walzten den „Prager Frühling“ nieder. Die ausführlichen Berichte des österreichischen Rundfunks aus Prag wurden weltweit übernommen. Die österreichische Regierung verhielt sich ängstlich. Doch der österreichische Gesandte in Prag, Dr. Rudolf Kirchschläger, widersetzte sich der Weisung des Außenministers Dr. Kurt Waldheim, keine Visa auszustellen. Und die vielen Tschechoslowaken, die damit das Land noch verlassen konnten, wurden mit ähnlicher Sympathie aufgenommen wie 12 Jahre vorher die Ungarn. Die KPÖ-Führung unter Franz Muhri verteidigte unterwürfig den Kurs Moskaus als „brüderliche Hilfe“. Der Paradeintellektuelle der Partei, Ernst Fischer, meinte dazu: „Immer, wenn ich Brüderliche Hilfe höre, denke ich an Panzer“, und wurde aus der KPÖ ausgeschlossen. Robert Raunzinger, einst Spanienkämpfer, KZ-Häftling und Personalchef eines USIA-Betriebes, trat nun selbst aus der Partei aus.

Robert Raunzinger? Jetzt haben wir ja wirklich unsere Freunde vorübergehend aus den Augen verloren. Das sollte nicht passieren. Denn immer, wenn man sie nicht beachtet, sind die eingeschnappt und machen Geschichten. Entschuldigung, wird nicht mehr vorkommen. Also: Leopold Raunzinger ist inzwischen zum Großvater aufgerückt. Seit Generationen haben die Raunzingers viele Kinder:

Robert und Julia und die Nachzügler Leopold und Augustin. Leopold wird später das Lokal übernehmen, Augustin als Onkel Gustl wird zum Enfant terrible der Familie und ist immer für Überraschungen gut. Robert bricht mit der Tradition: drei Kinder sind genug. „Leopold" ist nicht mehr zeitgemäß, auch wird keiner mehr das Lokal übernehmen, denn er sagt, was Generationen von Wienern sagen und sagten: „Meine Kinder sollen 's einmal besser ham." Der älteste Sohn heißt Peter, studiert Welthandel und ist einer von diesen „Linken". Augustin geht aufs Konservatorium, Maria wird Schauspielunterricht nehmen, aber zuerst muß sie die Matura machen. Bei den Keppls wachsen Michael und Andrea heran, er wird natürlich das Kaffeehaus übernehmen. Andrea wird Religionslehrerin. Hermann Motschgers Enkel heißen Gunther, Gernot und Giselher. Und für alle Fälle sitzt auch der Enkel des braven Beamten Friedrich wieder im Polizeipräsidium – man weiß ja nie, wozu es gut ist! Sind die genannten Herrschaften jetzt zufrieden? Gut, dann erzählen wir weiter.

Bürgermeister Jonas hielt bekanntlich eine U-Bahn noch für überflüssig und änderte seine Meinung nicht mehr. Als dann die Zweierlinie wegen des zunehmenden Verkehrs auf der „Lastenstraße" unterirdisch geführt wurde, nannte man sie halt „Ustraba". Bürgermeister Marek hatte mit dem Namen U-Bahn kein Problem, und so faßte der Gemeinderat am 26. Jänner 1968 den Grundsatzbeschluß zum Bau eines U-Bahn-Netzes. Am 25. Februar wurde der einmillionste Fernseher in Österreich angemeldet. Am 1. Mai störten zirka 300 linke Demonstranten die Maifeier der SPÖ auf der Ringstraße, die längst von einer Demonstration des Klassenkampfes zum Volksfest geworden war.

Als Leopold Raunzinger, der mit dem Zug des Pensionistenverbandes mitmarschiert, unter den Störenfrieden seinen Enkel Peter erkennt, zeigt sich, daß er noch nicht in die Rolle der resignativ-abgeklärten Raunzinger-Großväter hineingewachsen ist: „Also das hätt i mir nie denkt, wirklich net! Früher ham die Faschisten den Mai-Aufmarsch verboten, jetzt stört ihn die eigene Jugend? Für wen ham mir die Demokratie erkämpft und das Land wieder aufgebaut?“ Der Enkel bleibt unbeeindruckt: „Net sag für uns, Großvater. Ihr habt euch eine kleinbürgerliche, behagliche Idylle aufgebaut, und eure Demokratie hört sofort auf, wann wer anderer Meinung ist. Ihr wollts nur euer Ruah ham und gebts euch mit den Brosamen der Reichen zufrieden. Ihr wollt keine Gerechtigkeit, sondern nur gut leben. Wir aber wollen eine neue Welt, beruhend auf Solidarität und Gerechtigkeit!“

Was war das? Erinnert sich Leopold, daß er selbst vor 50 Jahren so ähnlich gesprochen hat? Aber nein, was wollen denn diese jungen Leute? „Ihr habts doch alles! Was wir uns erst erkämpfen mußten, ist euch selbstverständlich. Ihr glaubts, das ist alles von selbst gekommen. Dei Vater war a Kummerl, aber jetzt wird er doch noch gscheiter, womit kaner mehr grechnet hat. Immerhin hat er in Spanien sei Leben eingsetzt und war im KZ. A bissel stolz bin i schon auf ihn. Auf dich aber net. Du und das ganze Anarchistengsindel, ihr bestreitets alles, außer euren Lebensunterhalt. Und euren Soziologenkauderwelsch versteht ka Arbeiter, aber das interessiert euch eh net.“ Peter seufzt: „Ob du auf mich stolz bist, ist mir egal. Der Papa hätt sich gefreut, wenn du ihm einmal ein Wort der Anerkennung gsagt hättst. Ich war auch stolz auf ihn. Aber heut ist er ein bürgerlicher Gastwirt und morgen wie sein Vater ein unpolitischer Spießer, der nur aus Tradition das Lied der Arbeit singt.“ Das war jetzt zuviel. Drohend hebt Leopold seinen Stock. Doch auch, wenn man in Wien immer sagt: „Wann ma einen Wachmann braucht, is kaner da“ – immer stimmt ’s nicht. Es ist kein Geringerer als der brave Beamte Friedrich, der einschreitet. „Nur keinen Auflauf, bitte weitergehen, sonst muß i euch arretieren!“ Einen Moment scheint es, als würden sich Ahn und Enkel gegen ihn solidarisieren, aber der Alte begnügt sich mit einer wegwerfenden Handbewegung und eilt seinem Bezirkszug nach. Großmutter Gertrud wird einiges zu kitten haben heute abend. Aber darin hat sie ja schon Übung.

Am 11. Oktober wurde im 14. Bezirk das neue Gebäude der graphischen Lehr- und Versuchsanstalt eröffnet. Und am 13. November beschloß der Nationalrat die Herabsetzung des aktiven Wahlrechts auf 19, des passiven auf 25 Jahre. Großvater Leopold: „Jetzt können die Rotzbuam wählen auch noch."

Eine Reihe von ruhigeren Jahren sollte folgen. Am 1. Jänner 1969 wurde das erste Farbfernsehprogramm des ORF ausgestrahlt. Generalintendant des ORF war jetzt der Salzburger Gerd Bacher, Fernsehdirektor Dr. Helmut Zilk. Die Proporzfunktionäre wurden durch Bachers Freunderln wie Alfons Dalma abgelöst. Insgesamt war das Programm aber interessanter und abwechslungsreicher, die Berichterstattung besser, die politischen Diskussionen waren lebhafter geworden, was – von Seiten Bachers eher ungewollt – hauptsächlich dem Oppositionsführer Bruno Kreisky zugute kam, der diese Bühne gewandt zu nützen verstand. Am 20. Jänner fanden wieder einmal die üblichen Demonstrationen gegen den in Wien weilenden Schah von Persien statt – es konnte ja noch niemand wissen, was nachkommen sollte. Auch Peter Raunzinger war natürlich dabei. Am 27. April gewann bei der Gemeindewahl in Wien die SPÖ drei Mandate dazu. Die ÖVP verlor fünf. Bei allen Wahlen verlor die ÖVP stark, die SPÖ gewann, ein Regierungswechsel zeichnete sich ab. Die SPÖ erreichte 63 Sitze, die ÖVP 30, die FPÖ 4, Franz Olahs DFP 3. Am 5. Mai kam die britische Königin Elisabeth auf Staatsbesuch nach Wien, am 24. Oktober einigten sich die Sozialpartner nach einem erfolgreichen SPÖ-Volksbegehren auf die Einführung der 40-Stunden-Woche, und am 3. November wurde mit dem Bau der U-Bahn begonnen. Der ganze Karlsplatz verwandelte sich in eine riesige Baustelle.

Am 1. März fanden die Wahlen zum Nationalrat statt, wobei die Wahlbeteiligung immer noch über 90 Prozent lag. Sie brachten – für österreichische Verhältnisse – einen Erdrutsch. Die SPÖ gewann 7 Mandate, die ÖVP verlor die absolute Mehrheit: SPÖ 81, ÖVP 79, FPÖ 5. Auf Grund eines Einspruchs der FPÖ fanden im Herbst in drei Wahlkreisen Nachwahlen statt, wobei ein ÖVP-Mandat zur FPÖ wanderte. Jedenfalls war die SPÖ erstmals seit 40 Jahren mandatsstärkste Partei, und Bundespräsident Jonas betraute Dr. Kreisky mit der Regierungsbildung. Als die ÖVP bei den Koalitionsverhandlungen ihre gewohnt starre Haltung einnahm, landete Kreisky einen Coup. Er sagte der FPÖ eine Korrektur des Kleinparteien benachteiligenden Wahlrechts zu und sicherte sich ihre Unterstützung für eine SPÖ-Minderheitsregierung. Die Wiener witzelten: „Wie heißt das neueste Waschmittel? Kreiskylan. Es zwingt Rot rein, Schwarz raus und macht Blau wieder leuchtfrisch." Am 24. April beschloß der Wiener Landtag eine U-Bahn-Steuer. Im Rahmen der Festwochen fand in der „Arena" erstmals ein reines Avantgardeprogramm statt. Ab Mitte Juli waren auf der Wiener Straßenbahn erstmals Fahrerinnen im Einsatz. Am 5. September verunglückte der Autorennfahrer Jochen Rindt beim Training in Monza tödlich. Im Herbst fanden auf der Ringstraße zwei große Demonstrationen statt. Mit 157 Traktoren protestierten Bauern auf der Ringstraße gegen neue Steuern, und mit 1000 Autobussen, Lkws und Taxis wurde gegen eine geplante Dieselpreiserhöhung demonstriert. Am 17. Dezember war mit Fertigstellung des Wiener Teilstücks die Südautobahn bis Wiener Neustadt befahrbar. Wien bekam wieder einmal einen neuen Bürgermeister. Bruno Marek hatte noch im Vorjahr bei der Gemeindewahl seine Popularität in die Wagschale geworfen und trat nun in den wohlverdienten Ruhestand. Als Nachfolgerin zeichnete sich die populäre 44jährige Kulturstadträtin Gertrude Sandner ab, die damit Wiens erste Bürgermeisterin geworden wäre. Als sie aber den ÖVP-Gemeinderat und Gastwirt Fröhlich heiratete, entschied sich die sozialistische Fraktion für den 58jährigen Vizebürgermeister und Finanzstadtrat Felix Slavik (auf deutsch: glückliche Nachtigall), einen gelernten Feinmechaniker, der unter beiden faschistischen Regimes viele Jahre als Widerstandskämpfer in Gefängnissen verbracht hatte. Am 21. Dezember 1970 wählte ihn der Gemeinderat zum Bürgermeister.

Am 27. Februar 1971 wurde Beatrix Schuba Weltmeisterin im Eiskunstlauf. Am 19. März blockierten wieder einmal 12.000 Bauern mit 7000 Fahrzeugen die Wiener Innenstadt. Die Wiener begannen sich an diese „Besuche“, mit denen die ÖVP gegen die Minderheitsregierung Kreisky mobil zu machen versuchte, zu gewöhnen. Im April wurde unter der Kreuzung Kramergasse-Ertlgasse im 1. Bezirk das rechte Haupttor der Porta Principalis Dextra des römischen Wien entdeckt. Bei der Bundespräsidentenwahl am 25. April wurde Franz Jonas mit 52,8 Prozent wiedergewählt. Sein Gegenkandidat Dr. Kurt Waldheim erhielt 47,2 Prozent. Am 8. Juni wurden Volljährigkeit allgemein und Ehemündigkeit bei Männern auf 19 Jahre herabgesetzt. Und am 15. Juni wurde in der Berggasse in Wien 9 endlich das Sigmund-Freud-Museum eröffnet. Dort hatte der weltberühmte Psychologe ordiniert, ehe er von den Nazi vertrieben wurde. In der ganzen Welt hatte Freud längst höchste Anerkennung gefunden, nur nicht in seiner Heimatstadt. Das bittere Wort vom „Propheten im eigenen Land“ gilt ja leider für Österreich in besonderem Maße.

Am 10. Oktober wurde der Nationalrat vorzeitig neu gewählt. Die Minderheitsregierung Dr. Kreisky war ja nur als Übergangslösung möglich. Nun wurde sie zur Mehrheitsregierung. Im Wahlkampf streute die ÖVP das Gerücht aus, Kreisky sei ein schwerreicher Mann und Großaktionär. Darauf begab sich der Kanzler nach Wolkersdorf in die Notariatskanzlei des ÖVP-Obmanns Dr. Hermann Withalm und überschrieb der ÖVP seinen gesamten „Aktienbesitz". Obwohl das neue Wahlrecht die Diskriminierung der Kleinparteien beseitigt hatte, was natürlich auf Kosten der Großen ging, erreichte die SPÖ die absolute Mehrheit. Erstmals in Österreich erhielt eine Partei mehr als die Hälfte der Stimmen. Die Mandatsverteilung: SPÖ 93, ÖVP 80, FPÖ 10. Bruno Kreisky war sehr geschickt vorgegangen und hatte unabhängige Experten in die Ausarbeitung des Wahlprogramms einbezogen. Er appellierte an die Bürger, ihn „ein Stück Weges" zu begleiten, und signalisierte damit, daß er sie nicht für die Partei vereinnahmen wollte. Es gelang ihm außerdem, viele der frustrierten „Achtundsechziger" für seine Reformpolitik zu begeistern.

Auch Peter Raunzinger gehört dazu und erhält zur Belohnung einen gut dotierten Posten bei der ÖMV. Er hat in der Zwischenzeit sein Studium abgeschlossen, verläßt wieder die Kommune, der er vorübergehend angehört hatte, verkehrt auch weniger in der alternativen Szene und trägt erstmals in seinem Leben Krawatten. Die Familie sieht es mit Wohlwollen. „I hab ja gwußt, aus dem Buam wird noch was", stellt Leopold Raunzinger – nun schon ganz in der Großvaterrolle – fest. Großmutter Gertrud geht noch weiter. „Peterl" rät sie, „es wird Zeit, daß du dich um eine Wohnung umschaust, eine standesgemäße(!) Partnerin suchst und eine Familie gründest." Na hallo, Frau Raunzinger, wo bleibt die Tradition? Das findet auch Vater Robert, inzwischen zum „heimatlosen Linken" mutiert. „Laß dir nix dreinreden, es is dein Leben." Der jüngere Bruder Augustin vertritt Peter jetzt bei den „Alternativen" und Schwester Maria (Ria) ist begeisterte Feministin und nimmt in zerfransten Jeans an den „Turnpatschendemos" teil. Ihre häufig wechselnden Partner bestärken sie in der Überzeugung, daß die Männer nichts wert sind. Oder wartet sie heimlich auf den „Richtigen"? Der treue Beamte Friedrich beobachtet mißmutig die Demos. Die Enkelsöhne Motschger nehmen inzwischen eifrig an diversen Zusammenkünften ihrer Burschenschaften in Bierlokalen und an Sonnwendfeiern teil. Und Vater Keppl betrachtet besorgt die „Verlotterung der Sitten“ und das „Schwinden der Autorität“.

Inzwischen verfolgte Dr. Kreisky weiter seine Politik der Öffnung. Seinem Kabinett gehörten zwei parteilose Minister, Dr. Kirchschläger und General Karl Lütgendorf, an, und er unterstützte die Kandidatur von Dr. Kurt Waldheim, der am 22. Dezember 1971 zum Generalsekretär der UNO gewählt wurde. In Wien war am 27. November am Graben die erste Fußgängerzone eröffnet worden.

Wegen um sich greifender Bodenspekulation beschloß der Gemeinderat am 28. Jänner 1972 das Altstadt-Erhaltungsgesetz. War es bisher infolge der Wohnungsnot vor allem um die Erschließung neuer Wohngebiete jenseits der Donau und im Süden sowie Südosten (Simmering, Favoriten, Liesing) gegangen, galt es jetzt, historisch gewachsene Wohnviertel in der Innenstadt (Graben, Schönlaterngasse, Blutgasse, Spittelberg) und Ortskerne der alten Dörfer (Nußdorf, Grinzing, Oberlaa) zu erhalten und zu sanieren. 600 Millionen Schilling wurden dafür zur Verfügung gestellt. Anfang Februar entlud sich wieder einmal der Volkszorn, doch diesmal war kein politisches Ereignis die Ursache. Bei den Olympischen Winterspielen in Sapporo wollte IOC-Präsident Avery Brundage, ein weltfremder Millionär, wegen Verletzung des längst zur Farce gewordenen Amateurstatus ein Exempel statuieren und schloß den österreichischen Skirennläufer Karl Schranz von der Teilnahme aus. Tausende Wienerinnen und Wiener empfingen Schranz als Volkshelden und jubelten ihm zu, als er mit dem Kanzler auf den Balkon des Kanzleramtes trat. Unter den 25.000 Menschen sieht man auch die Familien Raunzinger, Keppl und Motschger, sowie den braven Beamten Friedrich. Zwei große Schritte Richtung Chancengleichheit wurden gemacht: die Studiengebühren wurden abgeschafft und die Gratisschulbücher eingeführt.

Am 14. Oktober war der erste U-Bahn-Tunnel (680 Meter vom Karlsplatz bis Stephansplatz) fertiggestellt Und am 20. Oktober wurde Österreich für ein Jahr zum Mitglied des UNO-Sicherheitsrates gewählt. – Gestorben sind 1972 die Politiker Alfons Gorbach (ÖVP) und Ernst Fischer (bis zu seinem Ausschluß KPÖ), sowie der Kabarettist Karl Farkas.

Mit 1. Jänner 1973 traten das Freihandelsabkommen mit der EWG und das Mehrwertsteuergesetz in Kraft. Inzwischen hatte die Stadtverwaltung die Errichtung eines zoologischen Universitätsinstituts im 18. Bezirk beschlossen, wodurch ein kleiner Teil des Sternwarteparks verbaut worden wäre. Hätte die Verbauung ein paar Schrebergärten betroffen, hätte kein Hahn danach gekräht. Aber die reichen Villenbesitzer dieser Gegend fühlten sich in ihrer Ruhe gestört und entfalteten eine hysterische Pressekampagne, in welcher der Bürgermeister als Baummörder bezeichnet wurde. Statt das vernünftige Projekt im Gemeinderat beschließen zu lassen, wollte sich Slavik der Zustimmung der Bevölkerung versichern. Er unterschätzte die Macht der Presse. Nach einer unsachlichen Berichterstattung endete die Volksbefragung, an der nicht einmal ein Drittel der Wahlberechtigten teilnahm, mit einer Mehrheit von 57,4 Prozent für die Gegner des Projekts. Auf dem Landesparteitag der Wiener SPÖ wurde Slavik dann von einem Drittel der Delegierten gestrichen und trat als Bürgermeister zurück. Zu seinem Nachfolger wurde der 44jährige Jurist Magister Leopold Gratz gewählt, der zuvor schon Unterrichtsminister und parlamentarischer Klubobmann gewesen war.

Leopold Gratz, auch als möglicher „Kronprinz Kreiskys“ genannt, was er stets mit den Worten „Kronprinz ist eine Apfelsorte“ abwehrte, holte sich sofort die Bestätigung durch die Wählerschaft. Am 21. Oktober erreichte die SPÖ mit 60,2 Prozent den höchsten Wähleranteil im Wien der Zweiten Republik: SPÖ 66, ÖVP 31, FPÖ 3

Mandate. Da die ÖVP vor allem gegen die Errichtung der schon unter Slavik geplanten Donau-Insel opponierte, beendete er kurzerhand die seit 1945 bestehende Rathauskoalition. Die Volkspartei stellte nur noch Stadträte ohne Geschäftsbereich. Inzwischen hatte infolge des Nahostkonflikts der palästinensische Terror auch auf Österreich übergegriffen. Aus einem Zug mit jüdischen Auswanderern aus der Sowjetunion wurden vier Personen entführt. Als man Kreisky die Zuziehung von Psychologen für Verhandlungen mit den Geiselnehmern anbot, brummte er: „Psychologe bin i selber." Um das Leben der Geiseln zu schützen, stimmte der Kanzler der Schließung des Transitlagers Schönau zu. Am 11. Oktober erhielten die Verhaltensforscher Konrad Lorenz und Karl Frisch den Nobelpreis, am 29. Oktober beschloß der Nationalrat das neue Strafrecht mit der sogenannten Fristenlösung beim Schwangerschaftsabbruch gegen schärfsten Widerstand kirchlicher Kreise. – 1973 starben der Maler Albert Paris Gütersloh sowie die Schriftsteller Ingeborg Bachmann und Karl Heinrich Waggerl.

Das Jahr 1974 begann mit einer Ölkrise. Handelsminister „Happy Pepi" Staribacher mußte eine Verordnung erlassen, wonach sich Autofahrer zu einem autofreien Tag pro Woche zu verpflichten hatten, der durch ein Pickerl auf der Windschutzscheibe anzuzeigen war. Viele waren empört, denn für sie war das Auto als Statussymbol und Lieblingsspielzeug unverzichtbar geworden. „Unter einer ÖVP-Regierung hätt 's das net geben", schimpft man im Café Keppl. Am 6. März beschloß der Nationalrat das Zivildienstgesetz, da immer mehr Präsenzdiener den Dienst ohne Waffe verlangten. Am 24. April starb nach langer schwerer Krankheit Bundespräsident Franz Jonas. Ab 1. Mai galten 130 Stundenkilometer als Höchstgeschwindigkeit auf Autobahnen. Am 23. Juni wurde als Kandidat der SPÖ der parteilose Außenminister Dr. Rudolf Kirchschläger zum Bundespräsidenten gewählt, der sich bald über alle Parteigrenzen hinweg höchste Wertschätzung erwarb. Sein Gegenkandidat von der ÖVP, die zunächst schon Wahlplakate für Dr. Hermann Withalm drucken hatte lassen, war der Innsbrucker Bürgermeister Dr. Alois Lugger. Am 6. August wurde gegen anfänglich starken Widerstand der Geschäftsleute die Kärntner Straße zur Fußgängerzone erklärt. Wie bei jeder Veränderung seit jeher raunzten die Wiener. Heute ist die Kärntner Straße farbenfroh und belebt wie nie zuvor. Am 9. Oktober erhielt Friedrich August Hayek den Wirtschaftsnobelpreis. Er gilt als Ideologe des sogenannten Neoliberalismus, der freilich nur eine Wiederbelebung des alten Manchesterliberalismus von Smith und Quesnay ist. Aber damals hatte es halt noch keinen Nobelpreis gegeben. – Gestorben sind 1974 der frühere Nationalratspräsident Dr. Felix Hurdes (ÖVP), der Dirigent Josef Krips, der Schriftsteller Ernst Lothar („Der Engel mit der Posaune“) und die Schauspielerin Helene Thimig, die Witwe Max Reinhardts.

Ende Jänner 1975 bezog das Polizeipräsidium ein neues Gebäude am Schottenring, das 500 Millionen Schilling gekostet hatte. Ende April wurden im 17. Bezirk, Steinergasse 15, Reste der Brennanlage eines Ziegelofens der X. römischen Legion freigelegt. Am 14. April wurden in Wien gebührenpflichtige Parkscheine eingeführt, denn seit der Zeit, da dieser Ziegelofen noch in Betrieb war, hatte das Verkehrsaufkommen doch beträchtlich zugenommen. Der Wettergott blieb von all dem anscheinend unbeeindruckt. Am 31. Mai richteten schwere Hagelschläge Schäden in der Höhe von 73 Millionen Schilling an, aber das reichte offenbar noch nicht. Zwischen 29. Juni und 5. Juli gab es schwere Hochwasserschäden. Mitten im anlaufenden Wahlkampf verunglückte am 19. Juli ÖVP-Obmann Dr. Karl Schleinzer auf der Autobahn bei Bruck. Der Tod des korrekten Politikers löste über die Parteigrenzen hinweg Betroffenheit aus. Ein junges Tandem,

Dr. Josef Taus als Obmann und Dr. Erhard Busek als Generalsekretär, übernahm die Leitung der großen Oppositionspartei: „Zwei kalte Knackwürscht mit Brillen", wie Busek selbstironisch anmerkte. Jedoch bei der Wahl am 4. Oktober verspeiste Dr. Kreisky beide Knackwürste. Gegen ihn schien kein Kraut gewachsen. Gewann die Opposition auch bei den meisten Landtagswahlen, bei der Nationalratswahl vertraute die Wählerschaft dem Kanzler: „Kreisky – wer sonst?" fragte die Regierungspartei auf Plakaten, und die Mehrheit fand offensichtlich: „Sonst niemand!" Bei Fernsehdebatten bezeichnete er den ÖVP-Wirtschaftssprecher Dr. Stephan Koren als „Kassandra vom Dienst", und als dieser einwandte: „Kassandra hatte übrigens immer recht", erwiderte Kreisky trocken: „Ja, in der Sage." Die Nationalratswahl brachte genau die Mandatsverteilung vom letzten Mal. Zwei Tage vorher wurden bei einer Demonstration gegen den faschistischen Diktator Franco vor dem Gebäude der spanischen Luftfahrtsgesellschaft auf dem Opernring zahlreiche Polizisten und Demonstranten verletzt. Der alte Spanienkämpfer Robert Raunzinger und sein jüngerer Sohn Augustin nehmen an der Demo teil, Dr. Peter Raunzinger ist bereits zu arriviert dazu, und der brave Polizeibeamte Friedrich, natürlich Mitglied der Regierungspartei, ist krank gemeldet – man kann ja nie wissen. Dramatischer war ein Anschlag unter Führung des berüchtigten Terroristen „Carlos" auf eine Konferenz der OPEC-Minister am Dr.-Karl-Lueger-Ring, wobei drei Personen, darunter ein Polizist, ums Leben kamen. Die Terroristen nahmen 33 Personen als Geiseln. Nach Freilassung der österreichischen Geiseln durften sie mit den Ministern nach Algier ausfliegen, wo Geiseln und Geiselnehmer freigelassen wurden. Der internationale Terror hatte also auch die „Insel der Seligen" erreicht. – Gestorben waren 1975 der Operettenkomponist Robert Stolz, 95 Jahre, welcher während der Naziherrschaft freiwillig emigriert war, und der Bildhauer Fritz Wotruba.

Fast schon traditionsgemäß begann auch das Jahr 1976 mit Unwettern. Sturmböen bis zu 150 Stundenkilometer richteten schwere Schäden an. Am 3. März kam der nächste Sturm, und zwar im Wiener Gemeinderat. Es hatte sich nämlich herausgestellt, daß der der Gemeinde gehörende Großbetrieb „Bauring“ mit 1,4 Milliarden Schilling überschuldet war. Es sollen riesige Summen an Bestechungsgeldern für Großaufträge im arabischen Raum geflossen sein. Im Dezember wurde deshalb Architekt Herbert Ursprunger zu sechs Jahren Gefängnis verurteilt. Nachdem die bisherigen Skandalfälle der Zweiten Republik (Krauland, Robetschek, Haselgruber, Polcar, Müllner) ausschließlich ÖVP-Granden betroffen hatten, war dies der erste Skandal im Nahbereich der SPÖ. Am 8. Mai nahm die U-Bahn-Linie U4 zwischen Heiligenstadt und Friedensbrücke ihren Betrieb auf. Am 27. Juni besetzten 400 junge Künstler (natürlich war auch Augustin Raunzinger wieder dabei) die Halle des Schlachthofs St. Marx, wo sich inzwischen eine alternative Kulturszene etabliert hatte, um ihn vor dem geplanten Abbruch zu bewahren. Im Oktober wurde er dann doch geschleift, aber die Arenabewegung lebte weiter. Und am 1. August um 4.43 Uhr stürzte die während des Ständestaates errichtete Reichsbrücke ein. Es war, wie Friedrich Torbergs „Tante Jolesch“ sagen würde, „noch a Glück“, daß der Einsturz nicht während der Hauptverkehrszeit erfolgte, so daß „nur“ ein Todesopfer zu beklagen war. Es stellte sich heraus, daß bei einem der Brückenpfeiler schlechter Beton verwendet worden war. Der für die Brücken zuständige Stadtrat Fritz Hofmann (SPÖ) mußte zurücktreten. Man warf ihm vor, daß er auf einer Bergtour in der Schweiz und daher nicht erreichbar war, was allerdings nichts geändert hätte. Einige Jahre später wurde er rehabilitiert. Die Wiener witzelten, nun sei das Sandlerproblem gelöst, denn seit Hofmann wieder Stadtrat sei, traue sich niemand mehr, unter einer Brücke zu schlafen. Zurücktreten mußte auch der völlig unbeteiligte Wiener ÖVP-Landesparteiobmann Franz Bauer. Doch die Gründe für Rücktritte von ÖVP-Obleuten sind oft rätselhaft. Am Tag des Brückeneinsturzes verunglückte bei einem Rennen auf dem Nürburgring der Rennfahrer Niki Lauda schwer. Am 26. Oktober wurde der Straßenbahnverkehr über eine Behelfsbrücke aufgenommen, am 24. Oktober wurde die umstrittene Wotruba-Kirche im 23. Bezirk eingeweiht. – Gestorben sind 1976 die Schriftsteller Reinhard Federmann und Alexander Lernet-Holenia sowie der Sozialforscher Paul Lazarsfeld.

1977 war ein ruhiges Jahr: Es gab weder einen Brükkeneinsturz noch sonst alarmierende Vorfälle, die Wiener hatten, was sie ja sehr schätzen, „eana Ruah“, allerdings auch weniger Gründe zum Raunzen. Für den Fall, daß es aber doch etwas gab, wurde für Österreich die Einsetzung einer Volksanwaltschaft beschlossen. Im Juli wurde mit 2,771.461 Arbeitnehmern wieder einmal ein Rekordstand an Beschäftigten bei einer Arbeitslosenrate von 1 Prozent (!) erreicht. Grund genug, warum unser nächster Großvater – also Robert Raunzinger – die Kreisky-Jahre wieder einmal als „guate alte Zeit“ bezeichnen wird. Am 6. Oktober eröffnete Bundespräsident Dr. Kirchschläger die zweite Piste des Flughafens Wien-Schwechat. Gegen Jahresende gab es noch zwei spektakuläre Entführungsfälle in Wien. Der Textilerzeuger Palmers und die Industriellengattin Lotte Böhm wurden gegen hohes Lösegeld wieder freigelassen. Wien war also auch in dieser Richtung endlich „europareif“ geworden. – Gestorben ist am 18. November der Bundeskanzler des Ständestaats Dr. Kurt Schuschnigg.

Das Jahr 1978 sollte zu einer großen Auseinandersetzung über die sogenannte friedliche Nutzung der Kernkraft führen, über die bis dahin Einigkeit bestanden hatte. Die ÖVP-Alleinregierung unter Bundeskanzler Klaus hatte 1969 die Errichtung eines Kernkraftwerks in Zwentendorf beschlossen. In den meisten anderen Ländern bestanden solche Kernkraftwerke ja schon längst. Die Regierung Kreisky verwirklichte den Beschluß zögerlich, wobei die nun oppositionelle ÖVP im Nationalrat und durch den niederösterreichischen Landeshauptmann Andreas Maurer immer wieder auf die Fertigstellung des Kernkraftwerks drängte. Am 18. Jänner 1978 wurden nun die ersten Brennstäbe geliefert. Inzwischen hatte sich aber die Stimmung grundlegend geändert. Überall war ja die Angst vor der geheimnisvollen Atomkraft enorm gestiegen. In Deutschland gab es Demonstrationen und Blockaden, die Grünen betraten erstmals die politische Arena. Besonders die Jugendorganisationen, ob christlich oder links orientiert, kämpften gegen die Kernkraftwerke. In Schweden hatten die Sozialdemokraten wegen der Kernkraft eine Wahl verloren. Konnte das nicht auch in Österreich passieren? Das hofften die ÖVP-Granden Dr. Josef Taus und Dr. Alois Mock und entschlossen sich zum Kurswechsel, zur „Kindesweglegung". Begründung: Die Frage der Endlagerung des Atommülls sei ungelöst. Das war sie zwar auch, als die ÖVP-Regierung den Baubeschluß gefaßt hatte, und ist sie immer noch, aber wer fragt danach, wenn die Emotionen hochgehen? Industriellenvereinigung und Wirtschaftsbund waren empört über den Absprung ihrer Partei, aber die ÖVP-Führung beschwichtigte: Kreisky könne nicht mehr zurück, er würde die Inbetriebnahme verantworten müssen und von der Jugend die Rechnung präsentiert bekommen. Aber es sollte anders kommen.

Zunächst ging alles seinen normalen Gang. Am 25. Februar wurde das erste Teilstück der U1 zwischen Karlsplatz und Reumannplatz eröffnet. Am 29. April fand in der Inneren Stadt, mit Schwerpunkt „Am Hof", das erste „Wiener Stadtfest" der ÖVP statt. Der neue Stadtparteiobmann, der urbane und weltoffene Dr. Erhard Busek, hatte es erfunden. Es gab kulturelle Höhepunkte, die Lokale waren voll, die Stimmung war gut und die Jugend ging begeistert mit. Busek versuchte mit Erfolg, der etwas verknöcherten Partei ein modernes Gesicht zu geben. Er gewann Persönlichkeiten wie den Autor Jörg Mauthe und andere, die bald als „bunte Vögel“ bekannt wurden. In seiner Partei schaffte ihm das nicht nur Freunde. Die alten Bezirksgranden mochten seine unkonventionelle Art nicht und unterstellten ihm „intellektuellen Hochmut“. Doch der Erfolg sollte ihm zunächst recht geben.

Am 21. Juni 1978 sitzen sie wieder einmal im Café Keppl beisammen. Kammerrat Michael Keppl, Dr. Peter Raunzinger, sein Bruder Augustin und Diplomkaufmann Gunther Motschger. Man will sich bei einem Glas Bier das Weltmeisterschaftsspiel gegen Deutschland ansehen. Wenn man auch höhere Schulbildung hat, der Fußball zieht die Männer noch immer in den Bann. Österreich war mit Spanien, Schweden und Brasilien in eine Gruppe gelost worden, und man erzählte, „Sonnenkönig“ Kreisky habe sich gewundert: „Was machen denn die Brasilianer in unserer Gruppe? Das san doch die einzigen, die kan König haben.“ Österreich hat zwar die Spiele gegen Schweden und Spanien gewonnen, spielt aber nach Niederlagen gegen Brasilien, Holland und Italien nicht mehr um den Titel mit, und so schweift das Gespräch bald ab. Peter hat an der Stelle, wo seinerzeit die Bilder der bewußten Stammgäste hingen, ein Band mit Aufschrift „Atomkraft – nein, danke!“ entdeckt. „Ihr seids mir eine schöne Wirtschaftspartei“, ätzt er. „Was werden denn eure Geldgeber von der Industrie dazu sagen?“ Keppl: „Was nützt uns der ganze Wohlstand, wenn das Leben unserer Kinder in Gefahr ist, sofern nach eurer Fristenlösung überhaupt noch welche zur Welt kommen?“ Motschger nickt zustimmend. Peter lacht: „Da seids aber sehr spät draufkommen, jetzt, wo der Bau fertig is. Und ihr werds es net verhindern!“ Da erhält Keppl Unterstützung von unerwarteter Seite: „Weit habts ihr ’s bracht. Die Kirchen sorgen sich um die Erhaltung der Schöpfung, aber mein Herr Bruder,

der Genosse Manager, denkt nur noch an Wachstum und Profit. Ihr seids ja schon kapitalistischer als die ÖVP!" erregt sich Augustin. Der Angesprochene wird, im Gegensatz zur politischen Taxierung durch seinen Bruder, tiefrot. „Du ghörst sowieso net zu uns, Gustl!" fährt er ihn an, „wir wollen Wohlstand für alle, aber du bist a Anarchist, du willst nur zerstören. Das hast schon bei der Arenabewegung zeigt. Im Zweifel lieber gegen die Sozialisten als gegen die Reaktion. Und von Atomkraft verstehst überhaupt nix. Geigerzähler kannst werden", spielt er auf Gustls jüngst erfolgte Bewerbung bei den Philharmonikern an. „Aber wahrscheinlich glaubst, mir brauchen ka Kraftwerk, weil der Strom eh aus der Steckdosen kommt", ätzt Peter.

Er will seine Attacke auf den „destruktiven Bruder" fortsetzen, als sich plötzlich Edi Finger einmischt: „Toor, Toor, Toor, i wer narrisch!" brüllt er. Die vier Männer springen auf. „3:2! Und natürlich zwa Tore vom Krankl. Ohne Rapidler geht 's halt net", stellt Peter fest. „Aber unser Schneckerl hat 's durch sei Tor in Izmir möglich gmacht", relativiert Keppl. Nur Gunther Motschger, scheint nicht ganz glücklich. „Die Deutschen hätten noch Weltmeister werden können, und uns bringts nix." Augustin lacht: „Also wieder amal ein Dolchstoß." Jedenfalls wird an diesem Abend noch viel Bier getrunken. Und nicht nur im Café Keppl.

Am 4. Juli protestierten die Frächter durch Grenzblockaden gegen eine neue Lkw-Steuer. Am 7. Juli beschloß der Nationalrat mit den Stimmen der Sozialisten die Inbetriebnahme des Kernkraftwerks Zwentendorf. Am 1. Oktober wurde in Wien die erste Kabel-TV-Anlage in Betrieb genommen. Bei der Gemeindewahl am 8. Oktober errang Busek einen großen Erfolg. Die ÖVP gewann vier Mandate: SPÖ 62, ÖVP 35, FPÖ 3. Busek wurde zwar Vizebürgermeister, aber die SPÖ regierte Wien weiterhin allein. Am 18. Oktober beschloß der Nationalrat das Datenschutzgesetz. Inzwischen hatte Kreisky die ÖVP düpiert. Verärgert über den anhaltenden Widerstand setzte er überraschend eine Volksabstimmung über die Inbetriebnahme des fertigen Kernkraftwerks an. Dabei unterlief dem gewieften Taktiker ein Fehler. Um die widerspenstigen Jungsozialisten von einer Stimmabgabe gegen das Kraftwerk abzuhalten, verband er die Abstimmung mit einer persönlichen Vertrauensfrage, die viele bürgerliche Kernkraftbefürworter von der Teilnahme abhielt. Das Ergebnis: ein Drittel der Wähler blieb daheim, ein Drittel stimmte gegen, ein Drittel für das Kraftwerk. 50,47 Prozent hatten dagegen gestimmt. Die scheinbar erfolgreiche ÖVP war entsetzt, der Wirtschaftsflügel wütend. Kein anderer als Kreisky vermochte es aber, aus einer Niederlage einen Sieg zu machen. Statt, wie von den Gegnern erhofft, zurückzutreten, ließ er sich von seiner Partei, die ihm sowieso blind ergeben war, eine „Generalvollmacht" erteilen. Die Jugend aber jubelte ihm zu, weil er von seiner Mehrheit nicht Gebrauch gemacht, sondern das Volk befragt hatte, und sollte ihm im nächsten Jahr seinen fulminantesten Wahlsieg bescheren. Nur: Österreich hatte ein fertiges sauteures Kraftwerk, das nicht in Betrieb ging! – Gestorben sind 1978 die Schauspieler Ewald Balser und Theo Lingen.

Wie schon erwähnt wurde 1979 das Jahr des Dr. Bruno Kreisky. Er stand auf dem Höhepunkt seiner Popularität, was auch in zahlreichen Witzen zum Ausdruck kam. Zum Beispiel: Kreisky, der ein völlig unmilitärischer Mensch und außerdem schon kurzsichtig war, fragt bei einer Angelobung des Bundesheeres: „Sagen S', warum nimmt denn der den Helm net ab?" Ein Offizier, verlegen: „Herr Bundeskanzler, das ist ein Hydrant." Kreisky: „Sein Rang ist mir wurscht, den Helm soll er abnehmen." Wahr ist folgende Geschichte. Kreisky kommt zu einem Würstelstand und bestellt eine Burenwurst. Ein Betrunkener: „Hörst Oida, du könntest vü Geld verdiena. Du schaust so dem

Kreisky ähnlich." Kreisky: „Nau, vielleicht bin i verwandt mit eam." Seine Fernsehdiskussionen mit politischen Gegnern hatten Unterhaltungswert. Auf irgendwelche Fakten angesprochen, pflegte er zu sagen: „Moment, ich hab da meine Unterlagen." Er kramte in der Tasche, fand die Papiere natürlich nie, aber der Gesprächspartner war aus dem Konzept gebracht. Oder: „Heben S' net immer belehrend den Zeigefinger, Herr Dr. Taus, das mag i net." Er sprach langsam und bedächtig. Seine Lieblingsfloskel: „Ich bin der Meinung und möchte mit aller gebotenen Deutlichkeit sagen ..." Aber er konnte auch grantig werden: „Lernen Sie Geschichte, Herr Redakteur!" Über seinen Gegenspieler Taus dagegen witzelte man: Taus wollte endlich einmal Kreisky aus den Schlagzeilen verdrängen und lernte in monatelanger Arbeit, über einen See zu gehen. Am nächsten Tag stand in der Zeitung: „Taus kann nicht schwimmen." Die SPÖ gewann mit 51 Prozent der Stimmen am 6. Mai zu ihren 93 Sitzen noch zwei dazu. Bei der ÖVP folgte das übliche Ritual: Dr. Taus mußte gehen, Dr. Mock wurde neuer Obmann. Dr. Kreisky aber konnte noch zwei weitere Erfolge auf dem außenpolitischen Parkett, wo er sich besonders wohlfühlte, für sich buchen. Am 18. Juni kamen die beiden mächtigsten Männer der Welt, Jimmy Carter und Leonid Breschnjew, nach Wien und unterzeichneten im Redoutensaal das SALT-II-Abkommen, das einen Rüstungsstopp bringen sollte. Und am 23. August wurde mit der Übergabe der vom Architekten Johann Staber geplanten 120 Meter hohen UNO-City an UNO-Generalsekretär Dr. Kurt Waldheim Wien die dritte UNO-Stadt neben New York und Genf.

Am 7. Februar vernichtete ein Großbrand das Kaufhaus Gerngroß in der Mariahilfer Straße. Am 10. April wurde die U-Bahn-Station Stephansplatz eröffnet. Dort kann auch die bei den Bauarbeiten entdeckte 11 Meter unter dem Straßenniveau gelegene Virgilkapelle aus dem 13. Jahrhundert besichtigt werden. Am 26. April wurde das Museum moderner Kunst im Palais Liechtenstein eröffnet. Und am 20. November wurden am Hubertusdamm im 21. Bezirk das islamische Zentrum und die erste Moschee auf österreichischem Boden eingeweiht. Die Wirtschaftslage war weiter gut. Der Schilling wurde wieder aufgewertet und war eine der härtesten Währungen. Es gab einen neuen Höchststand an Beschäftigten, doch auch die Arbeitslosigkeit war geringfügig gestiegen. – Gestorben sind 1979 der Kabarettist und Schriftsteller Carl Merz sowie der Schriftsteller und Kritiker Friedrich Torberg.

Der „Winterschlaf" dauerte 1980 sehr lang. Ein Erdgaslager bei Zistersdorf wurde entdeckt, in der ÖVP Mock als Obmann bestätigt, in der FPÖ Dr. Norbert Steger nach einer Kampfabstimmung Obmann. Damit schienen die Blauen auf dem Weg von einer nationalen zu einer liberalen Partei. Gunther Motschger ist nicht einverstanden. „Der schaut aus wie ein levantinischer Teppichhändler", murrt er. Am 18. Mai fand die Bundespräsidentenwahl statt. An der Wiederwahl des über die Parteigrenzen hochangesehenen Dr. Rudolf Kirchschläger bestand kein Zweifel, die ÖVP hatte auch gar keinen Gegenkandidaten nominiert. Bei einer Wahlbeteiligung von mehr als 92 Prozent erhielt er 79,9 Prozent, Dr. Willfried Gredler (FPÖ) kam auf 17, Dr. Norbert Burger (NDP) auf 3,1 Prozent. Weniger ruhig ging es am Abend im Theater an der Wien zu. Bei der Uraufführung von Gottfried von Einems Mysterienoper „Jesu Hochzeit" gab es einen handfesten Theaterskandal, vor allem wegen des Textes von Lotte Ingrisch. 500 Menschen demonstrierten vor dem Theater, die Aufführung konnte nur unter Polizeischutz stattfinden, und selbst der maßvolle Kardinal Dr. Franz König sah in dem Werk eine Herabwürdigung religiöser Lehren. Am 30. August nahm die U2 auf der Strecke Karlsplatz–Schottenring den Betrieb auf. Am 8. November wurde die neue Reichsbrücke eröffnet. Sie war auch für den künftigen

U-Bahn-Betrieb eingerichtet. Das Jahr endete mit einem Krach in der Regierung. Schon längere Zeit war es zu offenen Konfrontationen zwischen Kanzler Kreisky und seinem bisherigen Wunschnachfolger, dem Vizekanzler und Finanzminister Dr. Hannes Androsch gekommen. Androsch zog – so schien es – den Weg zu Reichtum einer Politkarriere vor. „Sonnenkönig“ und „Sunny Boy“ hatten sich auseinandergelebt. Androsch war nicht bereit, seine expandierende Steuerberatungskanzlei Consultatio aufzugeben, was mit Kreiskys strengen Vorstellungen von politischer Moral nicht übereinstimmte. Dazu kamen noch Vorwürfe wegen Verflechtung seiner Kanzlei in der Schmiergeldaffäre beim Bau des AKH (in diesem Zusammenhang wurde auch der Vorstandsdirektor Adolf Winter verhaftet) und wegen eines zinsenbegünstigten Kredits beim Bau seiner Villa in Neustift. Im Dezember kündigte Androsch für Jänner 1981 seinen Rückzug aus der Politik an. – Gestorben waren 1980 der Maler Oskar Kokoschka, die Sängerin Hilde Konetzni, der Politiker Karl Waldbrunner, der Regisseur Willi Forst und im 106. Lebensjahr die Burgschauspielerin Rosa Albach-Retty.

Am 15. Juni 1981 wurde Dr. Androsch für seinen Rücktritt durch den Posten eines Generaldirektors der CA „entschädigt“ – auch keine schöne Optik. Sein Nachfolger als Vizekanzler wurde Dr. Fred Sinowatz, als Finanzminister Dr. Herbert Salcher. Am 6. März wurde Peter Weck zum neuen Direktor des „Theaters an der Wien“ bestellt. Am 1. Mai um 7.08 Uhr wurde in Hietzing der 51jährige Stadtrat Heinz Nittel (SPÖ), als er eben zum Maiaufmarsch aufbrechen wollte, erschossen. Später stellte sich heraus, daß der Täter ein arabischer Terrorist war. Nittel war Präsident der österreichisch-israelischen Gesellschaft, aber außenpolitisch nie hervorgetreten. Es war der erste Politikermord in der Zweiten Republik. Bei der Volkszählung vom 12. Mai wurden für Österreich 7,555.338, für Wien, wo die Zuwanderung aus dem In-

und Ausland das steigende Geburtendefizit nicht mehr auszugleichen vermochte, 1,531.346 Einwohner ermittelt. Ende Mai wurde der nördliche Teil der neuen Donau-Insel eröffnet, die gegen den erbitterten Widerstand der ÖVP errichtet worden war und sich seither als Hochwasserschutz und Freizeitparadies bewährt. Zunächst aber interessierten sich die Wiener für anderes. Im Juni stürmten sie in der Secession André Hellers zauberhaftes Varietéprogramm Flic-Flac. Am 26. Juni entstand aus Zwentendorf-Gegnern und Bürgerinitiativen auch in Österreich eine Wahlgemeinschaft „Grünes Forum“. Natürlich mit dabei: Augustin Raunzinger, wer sonst?

Peter Raunzinger beschwert sich bei seinem Vater. „Nix als genieren muß ma si für den Kerl.“ (Wenn der Manager empört ist, verfällt er in den Dialekt seiner Kindheit.) „Diese Grünen wollen uns in die Steinzeit zurückführen! Ka Ahnung von wirtschaftlichen Notwendigkeiten. Auf d' Nacht spielt er im Frack bei die Philharmoniker. Bei Tag treibt er si, anzogen wia a Sandler mit diesem Sonderling Waluliso umeinand, der im Nachthemd mit der Tramway fahrt und allerweil einen Apfel in der Hand hat, von dem er nie abbeißt!“ Der Vater beschwichtigt: „Schau, Peter, die Jungen müassen si halt die Hörndln abstessen, und die Augustins waren immer die enfants terribles, das is eaner Funktion. Du selber hast vor 12 Jahr auch noch anders gredt“. Aber das will sein Ältester nicht hören: „Schon, nur i hab mi weiterentwickelt, und der Gustl is deppert blieben!“

Trotz Bruno Kreiskys araberfreundlicher Politik, die in Israel auf scharfe Kritik stieß, hörte der Terror nicht auf. Am 29. Juli wurden am Schwechater Flughafen palästinensische Terroristen verhaftet. Am 29. August starben bei einem Terroranschlag der Gruppe Abu Nidal auf die Synagoge in der Seitenstettengasse im 1. Bezirk zwei Menschen, darunter ein Polizist. Einer der Verhafteten gestand auch den Mord an Stadtrat Nittel. Am 15. Oktober erhielt

Elias Canetti den Nobelpreis für Literatur. Am 15. Dezember endete die Amtszeit Kurt Waldheims als Generalsekretär der UNO. Und am 20. Dezember wurde die U4 bis Hütteldorf in Betrieb genommen. – Gestorben sind 1981 der populäre Volksschauspieler Paul Hörbiger, der Dirigent und frühere Staatsoperndirektor Karl Böhm sowie der Operettenkomponist Nico Dostal. Der frühere Verteidigungsminister General Karl Lütgendorf beging am 9. Oktober Selbstmord.

70.000 Menschen nahmen am 15. Mai 1982 an einer großen Friedensdemonstration teil, die mit einem ökumenischen Friedensgebet vor dem Stephansdom endete. Aber wer ist schon für den Krieg? Zur gleichen Zeit fand ein von der ÖVP initiiertes Volksbegehren gegen den Bau eines Konferenzzentrums vor der UNO-City statt, das 1,36 Millionen Unterschriften brachte, aber als reine Propagandaaktion, die es auch war, von Kreisky ignoriert wurde. Am 16. Mai besuchte die 90jährige Exkaiserin Zita Wien. Die starrköpfige alte Dame hatte zwar nie eine Verzichtserklärung unterschrieben, eine Art Gnadenakt Bruno Kreiskys ermöglichte ihr dennoch die Einreise. Am 3. Juli gaben die Rolling Stones ein Freiluftkonzert im Stadion. Am 2. August nahm das über Kreiskys Initiative nach Aspern gekommene General-Motors-Werk den Betrieb auf. Am 29. September wurde die Außenringautobahn von Wien und am 25. Oktober als fünfte Wiener Donaubrücke die Brigittenauer Brücke dem Verkehr übergeben. Alles in allem stand Österreich laut einer amerikanischen Studie in puncto Lebensqualität weltweit an 3. Stelle. – Gestorben sind 1982 die Schauspieler Romy Schneider („Sisi“), Max Böhm, Curd Jürgens und Hermann Thimig.

Jede Epoche geht einmal zu Ende, auch die von Bruno Kreisky. Der Erfolg, der diesen bedeutenden Mann, dem anscheinend alles so mühelos zufiel, so lang begleitet hatte, schien ihn verlassen zu haben. Eine schwere Nierenerkrankung, die ihn immer wieder in Behandlung zwang, eine sich verschlechternde Sehfähigkeit und Enttäuschungen über einige Mitarbeiter machten ihn zunehmend mürrischer, eigensinniger und mißtrauischer. Dazu kam die Stahlkrise, die Österreichs verstaatlichte Industrie schwer traf. Kreisky, dessen Jugend von der Arbeitslosigkeit und dem dadurch geförderten Faschismus geprägt war, duldete nicht den notwendigen Personalabbau. „Schulden sind mir lieber als Arbeitslose", war sein Stehsatz. Die Folge waren steigende Defizite. Dem mußte Einhalt geboten werden. Der Kanzler beorderte die Parteispitze in sein Urlaubsdomizil nach Mallorca und schnürte mit ihnen ein Sparpaket, darunter eine Sparzinsensteuer, wie sie heute allgemein üblich ist, die ZESt. „Wir kamen von Mallorca und hatten die ZESt an Bord", spotteten die Genossen. Kreisky bestand darauf, den Menschen noch vor der Wahl die notwendigen Belastungen mitzuteilen. „Die Wahrheit ist den Menschen zumutbar", hatte die Dichterin Ingeborg Bachmann gemeint. Aber schon die Römer hatten gewußt: „Mundus vult decipi" – Die Welt will betrogen werden – und kamen damit der Wahrheit näher. Die Opposition und ein Massenblatt bezeichneten die Zinsertragssteuer in einheitlicher Sprachregelung als „Sparbuchsteuer" und machten damit vor allem Rentnerinnen und Rentnern Angst um ihre kargen Ersparnisse. Es kam, wie es kommen mußte. Am 24. April 1983 verlor die SPÖ die absolute Mehrheit, womit auch die 17jährige Periode der Alleinregierungen zu Ende war. Die SPÖ erhielt 90, die ÖVP 81, die FPÖ 12 Sitze, zwei grüne Listen und die Kommunisten gingen leer aus. Mit fast 48 Prozent der Stimmen blieb die SPÖ weitaus stärkste Partei, mußte sich aber einen Koalitionspartner suchen. Für diesen Fall hatte der Kanzler bereits vorgesorgt und mit den freiheitlichen Politikern Norbert Steger und Friedrich Peter Sondierungsgespräche geführt. Nun bot er seiner Partei den Rücktritt an und nahm die Verantwortung für das Wahlergebnis auf sich. Wenn er aber erwartet hatte, die Genossen würden ihn ersuchen weiterzumachen, wurde er enttäuscht. Dankbarkeit ist keine politische Kategorie, und manche „Parteifreunde“ waren der fast autoritären Führung durch den „Alten“ überdrüssig. Das Amt des 72jährigen fiel dem 54jährigen Burgenländer Dr. Fred Sinowatz zu, der schon das Amt des Vizekanzlers nicht angestrebt hatte. Am 24. Mai gelobte der Bundespräsident die Rot-Blaue Koalitionsregierung Sinowatz-Steger an.

Inzwischen tat sich auch sonst einiges. In Jänner 1983, dem wärmsten Jänner seit 1775, erkrankten in Wien 21.000 Menschen an Grippe. Bei der Gemeinderatswahl im April verloren SPÖ und FPÖ je einen Sitz an die ÖVP, deren Erfolgsserie unter Busek somit anhielt: SPÖ 61, ÖVP 37, FPÖ 2. Leopold Gratz wurde wieder zum Bürgermeister gewählt. Am 27. Juli erreichte die Hitzewelle mit 38 Grad ihren Höhepunkt. Es war der heißeste Juli seit 124 Jahren. Am 10. September traf Papst Johannes Paul II. in Wien ein. Ein Anlaß dafür war auch das 300. Jubiläum des Endes der Türkenbelagerung. Am 24. September fand im Theater an der Wien die deutschsprachige Erstaufführung des Erfolgsmusicals „Cats“ statt. Am 25. September wurde am Dammhaufen am rechten Donauufer die erste buddhistische Friedenspagode Europas eingeweiht. Am 11. Oktober führte ein Innsbrucker Chirurgenteam die erste Herztransplantation in Österreich durch. Am 15. November mußte beim niedrigsten Wasserstand der Donau seit 100 Jahren – nur 70 Zentimeter in Wien – der Schiffsverkehr auf der Donau eingestellt werden. Es war die letzte Wetterkapriole des auch meteorologisch bemerkenswerten Jahres. – Gestorben sind 1983 der Architekt Klemens Holzmeister sowie der frühere Vizekanzler und SPÖ-Vorsitzende Dr. Bruno Pittermann.

Das Jahr 1984 sollte nach einem utopischen Roman von George Orwell ein Jahr der weltweiten Diktatur und des totalen Überwachungsstaates werden. Aber die Diktaturen hatte Österreich zum Glück längst hinter sich, und Überwachungen durch Videokameras lagen noch in weiter Ferne. Am 8. April 1984 fand wieder einmal eines jener Ereignisse statt, die aus dem Kulturleben Wiens nicht wegzudenken sind: Ein Staatsoperndirektor (Lorin Maazel) warf entnervt das Handtuch, soweit man diesen Ausdruck aus dem Boxring hier verwenden darf. Bei den Festwochen im Mai wurden unter dem Motto „Zeit der Puppen" 300 lebensgroße Pappmachépuppen in den U-Bahn-Stationen aufgestellt. Am 17. Mai wurde zum ersten Mal gegen ein geplantes Kraftwerk in der Hainburger Au demonstriert. Am 5. September eröffnete Hans Peter Heinzl sein Theater „Kabarett und Komödie" nahe dem Naschmarkt. Am 10. September bildete Kanzler Sinowatz sein Kabinett um. Leopold Gratz wurde Außenminister. Nach elfjähriger Amtszeit im Wiener Rathaus, in welcher der Bau des AKH zügig voranging, das WIG-Gelände sowie das Kurzentrum in Oberlaa eröffnet wurden, der U-Bahn-Bau und der Bau der Donau-Insel vorangetrieben wurden und sich die Innenstadt durch eine neue Beiselszene („Bermuda-Dreieck") mit neuem Leben erfüllte, übersiedelte der populäre „Bürgerpoldi" auf den Ballhausplatz.

Das bedeutete: Wien brauchte einen neuen Bürgermeister. Überraschend entschied sich die Mehrheitspartei für den 57jährigen, in Lilienfeld geborenen Pädagogikprofessor Dr. Helmut Zilk. Zilk war bereits Fernsehintendant, Journalist, Kulturstadtrat und Unterrichtsminister gewesen. In letzterer Funktion berief er den Direktor des Bochumer Schauspielhauses Claus Peymann, einen Protagonisten des modernen Regietheaters, als Direktor an das traditionsreiche Burgtheater. Peymann polarisierte Kritiker, Schauspieler und Publikum wie kaum ein Zweiter. Es gab nur begeisterte Bewunderer und kompromißlose Gegner. Einer davon war der allem Neuen mit mißtrauischer Ablehnung begegnende Kolumnist Richard Nimmerrichter („Staberl“). Viele mochten aber beide nicht, und der Kabarettist Gerhard Bronner murrte: „Wie komm ich dazu, daß ich wegen dem Staberl für den Peymann sein soll?“ Helmut Zilk, wortgewaltig und oft eigenständig, war ein Mann unkonventioneller, spontaner und unbürokratischer Entscheidungen, was ihn in kurzer Zeit populär machte. Inzwischen spitzte sich aber der Konflikt um das Donaukraftwerk Hainburg weiter zu. Der Bau hätte auch einen kleinen Teil des Auwaldes in Mitleidenschaft gezogen. Als die ersten Baumaschinen zum Einsatz kamen, fuhren Hunderte von jungen Menschen, vor allem Studentinnen und Studenten, bei grimmiger Kälte in die Au, um dort zu biwakieren und den Bau zu verhindern. Es war die eigentliche Geburtsstunde der Grünbewegung, und es ging natürlich nicht ohne Aktionismus ab. Der umtriebige Journalist Günther Nenning posierte als „Auhirsch“. Unser Augustin ist natürlich auch dabei. Er läßt sich von den Philharmonikern beurlauben, taucht als Eber in der Au auf, flirtet mit Umweltschützerinnen (schließlich muß man sich bei der Kälte gegenseitig wärmen) und erfriert sich trotzdem zur Schadenfreude seines Bruders zwei Zehen. Unterdessen eskalierte die Situation. Exekutive und von der Gewerkschaft unterstützte Bauarbeiter, die um ihre Arbeitsplätze bangten, attackierten die Umweltschützer. Schließlich verordnete der Bundeskanzler, um den Weihnachtsfrieden zu wahren, eine „Nachdenkpause“. Damit war das Projekt praktisch gestorben, die Pause wurde zum Dauerzustand, das Nachdenken leider nicht. – Gestorben sind 1984 der Regisseur Leopold Lindtberg, der Theaterdirektor Ernst Haeussermann und der große Schauspieler Oskar Werner.

Anfang 1985 stand fest: Die Wirklichkeit des steigenden Energiebedarfs blieb unberücksichtigt, der Traum der Umweltbewußten von der Erhaltung einer unberührten Aulandschaft wurde Wirklichkeit. Folgerichtig wurde am 28. März 1985 im Künstlerhaus die Ausstellung „Traum und Wirklichkeit“, Wien 1870 bis 1930, eröffnet. Hans Hollein und Robert Waissenberger gestalteten die Ausstellung, welche vom von Hans Makart in Szene gesetzten Festzug anläßlich der Silberhochzeit von Kaiser Franz Joseph und Kaiserin Elisabeth bis zur Eröffnung des Karl-Marx-Hofs das kulturelle, gesellschaftliche und politische Leben jener Zeitepoche wiedergab. Damit wurde auch die abstruse Situation überwunden, daß für das eine Lager die Geschichte 1918 endete, als sie für das andere Lager begann. Geschichte ist eben unteilbar. Am 6. Mai gab es auch auf anderem Gebiet ein längst fälliges Umdenken: Ein Park vor der Votivkirche im 9. Bezirk wurde „Sigmund-Freud-Park“ benannt, womit sich Wien endlich zu diesem weltweit anerkannten Wegbereiter der lange umstrittenen Psychiatrie bekannte. Am 7. September wurde Ecke Löwengasse-Kegelgasse im 3. Bezirk das Hundertwasser-Haus eröffnet. Der Maler Friedensreich Hundertwasser hatte ein eigenwilliges und unkonventionelles Haus konzipiert, das bald zur Touristenattraktion wurde. Am 16. September trat Kardinal König in den Ruhestand. Der weltoffene, weit über die Grenzen Österreichs bekannte Kardinal spielte auch international eine große Rolle, vor allem beim Kontakt mit den Kirchen jenseits des Eisernen Vorhangs. Auch in Österreich war Dr. Franz König in allen Lagern hochangesehen. Trotz des Gesetzes über die Fristenlösung war er einer der Architekten der Versöhnung zwischen katholischer Kirche und sozialdemokratischer Arbeiterbewegung. Sein Nachfolger wurde zur allgemeinen Überraschung der völlig unbekannte und unbedeutende Benediktinerpater Hermann Groer aus Maria-Roggendorf, der bestenfalls das Format eines kleinen Landpfarrers hatte und mit dem Amt weit überfordert war. Am 27. Dezember verursachten drei arabische Terroristen am Flughafen Wien-Schwechat ein Blutbad mit 2 Toten und 15 Verletzten. In Wien wurde die Bewerbung um die Weltausstellung und der Bau eines Zentralbahnhofs nördlich der Donau diskutiert. Doch wieder lagen Traum und Wirklichkeit weit auseinander.

1986 war ein Jahr, das vieles verändern sollte. Für die anstehende Bundespräsidentenwahl hatte die SPÖ den Arzt und Gesundheitsminister Dr. Kurt Steyrer nominiert, die ÖVP den früheren UNO-Generalsekretär und Außenminister Dr. Kurt Waldheim. Freda Meissner-Blau und Dr. Otto Scrinzi waren weitere Kandidaten. Kurt Waldheim hatte seine Memoiren veröffentlicht. Darin stand, daß er 1941 verwundet von der Ostfront zurückgekehrt sei und in Wien sein Studium abgeschlossen habe. Dann gingen die Memoiren erst 1945 weiter. Vier Jahre fehlten. Warum? Zwei linkskatholische Historiker forschten nach und fanden heraus: Waldheim war als Oberleutnant und Dolmetsch am Balkan stationiert und außerdem 1938 bei der Reiter-SA gewesen. Die beiden Historiker spielten das Material der SPÖ zu, aber diese zögerte. Die Umfragewerte waren nach größeren finanziellen Verlusten verstaatlichter Betriebe schlecht. Waldheim hatte den weitaus größeren Bekanntheitsgrad, also war die Strategie der SPÖ, Steyrer groß herauszustellen und Waldheim nicht zu erwähnen. Die Historiker waren enttäuscht und kündigten an, mit ihrer „Enthüllung“ an die Öffentlichkeit zu gehen. Da sprang die SPÖ auf den fahrenden Zug auf. Der Wahlkampf eskalierte in beispielloser Weise. Das Ausland mischte sich ein. Jüdische Organisationen in den USA machten aus dem unbedeutenden Oberleutnant einen Kriegsverbrecher. Waldheim verhielt sich für einen Diplomaten bemerkenswert ungeschickt: Sein Vater habe ihn ohne sein Wissen bei der Reiter-SA einschreiben lassen. Er könne sich an Einzelheiten nicht erinnern. Er habe nur „seine Pflicht getan, wie die anderen Österreicher auch.“ Doch ein Massenblatt machte den kleinen Oberleutnant, der wahrscheinlich nie ein Nazi, eher ein opportunistischer Mitläufer gewesen war, zum typischen Vertreter der Frontkämpfergeneration, deren Ehre besudelt worden wäre und nun geschützt werden müsse. Antisemitische Leserbriefe wurden geschrieben – und gedruckt. An den Stammtischen wurde, was bisher nur geflüstert und hinter vorgehaltener Hand gesagt worden war, laut ausgesprochen: „Jawohl, wir haben damals unsere Pflicht getan. Wir haben Europa gegen den Bolschewismus verteidigt. Wir lassen uns nicht als Kriegsverbrecher abstempeln“ – was sowieso niemand getan hatte. Um den Solidarisierungseffekt mit Waldheim zu verstärken, plakatierte die ÖVP: „Wir Österreicher wählen, wen wir wollen.“ Klar, daß man den aufgelegten Elfmeter verwertete. Nur ein Dummkopf von einem Parteisekretär hätte die Chance nicht genützt, und das war Dr. Michael Graff sicher nicht.

In dieser aufgeheizten Atmosphäre treffen einander Ende April 1986 drei ältere Herrn, Jahrgang 1919, bei einem Heurigen. Ihre Mütter waren befreundet gewesen, die Väter zeitweise auch, sie selbst hatten als Kinder miteinander gespielt. Gernot Motschger, pensionierter Bibliothekar in der Nationalbibliothek, Vater von Gunther, Gernot und Giselher, hat als Flieger beim Luftkampf über England ein Bein verloren. Franz Keppl, der letzte Franz, Sohn und Tochter heißen Michael und Andrea, ist spät aus sowjetischer Gefangenschaft zurückgekehrt und hat seinen Bruder an der Front und seine Schwester bei einem Bombenangriff verloren. Sein Kaffeehaus in der Kaiserstraße hat er schon dem Sohn übergeben. Robert Raunzinger, Ex-Spanienkämpfer, KZler, enttäuschter Exkommunist, hatte sich längst von der Politik abgewendet, doch in dieser Situation heißt es Farbe bekennen, und er solidarisiert sich mit der SPÖ und ihrem Kandidaten. Das Gasthaus im Gemeindebau hat er vor Jahren zugesperrt, denn der ältere Sohn Peter ist ein „verbürgerlichter“ 68er und Manager im Nadelstreif, der jüngere, Augustin, ein leicht verrückter alternativer Philharmoniker mit Vorliebe für Wein, Weib und Gesang, und Tochter Ria Malerin und – nach Meinung der Familie – eine „ausgeflippte Emanze“.

Sie fühlt sich nur von Augustin verstanden. Einige Zeit plaudern die drei Endsechziger bemüht über unverfängliche Dinge wie Wetter, Fußball, Familie, Urlaubspläne, zeigen Familienbilder und erzählen Witze, doch schließlich läßt sich die Politik nicht mehr ausklammern.

„Ehrlich gesagt, ich finde es nicht richtig, daß man unsere Generation jetzt mit Dreck bewirft und als Verbrecher abstempelt", sagt Gernot, „schließlich haben wir unsere Jugend geopfert, die schönsten Jahre unseres Lebens, und genauso wie der Doktor Waldheim, der an sich nicht mein Kandidat ist, unsere Pflicht erfüllt." Robert hatte sich vorgenommen, auf solche Bemerkungen nicht zu reagieren, aber jetzt sagt er doch: „Aha, die Pflicht erfüllt. Und für wen?" Gernot: „Für Europa natürlich. Sonst stünden die Sowjets heute am Rhein. Ja, ich weiß, du bist damals auf der anderen Seite gestanden und warst sicher überzeugt, das Richtige zu tun. Du warst ja noch sehr jung. Aber heut siehst du ja, wie ich höre, vieles anders." – „I schon", sagt Robert, „i hab aus der Geschichte gelernt. Aber du und deine Haberer net. Ihr seids net lernfähig. Für Europa habts ihr kämpft? Wie du über England abgschossen worden bist, war dein geliebter Führer mit dem Stalin verbündet. Die zwa ham si Polen teilt, und der Hitler hat dem Stalin das Baltikum, Finnland und Bessarabien gschenkt. Und wenn der Idiot net die Russen angriffen hätt, wären die nie bis nach Thüringen kummen. So schaut 's nämlich aus." Franz der Letzte versucht zu vermitteln. „Schimpfts net über meine Stammgäst", sagt er lachend und bestellt noch eine Runde. Und dann, ernster werdend: „Schau, Bertl, du waaßt, i war nie a Nazi. I war dabei, wie mir jungen Katholiken beim erzbischöflichen Palais gruafen ham: ‚Wir wollen unseren Bischof sehen' und hab a Nacht bei der Gestapo verbracht und hab Schiß ghabt. Und dann hab i an die Front müassen und hab auch Schiß ghabt, und dann war i in russischer Gefangenschaft und hab mi wieder gfürcht! Glaubst, i wär net liaber daham gwesen? Aber ka Mensch hat mi gfragt. Und die andern a net. Und dafür stellt ma uns jetzt als Verbrecher hin."

„Ka Mensch stellt die ganze Kriegsgeneration als Verbrecher hin. Es geht um den Waldheim." – „Der war a ka Verbrecher", wirft Franz ein. „Aber a Lügner!" sagt Robert und zündet sich eine Zigarette an. Franz kommt auch in Rage: „Aber mir lassen net zua, daß alle Österreicher als Nazi denunziert werden. Mir ham als erste gegen den Hitler kämpft. Und unser Heldenkanzler Dollfuß hat sein Leben geopfert." – „Der war selber a Faschist. Der war der Hampelmann vom Duce, womit i nix gegen eure Stammgäst gsagt ham will. Aber die Vergangenheit muaß amal aufgearbeitet werden, und die Österreicher waren eben net nur Opfer, sondern auch Täter!" – „Ah so, nur unsere waren die Täter?" fährt Gernot dazwischen. „Und wer hat Dresden, das voll von Flüchtlingen war, ohne militärische Notwendigkeit zerstört? Wer hat unsere Frauen vergewaltigt, wer hat Millionen Deutsche aus der Heimat vertrieben, so grausam, daß Zehntausende auf der Flucht ums Leben gekommen sind?" Robert schüttelt den Kopf: „Kamma das aufrechnen? Is scho einmal a Mörder freigsprochen worden, weil andere auch gemordet ham? Aber von mir aus wählts halt den Waldheim, is a scho wurscht." – „Ich wähl im ersten Wahlgang den Scrinzi, im zweiten den Waldheim. Früher hab ich noch den Körner, den Schärf und den Kirchschläger gewählt, aber jetzt, wo die Roten alle Frontkämpfer ..."

„Herr Ober, zahlen!" ruft Robert, „i glaub, es hat kan Sinn mehr!"

Es hatte auch keinen Sinn mehr, und viele ähnliche Gespräche in diesen Tagen auch nicht, die Entscheidung war längst gefallen. Waldheim verfehlte im ersten Wahlgang knapp die absolute Mehrheit, in der Stichwahl wurde er mit 53,9 Prozent gewählt. Freda Meissner-Blau hatte keine Wahlempfehlung abgegeben, weil Steyrer zu Hainburg nicht Stellung bezogen habe, eine sonderbare Begründung. Sie selbst würde „keinen der beiden faden Kurtln“ wählen. Dr. Kurt Waldheim bemühte sich um eine korrekte Amtsführung, wurde aber seines Erfolges nicht froh. Er blieb international isoliert, wurde höchstens vom Malteser Ritterorden zum Staatsbesuch eingeladen, und als er endlich erkennen mußte, daß er Österreich mehr schadete als nützte, trat er zu einer zweiten Amtsperiode nicht mehr an. Seinen Ruhestand verbrachte er relativ zurückgezogen in seinem Haus am Attersee. Aber, wie schon gesagt, Wahlkampf und Wahl hatten polarisierend gewirkt. Kanzler Sinowatz, der im Wahlkampf gespottet hatte, „wir nehmen zur Kenntnis, daß nicht Waldheim bei der SA war, sondern nur sein Pferd“, wollte mit dem neuen Präsidenten nicht zusammenarbeiten und überließ noch vor dessen Amtsantritt sein Amt dem Banker und Finanzminister Dr. Franz Vranitzky, Sohn eines Favoritner Arbeiters. Und in der FPÖ gab es einen Rechtsruck. Mit der Wahl des schon bisher durch flotte Sprüche aufgefallenen Populisten Dr. Jörg Haider zum Parteiobmann setzte sich der nationale Flügel durch. Haider aber wollte sofort statt Steger auch Vizekanzler werden. Doch der neue Bundeskanzler hielt den sprunghaften jungen Mann nicht für paktfähig und kündigte den Koalitionspakt mit der FPÖ. Bei den Neuwahlen am 23. November, die dadurch notwendig wurden, errang Haider einen Achtungserfolg: Die FPÖ konnte ihre Mandatszahl von 12 auf 18 erhöhen. Die Grünen hielten mit 8 Abgeordneten erstmals im Hohen Haus Einzug. Die SPÖ lag mit 80 Mandaten knapp vor der ÖVP (77), doch Parteiobmann Dr. Mock, der nach den Meinungsumfragen fix mit Sieg und Kanzlerschaft gerechnet hatte, wirkte beim TV-Interview nach der Wahl schwerst angeschlagen.

Und was tat sich sonst noch in diesem bewegten Jahr 1986? Am 25. Jänner wurde die renovierte Secession eröffnet, am 1. März vor der Hochschule für angewandte

Kunst Alfred Hrdlickas Kokoschka-Denkmal enthüllt. Im März wurde nach bewährter Wiener Tradition heftig über Hans Holleins Neubau des Haas-Hauses am Stock-im-Eisen-Platz gestritten. Bei einem Besuch des britischen Thronfolgerpaares am 14. April soll laut Berichten von Klatschkolumnisten die attraktive Bürgermeistergattin Dagmar Koller mit Prinz Charles geflirtet haben. Ob es stimmt oder nicht, die Leserinnen mögen solche Berichte gern. Am 12. Juni starb überraschend der designierte Direktor des Theaters in der Josefstadt Boy Gobert. An seiner Stelle übernahm Otto Schenk die Leitung des Hauses. Am 17. September wurde Peter Weck Intendant des neu geschaffenen Verbunds Wiener Theater, bestehend aus dem Theater an der Wien, dem Raimundtheater und dem Ronacher. Und am 29. Oktober wurde das umgebaute und überdachte Praterstadion, wie es sich gehört, mit einem 4:1-Sieg über Deutschland eröffnet. Leider wurde daraus kein Gewohnheitsrecht. – Gestorben sind 1986 der Politiker und Schriftsteller Jörg Mauthe, die Schauspieler Heinz Conrads, Richard Eybner und Helmut Qualtinger, der Kabarettist DDr. Peter Wehle sowie der Dramatiker Fritz Hochwälder.

Das Leben in der Wienerstadt hatte sich in diesen letzten zwei Jahrzehnten sehr verändert. Die Vollmotorisierung war „ausgebrochen“, man sah verhältnismäßig wenig Fußgänger auf den Straßen. Mit dem Auto ließen sich bequem die Supermärkte und Einkaufszentren erreichen, wo man billig einkaufen konnte, aber auf Beratung und Bedienung weitgehend verzichten mußte, weil nur das allernotwendigste Personal vorhanden war. Durch den Einsatz von Computern wurden permanent Arbeitsplätze wegrationalisiert. Die Wohnqualität hatte sich sehr verbessert, in immer mehr Wohnungen waren Bad, Telefon und Fernsehen allmählich zur Selbstverständlichkeit geworden. In den alten abgewohnten Wohnungen in Grätzeln, die langsam zu Slums wurden, lebten die, zur Freude von Unternehmern, die Billigarbeitskräfte suchten, von profitgierigen Hausverwaltungen und bald auch von Rechtspopulisten, zahlreich ins Land strömenden Ausländerfamilien. Sie kamen vor allem aus Jugoslawien, später aus der Türkei. Durch die Existenzängste ungelernter Arbeiter und das Zusammenleben unterschiedlicher Kulturen entstand dort eine gewisse Ausländerfeindlichkeit. Gutgemeinte Plakate, wo ein Bub in Lederhosen einen Gastarbeiter fragt: „I haaß Kolaric, du haaßt Kolaric, wieso sagen s' zu dir Tschusch?" konnten daran nicht viel ändern. Man lebte in derselben Stadt, doch in Parallelwelten. Infolge der Supermärkte und behaglicherer Wohnungen mußten nicht nur Greißler, Einzelgeschäfte und Handwerker zusperren. Auch viele gemütliche Beiseln verschwanden – Chinesen, Pizzerias traten an ihre Stelle – und der unvermeidliche McDonald's. Plötzlich hatte niemand mehr Zeit – ein „Hamburger" und auf zum nächsten Termin! Auch in den Familien hatte man kaum noch füreinander Zeit. Die Frauen waren ja berufstätig, damit man den Lebensstandard halten konnte, wobei die Last der Hausarbeit meistens bei der Frau verblieb.

Vor allem aber: Mit dem Jahr 1986 war auch die Lebenslüge der Zweiten Republik von der ausschließlichen Opferrolle Österreichs nicht länger aufrechtzuerhalten. Sie hatte während der Besatzungszeit als Argument für den Staatsvertrag und als Selbstschutz gedient und man hatte sich daran gewöhnt. Nun galt es, die Zeit der Naziherrschaft aufzuarbeiten, auch wenn bei Autoren wie Thomas Bernhard, Peter Turrini, Elfriede Jelinek ein gegenteiliges Klischee entstehen mochte, wonach alle Österreicher Nazi gewesen seien. Die Wahrheit liegt wie gewöhnlich in der Mitte. Jedenfalls: Die Nachkriegszeit war nun endgültig Geschichte.

Erst wann 's aus wird sein!

„Erst wann 's aus wird sein, mit aner Musi und an Wein, da pack ma die sieben Zwetschken ein, ender net!" In Wien singt man gern vom Sterben, es ist eine verkappte Todessehnsucht im Wesen der Wiener. Gerade wenn sie in Hochstimmung sind, schwingt irgendwie die Ahnung mit, daß es einmal aus wird sein. Und „wann der Wein verdirbt, und wann amal die Musi stirbt, in die mir Weana so verliebt ..." Na ja, dann versäumt man ja wirklich nix. Aber, warum net gar? Denn: „So lang im Glaserl no a Tröpferl drin is, so lang die Geigen no voll Melodien is und so lang als no a tulli gstelltes Madel da, da sagen mir Weana no, halt ja, und fahren net o", wird sofort relativiert, denn ausnutzen soll man das Kokettieren mit dem Sterben auch wieder net. Wer will schon die Patschen ausstrecken, solang die Geigen noch voll Melodien is? Aber sicher net! Keine Angst, es is eh no net aus. Höchstens mit unserem Bericht. Denn die letzten Jahre des 20. Jahrhunderts sind in so frischer Erinnerung, daß man sie im Zeitraffer abrollen lassen kann.

Zunächst einmal fand 1987 die Gemeindewahl statt, wobei sich der Erfolgslauf der Freiheitlichen auch auf lokaler Ebene fortsetzte. Sie vervierfachten ihre Mandate von 2 auf 8, was ausschließlich zu Lasten der ÖVP ging, die von 37 auf 30 Sitze zurückfiel. Die Sozialisten gewannen ein Mandat hinzu und hielten nun bei 62 Sitzen. Allerdings muß gesagt werden, daß die Grünen, die wieder einmal mit zwei getrennten Listen angetreten waren, knapp an der 5-Prozent-Klausel scheiterten. Bei der ÖVP wiederholte sich das bekannte Ritual: Buseks Tage als Wiener Landespartei-Obmann waren gezählt. Er sollte, bei der ÖVP unüblich und entgegen den Gesetzen der Schwerkraft, später „hinauffallen". Um die Sache abhaken zu können: Beim kleineren Koalitionspartner fielen auch auf Bundesebene die Obmänner wie die Dominosteine. Alle „zerschellten" quasi am Langzeitkanzler Vranitzky. Auf Alois Mock folgte der steirische Bauernbündler Josef Riegler. Sein Anliegen war die „ökosoziale Marktwirtschaft". Ihm folgte – erraten – Dr. Erhard Busek. Er blieb als Vizekanzler in seiner Partei genau so ungeliebt wie seinerzeit als Vizebürgermeister und wurde schließlich von Dr. Wolfgang Schüssel abgelöst. Seinem Nachfolger soll er den Rat mitgegeben haben: „Und stell di blöd, Wolferl, an Gscheiten wollen s' net in der Partei." Ob Schüssel den Rat befolgte oder nicht, er sollte sich ungewöhnlich lange auf dem schwierigen Platz behaupten.

Jetzt sind wir wieder einmal abgeschweift, kehren wir also schleunigst ins Jahr 1987 zurück. Bürgermeister Zilk war die Erhaltung der Erholungsräume ein besonderes Anliegen. Gemeinsam mit zwei Kollegen, den Landeshauptleuten Siegfried Ludwig (ÖVP) und Theodor Kery (SPÖ), wurde eine Grünlanddeklaration beschlossen, die auch den Schutz des Wienerwalds beinhaltete. Auf dieser Linie lag auch die 1990 beschlossene Errichtung des Nationalparks Lobau. 1987 wurde ein Nachtfahrverbot für Lkw erlassen. Das Austria Center wurde eröffnet. Es sollte den Konferenztourismus ankurbeln, der eine wichtige Einnahmequelle war. Unerfreulich war der sogenannte Glykolskandal. Winzer hatten dem Wein eine geringe Menge des Frostschutzmittels Glykol beigefügt, das den Wein etwas süßer, „lieblicher" machte, wie ihn besonders unsere deutschen Freunde schätzen. Obwohl kein Weintrinker dadurch auch nur den geringsten gesundheitlichen Schaden erlitt, wurde die Sache in den Medien hochgespielt und schadete dem Export. Aus patriotischen Gründen trinkt nun Augustin Raunzinger im Beisein ausländischer Gäste besonders viel Wein, um sein Vertrauen in die heimischen Produkte zu demonstrieren. „Der Export ist wichtiger als meine Gesundheit", erklärt er der Familie. Wien war im ausklingenden Jahrhundert mehr denn je zur Heimstätte des Musicals geworden, das längst die gute alte Operette abgelöst hatte. Musicals wie „Phantom der Oper", „Les Misérables" und „Elisabeth" wurden Serienerfolge. In der

Staatsoper hatte Claus Herbert Dese, in der „Burg" Claus Peymann die Leitung übernommen. Letzterer sorgte schon 1988 mit der Aufführung von Thomas Bernhards „Heldenplatz", in dem ein ziemlich einseitiges Bild vom Wien des Jahres 1938 gezeichnet wurde, für einen Skandal. Einen weiteren Skandal gab es, als bekannt wurde, daß ein etwas dubioser Geschäftsmann namens Bela Rabelbauer einen Koffer mit einer Million Schilling ungeklärter Herkunft aus unbekannten Gründen als Spende in der ÖVP-Zentrale deponierte. Obwohl Geschäftsführer Kurt Bergmann die Spende übernahm, kam nie „Licht ins Dunkel". Als die Geschichte vom „Mann mit dem Koffer" publik wurde, gab die ÖVP das Geld zurück. Im übrigen waren damals viele „Kofferträger" unterwegs. Österreicher fuhren nach Ungarn, um billig Lebensmittel, zum Beispiel Salami, einzukaufen, Ungarn bevölkerten Wiens Einkaufsstraßen, um sich vor allem mit elektronischen Produkten einzudecken. Die Wiener behaupteten, die Regierung habe den Ungarn angeboten, ihnen das Burgenland zurückzugeben, wenn sie „uns dafür die Mariahilfer Straße zurückgeben".

Das Jahr 1989 brachte zwei aufsehenerregende Kriminalfälle. Der eine war der Fall „Lucona". Udo Proksch, Gastgeber des hauptsächlich von roten Politikern frequentierten „Club 45", hatte das Schiff „Lucona" im Pazifik in die Luft sprengen lassen, um eine hohe Versicherungssumme zu kassieren, wobei die Besatzung ums Leben kam. Erste Verdachtsmomente ergaben sich schon zur Zeit der Regierung Sinowatz, doch der damalige freiheitliche Justizminister Dr. Harald Ofner befand: „Die Suppe ist zu dünn." Als der Verdacht konkret wurde, flüchtete Proksch ins Ausland und versteckte sich. Schließlich wurde er im Flugzeug erkannt und später zu einer lebenslänglichen Gefängnisstrafe verurteilt. Der frühere Bürgermeister und nunmehrige Nationalratspräsident Leopold Gratz, der mit Proksch eng befreundet war, beendete wegen der Affäre seine politische Laufbahn. Der andere Kriminalfall betraf die „Mordschwestern" von Lainz, die im geriatrischen Krankenhaus betagte und offenbar lästige Patienten und Patientinnen durch „Mundduschen" getötet hatten. Heftig debattiert wurde weiters die „Noricum-Affäre". Unter Bruch des Neutralitätsgesetzes waren unter der Ägide sozialistischer Minister und Manager Waffen in arabische Staaten exportiert worden. Umstritten war auch der unter der sozialistischen Unterrichtsministerin Dr. Hilde Hawlicek als Lehrbehelf für den Sexualkunde-Unterricht ausgegebene „Sex-Koffer".

All dies war weltweit gesehen nichts als ein Sturm im Wasserglas. In der Sowjetunion hatte unter dem Staats- und Parteichef Michail Gorbatschow ein Kurswechsel eingesetzt. Glasnost und Perestroika waren die Schlagworte, die für Öffnung, Transparenz und ein größeres Maß an Freiheit standen. Der neue Kurs erweckte im gesamten Ostblock Hoffnungen. Bei einem Besuch Gorbatschows in Ost-Berlin zum 40. Jahrestag des „Arbeiter- und Bauernstaates" mahnte Gorbatschow beim Staatsratsvorsitzenden Erich Honecker Reformen ein. „Wer zu spät kommt, den bestraft das Leben!" Der Rat kam selbst zu spät: Zehntausende gingen in der DDR auf die Straße und skandierten „Wir sind das Volk", Zehntausende flüchteten über Ungarn und Österreich in die Deutsche Bundesrepublik. In den kommunistischen Satellitenstaaten stürzten innerhalb weniger Wochen die Regimes wie ein Kartenhaus ein. Der „Eiserne Vorhang", der Europa durch mehr als vier Jahrzehnte getrennt hatte, hörte auf zu existieren. Ein neuer Zeitabschnitt begann.

1990 war wieder ein Wahljahr. Die SPÖ hielt ihre 80 Sitze, die ÖVP stürzte von 77 auf 60 Sitze ab, während die FPÖ von 18 auf 33 Sitze zulegen konnte. Die Grünen hielten nun bei 10 Mandaten. Sie legten im Parlament ein einigermaßen unkonventionelles Verhalten an den Tag. Die junge Abgeordnete Heindl stillte während einer Sitzung ihr Baby. Viele Bürger bedauerten, daß die Sitzung nicht im

Fernsehen übertragen wurde, was aber keineswegs bedeutete, daß das Interesse an der Politik gestiegen war. Noch vor der Wahl war Altbundeskanzler Dr. Bruno Kreisky gestorben. In Wien fand wieder die übliche Demonstration gegen den Opernball statt. Der brave Beamte Friedrich wird dabei durch ein Wurfgeschoß leicht verletzt und verdächtigt die in der Nähe befindliche Ria Raunzinger. Auf eine Beförderung hofft er freilich vergeblich. Die ÖVP agitierte ebenso vergeblich gegen die infolge der Inbetriebnahme der U6 erfolgte Einstellung der Straßenbahnlinie 8. Der Gemeinderat beschloß 1991 „Leitlinien für die Stadtentwicklung". Erweiterungszonen waren vor allem im 2., 10., 11., 22. und 23. Bezirk. Bei der Gemeindewahl sackte die SPÖ von 62 auf 52, die ÖVP gar von 30 auf 18 Sitze ab. Die FPÖ wurde mit 23 Sitzen zweitstärkste Partei, die Grünen zogen mit 7 Mandataren erstmals in den Gemeinderat ein. Noch dazu unterlagen SPÖ und ÖVP mit einem Vorhaben, das beiden ein Anliegen war: Bei einer Volksbefragung, an der sich nur 44 Prozent der Wählerinnen und Wähler beteiligten, lehnten 60 Prozent von ihnen eine geplante Weltausstellung in Wien ab. Daß dabei eine Mehrheit für ein ebenfalls geplantes Donaukraftwerk in der Freudenau stimmte, war nur ein schwacher Trost. 1992 wurde der von Dr. Busek forcierte ÖVP-Kandidat und Diplomat Dr. Thomas Klestil im zweiten Wahlgang zum Bundespräsidenten gewählt. Der unterlegene SPÖ-Kandidat war der Verkehrsminister und nebenberufliche Dirigent Rudolf Streicher. Im gleichen Jahr war die Schande von 1938, wo mehr als 100.000 Menschen die Hitler-Rede auf dem Heldenplatz gehört hatten, endlich getilgt worden. Mindestens ebenso viele Menschen beteiligten sich an einem Lichtermeer, spontan und nicht von oben angeordnet und organisiert wie damals, aus Protest gegen ein von Jörg Haider angekündigtes „Anti-Ausländer-Volksbegehren". Auch die Familien Keppl und Raunzinger beteiligten sich daran, natürlich nicht die Familie Motschger, die wie der FPÖ-Abgeordnete Andreas

Mölzer vor der „Umvolkung" Österreichs warnten. Die Generalsekretärin Dr. Heide Schmidt trat wegen des Volksbegehrens mit 4 anderen Abgeordneten aus der FPÖ aus und gründete eine neue Partei, das Liberale Forum. Die Grünen agitierten inzwischen heftig gegen die Müllverbrennungsanlagen und empfahlen etwas weltfremd als Alternative Müllvermeidung. Als ob in Wien so etwas machbar wäre. Frauenministerin Johanna Dohnal, Symbolfigur für ein neues Selbstbewußtsein der Frauen, brachte in der Sozialdemokratischen Partei endlich eine Frauenquote bei Parlamentskandidaturen durch und ein Jahr später auch ein neues Namensrecht, das Frauen ermöglichte, auch in der Ehe den Mädchennamen beizubehalten. Leicht hatte sie es auch in der eigenen Partei nicht immer. Nicht nur die ihre Pfründen verteidigenden Männerseilschaften machten ihr zu schaffen, sondern auch die einflußreiche Kanzlergattin Christine, die ein sehr traditionelles Familienbild vertrat und auch ihre diesbezüglichen Ansichten öffentlich kundtat. Mütter sollten bei ihren Kindern bleiben, und Jugendliche sollten zum Schutz vor Verwahrlosung Golf spielen. Die engagierte Feministin und Malerin Ria Raunzinger steht natürlich bedingungslos hinter Johann Dohnal, obwohl sie vom neuen Namensrecht gar nicht Gebrauch machen kann. Aber damit sind wir wieder einmal bei der Familie Raunzinger angelangt.

Dr. Peter Raunzinger, der in der ÖMV schon ziemlich aufgerückt ist, ist mit der gesamten Familie, einschließlich Augustin, der inzwischen Professor geworden ist, in ein neu erworbenes Haus in der Hadersdorfer Loudonstraße übersiedelt. Mit der ganzen Familie? Nein, Ria lebt nämlich mit einer Schauspielerin zusammen. Was für ein Schock! Niemand soll von der „Schande" was erfahren. Den Kindern Robert, 16, und Maria, 15, die sich Marilyn nennt, erzählten die Eltern, Peter und Gerti, Tante Ria sei nach Griechenland übersiedelt. Die Kinder, die natürlich längst Bescheid wissen, grinsen vergnügt, als Onkel Gustl süffisant hinzufügt „nach Lesbos“, was ihm einen tadelnden Blick einbringt. Weder er noch der Großvater lassen sich natürlich den Kontakt mit dem „schwarzen Schaf“ verbieten. Professor Augustin Raunzinger hat inzwischen endlich das Demonstrieren aufgegeben und führt ein beschauliches Leben bei Wein, Weib und Gesang. Seine spielfreien Abende verbringt er gern beim Kartenspiel an seinem Stammtisch im Gasthaus Kirschenhofer, gleich beim Hadersdorfer Bahnhof, wo ihm die charmante Wirtin manchmal seine Lieblingsspeise Mohnnudeln serviert. Wenn er dann leicht schwankend die steile Loudonstraße hinaufkommt, neckt ihn Marilyn: „Was is, Onkel Gustl, warst wieder auf Besuch bei der Tante Ria in Lesbos?“ Und der lustige Onkel erzählt noch rasch seine heute erlebten Abenteuer mit griechischen Göttern und Helden, die nicht einmal Homer eingefallen wären, und schmückt sie, angestachelt durch die Zwischenfragen der Nichte, noch weiter aus. „Kasperl“, brummt der Großvater in seinem Lehnstuhl, bevor er wieder einschläft.

Es begann eine Entwicklung, welche die Einkommen zunehmend auseinanderdriften ließ. Während der Lebensstandard weiter anstieg, verschuldeten sich auch zunehmend private Haushalte. Die Werbung der Banken („Anna, den Kredit hamma“) ermunterte viele, auf Pump zu kaufen, auch die rasche Verbreitung der Handys, die auch unterwegs zu andauerndem Telefonieren verlockte, mögen dazu beigetragen haben. In Wien wurde 1993 das Jüdische Museum eröffnet. Die Debatte um einen Tunnel durch den Semmering, der die Fahrzeiten zwischen Wien und den südlichen Bundesländern wesentlich verkürzt hätte, entbrannte. Wien und die Steiermark waren dafür, einflußreiche niederösterreichische Politiker legten sich quer. Zur gleichen Zeit hielten Biefbombenattentate einer sogenannten „Bajuwarischen Befreiungsarmee“ das Land im Atem. Verschiedene Persönlichkeiten, die als „ausländerfreundlich“ galten, sowie Roma und Sinti in Oberwart waren betroffen. Schließlich traf es auch den Wiener Bürgermeister Zilk, als er einen Brief öffnen wollte. Er wurde an der Hand schwer verletzt. Erst wesentlich später stellte sich heraus, daß die „Befreiungsarmee“ nur aus einem Mann bestand. Es war ein menschenscheuer Sonderling namens Franz Fuchs, der sich, als er von einer Polizeistreife zufällig angehalten wurde, in Panik selbst in die Luft sprengen wollte und dabei beide Arme verlor. Zu einer lebenslangen Gefängnisstrafe verurteilt, beging er später im Gefängnis Selbstmord.

1994 wurden die Beitrittsverhandlungen mit der EU erfolgreich abgeschlossen. ÖVP und FPÖ hatten den Beitritt immer gefordert, jetzt, da durch die Ostöffnung Österreich nicht mehr in einer Randlage war, stimmte auch die SPÖ zu. Alois Mock (ÖVP) und Brigitte Ederer (SPÖ) waren führend an den Verhandlungen beteiligt. Doch jetzt war neben den Grünen plötzlich auch die FPÖ dagegen. Viele Stammwähler der „Blauen“, darunter auch die Familie Motschger, machten den Schwenk nicht mit. Doch neben der Pro-EU-Haltung der auflagenstärksten Tagezeitung war es auch die lächerlich übertriebene Agitation Jörg Haiders (mit Äußerungen wie: Schildläuse, Blutschokolade, Massenzustrom portugiesischer Bauarbeiter), die zu einer 66prozentigen Zustimmung bei der Volksabstimmung über den Beitritt führte. Franz Fischler wurde in der Folge Agrarkommissar der EU, wo sich der Tiroler hohes Ansehen erwarb. Kanzler Vranitzky setzte sich gegen Bundespräsident Klestil durch, der Österreich im Rat der EU-Staats- und Regierungschefs vertreten wollte. Bei den Wahlen ging die Erfolgsserie der FPÖ weiter. Sie gewann abermals 8 Mandate dazu, während die SPÖ 15 und die ÖVP 8 Sitze verlor. Die Grünen erreichten 13 Sitze, das Liberale Forum 10, so daß erstmals in der zweiten Republik 5 Parteien im Nationalrat vertreten waren. In Wien war die Bevölkerungszahl durch starke Zuwanderung innerhalb von 5 Jahren von 1,520.000 auf 1,640.000 gestiegen und der Ausländeranteil auf

17,9 Prozent. Da Bürgermeister Dr. Helmut Zilk aus Altersgründen in den Ruhestand ging, erhielt die Stadt den 165. Bürgermeister ihrer Geschichte. Es war der 45jährige, aus Altlengbach stammende Sozialdemokrat Dr. Michael Häupl, gelernter Zoologe und zuletzt Umweltstadtrat.

Das Jahr 1995 brachte die Pleite und den Zusammenbruch des eng mit den Gewerkschaften verbundenen, sozialdemokratisch geführten Handelsriesen „Konsum". Schwere Managementfehler und die Konkurrenz der Handelsketten, die mit viel geringerem und schlechter bezahltem Personal arbeiteten, brachte die traditionsreiche Genossenschaft zu Fall. Auch daß sich Jörg Haider in einer Filiale eine Wurstsemmel kaufte und sich dabei filmen ließ, änderte daran nichts mehr. Aber nicht nur in Österreich gewannen politische Clowns und Spaßmacher ohne Programm allmählich an Einfluß. In der katholischen Kirche polarisierte indessen der St. Pöltner Bischof Kurt Krenn zunehmend (auch zunehmend im wahrsten Sinn des Wortes) mit deftigen Sprüchen. Sein Fundamentalismus schadete allerdings seiner Kirche, und die Zahl der Kirchenaustritte stieg beträchtlich. Inzwischen ging auch der neue ÖVP-Obmann und Vizekanzler Dr. Wolfgang Schüssel auf Konfrontationskurs. Er forderte ein Sparprogramm zur Budgetkonsolidierung und in diesem Zusammenhang massive Pensionskürzungen, was die SPÖ natürlich ablehnte. Darauf stimmte er dem Budget nicht zu und erzwang Neuwahlen. Die Rechnung ging freilich nicht auf. Vranitzky hatte in einem Brief die Pensionisten über die Forderungen Schüssels informiert. Das Ergebnis war, daß die SPÖ 6 Mandate dazugewann, während die anderen Parteien, ausgenommen ÖVP und Liberales Forum, Verluste hinnehmen mußten. Das Liberale Forum überholte dabei die Grünen.

1996, bei der Wiener Gemeindewahl, sah es wieder ganz anders aus. Die Sozialdemokraten verzeichneten ihr schlechtestes Wahlergebnis seit dem Ersten Weltkrieg, die

Freiheitlichen legten weiter zu: SPÖ 43, FPÖ 29, ÖVP 15, Grüne 7, LIF 6 Mandate. Die Sozialdemokraten, die erstmals keine absolute Mehrheit im Gemeinderat hatten, mußten mit der Volkspartei, die gleichfalls das schlechteste Wahlergebnis ihrer Geschichte eingefahren hatten, eine Koalition eingehen. Das Ergebnis hatte aber nichts mit der Arbeit der roten Gemeindeverwaltung zu tun, die an sich erfolgreich war. Auch der neue Bürgermeister wurde durchaus akzeptiert. Es war vielmehr das Resultat der starken Zuwanderung und zunehmender Ausländerfeindlichkeit, welche die Blauen nützten, um Ängste anzusprechen. Daher war der Anteil der FPÖ-Stimmen in den traditionell roten Arbeiterbezirken und in den Gemeindebauten besonders hoch. Die FPÖ erlebte einen totalen Wähleraustausch, wie ihn noch kaum je eine Partei erlebt hatte. Viele Stammwähler, Akademiker, Kaufleute, höhere Angestellt, Beamte, wandten sich, frustriert von den Bocksprüngen und der prinzipienlosen, von jeweiligen Meinungsumfragen bestimmten Politik Haiders von der FPÖ ab und nützten das erweiterte Angebot von drei konkurrierenden bürgerlichen Parteien. Eine viel größere Zahl von ungelernten Arbeitern, von Arbeitslosen und Modernisierungsverlierern, wie sie in Hinterbergers Figur des „Mundl“ vergröbert dargestellt wurden, strömten dafür zur FPÖ. Nur langsam konnte sich die Sozialdemokratie von diesem Schock erholen. Doch auch sonst hatte sich manches geändert. Werkverträge begannen das gewohnte System der Kollektivverträge und der durch die Sozialpartnerschaft gewährleisteten sozialen Sicherheit zu untergraben. Der Pfusch griff mehr und mehr um sich, wo Leute fragten: „Brauchen S’ a Rechnung?“ Diese steuerschonende Schwarzarbeit war bereits zu einem fixen Bestandteil der Wirtschaft geworden. Privatbanken krachten zusammen, und der Staat mußte einspringen. Das liebgewordene anonyme Sparbuch war in der EU auf Dauer nicht mehr zu halten. Genprodukte und Rinderwahn, von den Medien hochgespielt, verunsicherten ängstliche Konsumenten. All das, was hier wortreich geschildert wurde, faßt der Großvater in einem einzigen Satz zusammen. „Dös alles hätt 's früher net geben." Und die anderen Großväter geben ihm recht.

Im Jänner 1997 gab es einen Kanzlerwechsel. Der international hochangesehene Dr. Vranitzky hatte nach 11 Jahren Kanzlerschaft genug. Dem Wahlerfolg von 1995 waren Mißerfolge bei Regionalwahlen und innerparteiliche Querelen gefolgt, auch die EU-Parlamentswahl 1996 ging verloren. Ihm folgte der hemdsärmelige und unkonventionelle Magister Viktor Klima. Aus dem ÖMV-Management kommend, war er zuerst Verkehrsminister, dann Finanzminister. Ein ungeheuer fleißiger Pragmatiker, der auch eine Fernsehdebatte gegen Jörg Haider für sich entschieden hatte und vor allem mit den Arbeitern reden konnte, eine Eigenschaft, die vielen sozialdemokratischen Mandataren abhanden gekommen war – eine der rühmlichen Ausnahmen: Michael Häupl. Viktor Klima, zunächst sehr populär, hatte leider schlechte Berater, die ihn später zu einem abgehobenen Staatsmann umfunktionierten. Was seine Ideologie anlangte, war er auf der Höhe der Zeit: Er hatte keine erkennbare. Sonst war 1997 ein ruhiges Jahr. Am 1. Mai verkehrten aufgrund eines Mehrheitsbeschlußes des Gemeinderates ganztägig die Wiener Linien. Was bisher unvorstellbar war: Die Grünen hatten einen diesbezüglichen Antrag eingebracht, und die Sozialisten wurden von den vier anderen Fraktionen überstimmt. Erstmals wurden Frauen bei den Wiener Philharmonikern zugelassen. Man hinkte damit anderen weltberühmten Orchestern nach, bei denen das schon längst üblich war. Boykottdrohungen zwangen die Herrn Philharmoniker schließlich, aus der Not eine Tugend zu machen und sich modern und aufgeschlossen zu zeigen. Zu Ehren unseres lieben Augustin sei gesagt, daß er sich vehement für die Zulassung von Damen einsetzt. Der

Umstand, daß eine attraktive Harfenistin bei ihm zu einem erhöhten Blutdruck führt, mag dazu beigetragen haben. Es sei ihm aber gegönnt, zumal es ja inzwischen schon sehr wirksame Medikamente dagegen gibt, die vor allem wirken, wenn die Harfenistin grad nicht in der Nähe ist. Der Blutdruck steigt in diesem Jahr auch bei der Familie Motschger. Zwar nicht wegen der Harfenistin, sondern wegen einer Wehrmachtsausstellung, die in diesem Jahr in Wien gezeigt wurde und die Beteiligung von Wehrmachtseinheiten an Verbrechen wie Judenerschießungen dokumentierte. „Alles erstunken und erlogen!" schreit Gernot, inzwischen auch zum Großvater geworden, der den ganzen Tag mit dem Schreiben von Leserbriefen beschäftigt ist. Michael Keppl, Vorstandsmitglied des ÖAMTC, schreibt ebenfalls Leserbriefe, auch in seiner Eigenschaft als Cafétier, und zwar gegen die Einführung der 0,5-Promille-Grenze für Autofahrer, die gegen den Widerstand des Verkehrssprechers seiner Partei endlich beschlossen wurde. Doch weder die Leserbriefe noch die 0,5-Promille-Grenze zeigten Wirkung.

1998 wurde die Sozialdemokratie auf unangenehme Weise mit Peinlichkeiten der Nachkriegszeit konfrontiert. Dem Psychiater Dr. Heinrich Gross, Mitglied des Bundes sozialistischer Akademiker, oft als Gerichtssachverständiger konsultiert, wurde vorgeworfen, als Arzt auf der Baumgartner Höhe, am Spiegelgrund, im Zuge der sogenannten „Beseitigung lebensunwerten Lebens" Behinderte zur Tötung aussortiert zu haben. Immerhin hat dann die SPÖ, zum Unterschied von anderen Parteien, begonnen, ihre Vergangenheit aufzuarbeiten. Michael Keppl hat mehrfachen Grund zur Zufriedenheit: nicht nur als ÖVP-Funktionär, weil seine Partei sich an der Aufarbeitung der Vergangenheit nicht beteiligt, sondern auch als Austria-Fan, weil ein Auswanderer der Nachkriegszeit, ein Steirer namens Frank Stronach, der es in Kanada zum Milliardär gebracht hatte, nicht nur in der Wirtschaft, zum Beispiel bei den Steyr-Werken, eingestiegen war, sondern auch beim Fußballklub Austria. Und zusätzlich, weil jetzt auch die FPÖ in Skandale hineinschlitterte, wie im Fall ihres Abgeordneten Peter Rosenstingl, der ungedeckte Kredite aufgenommen hatte, und im Fall des Tiroler Abgeordneten Walter Meischberger aus Haiders „Buberlpartie", der in einen Steuerskandal verwickelt war. Erstmals wurden 1998 chronisch defizitäre Unternehmungen ausgegliedert, wie die Staatstheater und die Lipizzaner, was optisch das Budgetdefizit verringerte; durch die nach heftigem Tauziehen beschlossene Steuerreform würde es sowieso wieder steigen. Sonst ging alles seinen gewohnten Gang. Die Geburtenzahl sank langsam, aber stetig. Dagegen überschritt die Weltbevölkerung bereits die 6-Milliarden-Grenze. Daß nur noch jeder 750. Mensch Österreicher war, schien niemandem etwas auszumachen. Vielleicht dachte jeder, grad er (oder sie) sei der (oder die) Siebenhundertfünfzigste. „Günstige" Angebote von Firmen für Tagesausflüge, bei denen die Mitreisenden bedrängt wurden, allerlei unnötiges Zeug zu kaufen, nahmen ständig zu, obwohl Konsumentenschützer davor warnten. Viele junge Menschen trauerten um den Popstar Falco, der tödlich verunglückt war. Ältere Menschen fürchteten sich vor grenznahen Kernkraftwerken auf tschechischem und slowakischem Gebiet. Seit der Abstimmung über Zwentendorf hatte sich nämlich die Lage sehr verändert. 1986 hatte sich im ukrainischen Kernkraftwerk Tschernobyl ein Reaktorunfall ereignet, dessen Auswirkungen in weiten Teilen Europas feststellbar waren. Die erwähnten Kernkraftwerke waren aber noch nach Ostblock-Technologien erbaut worden. Österreich, das als einer von wenigen europäischen Staaten auf die Nutzung der Atomenergie verzichtet hatte, während in anderen Ländern noch weiter munter Kernkraftwerke errichtet wurden, fühlte sich bedroht. Trotz der vorhandenen Ängste verzichtete aber die österreichische Diplomatie auf die einzige wirksame

Möglichkeit, die Fertigstellung dieser Kernkraftwerke zu verhindern, nämlich durch ein Veto gegen den EU-Beitritt Tschechiens. Man zog es vor, als mustergültiges EU-Mitglied dazustehen. 1998 war auch die Amtsperiode des Bundespräsidenten zu Ende. Dr. Thomas Klestil hatte zwar in der ÖVP einiges Ansehen infolge einer Ehescheidung verloren, seine Wiederwahl stand aber außer Zweifel, zumal die SPÖ keinen Gegenkandidaten nominiert hatte und namhafte soziademokratische Persönlichkeiten wie Häupl und Zilk für ihn Wahlempfehlungen abgaben. Dr. Heide Schmidt, vor 6 Jahren noch FPÖ-Kandidatin, die evangelische Superintendentin Dr. Gertraud Knoll als unabhängige Linke, Ing. Richard Lugner als Vertreter der Spaß- und Seitenblickegesellschaft und ein Herr Karl Nowak traten gegen ihn an. Dr. Thomas Klestil wurde natürlich mit 63 Prozent im ersten Wahlgang bestätigt. Ihm sollte eine sehr schwierige zweite Amtsperiode bevorstehen.

Österreich hatte inzwischen erstmals den EU-Vorsitz geführt, ohne daß es dem Land oder Europa geschadet hätte. Finanzminister Rudolf Edlinger hatte dabei in seiner Eigenschaft als Vorsitzender des Rats der Finanzminister den Beschluß über die Einführung des Euro mitunterzeichnet. Das Jahr 1999 begann wieder einmal mit einem Schneechaos. Aber nicht nur dadurch wurden die Autofahrer belästigt, sondern auch durch die Einführung des Punkteführerscheins und steigende Benzinpreise. Als kleine Entschädigung durften sie sich über die Fertigstellung der Südautobahn freuen. Wenig Grund zur Freude hatte auch die katholische Kirche, denn infolge diverser Skandale und provokanter Äußerungen des Bischofs Krenn stieg die Zahl der Kirchenaustritte. Und schließlich war es auch für die Sozialdemokratie kein gutes Jahr. Nicht nur, daß sich die Koalition total auseinandergelebt hatte und nichts mehr weiterbrachte, verlor die SPÖ bei der Nationalratswahl auch die bei der vorigen Wahl gewonnen Sitze wieder, während die FPÖ um einige hundert Stimmen die ÖVP vom zweiten

Platz verdrängte. Dementsprechend schwierig gestaltete sich auch die Regierungsbildung. Näheres wollen wir aber noch nicht verraten, sonst haben unsere Freunde keinen Gesprächsstoff. Tatsache ist, daß das Jahr, Jahrzehnt, Jahrhundert und Jahrtausend unter schwerem innenpolitischen Donnergrollen zu Ende ging. Die optimistischen Erwartungen für das kommende Jahrhundert waren freilich nicht mehr so groß wie vor 100 Jahren. Zu viele Ängste dämpften die Festesfreude. Angst vor den Auswirkungen der Globalisierung, Angst um die Arbeitsplätze, Angst um die Umwelt und Angst vor der Klimakatastrophe, Angst, wegen des andauernden Geburtenrückgangs einmal keine Pension zu bekommen, wenn die Lebenserwartung ständig steigt (was ja nicht negativ ist), Angst schließlich auch vor andauernder Zuwanderung, für Leser bestimmter Zeitungen gleichbedeutend mit steigender Kriminalität.

Schluß jetzt mit all diesen Ängsten. Ganz kann man sie ja sowieso nicht verdrängen, aber wir wollen uns auch die Festesfreude nicht verderben lassen, wenn in dieser letzten Stunde des 31. Dezember 1999 die Familien Keppl, Raunzinger und Motschger, natürlich darf auch der brave Beamte Friedrich nicht fehlen, im Café Keppl (wo sonst?), beisammensitzen. Der hoffnungsvolle Nachwuchs ist im Extrazimmer versammelt: Da sitzen sie also: Christian Keppl, Student an der Wirtschaftsuniversität, natürlich CVer und ÖVP-Mitglied, wie es der Familientradition entspricht, seine aus der Art geschlagene Schwester, die Medizinstudentin Julia Keppl, aktive Grüne, wie viele Kinder aus katholischen Familien für die Bewahrung der Schöpfung kämpfend, dicht, sehr dicht sogar, neben ihr der angehende Politologe Robert (endlich wieder ein Robert) Raunzinger und schließlich Horst-Baldur Motschger, der Germanistik studiert, Mitglied einer schlagenden Verbindung und „Dietwart" beim Turnerbund ist.

Christian Keppl ist sehr gekränkt: „Stellt euch vor, beinahe wäre ich aus der ÖVP ausgeschlossen worden.

Jemand hat gecheckt, daß ich in der Kirche war. Da hat man mich verdächtigt, an eine Irrlehre, die katholische Soziallehre zu glauben, statt an die freie Marktwirtschaft und den Neoliberalismus. Ich war total empty." Robert schüttelt den Kopf. „Bei uns Sozialdemokraten ist es nicht anders. Der Sektionskassier hat in meinem Bücherschrank einen Karl-Marx-Ausgabe gesehen und mich verdächtigt, ein Linker von der „Initiative für eine sozialistische Politik der SPÖ" zu sein. Er hat mich beim Sektionsvorsitzenden verwamst. Unglücklicherweise hab ich den auch noch mit ‚Freundschaft, Genosse Wondracek' begrüßt. Der Wondracek hat zum Glück den Namen Karl Marx noch nie gehört. Er hat aber gemeint, ich passe nicht ganz zum Image der neuen Mitte." Julia Keppl streichelt ihn mitleidig. Aber sie hat Tränen in den Augen. „Und ich darf nicht mehr an den Sitzungen der grünen Basis teilnehmen, weil ich eine Diskussion über die ‚Auswirkungen des Asylrechts auf die Emanzipation' mit einem Umweltthema gestört habe." Sie lehnt sich schutzsuchend an Robert, der sofort ritterlich seinen Arm um sie legt. Inzwischen schlägt Horst-Baldur Motschger zornig auf den Tisch. „Ich verstehe die Welt nicht mehr", schimpft er. „Die Kameraden wollen mich nicht mehr in der FPÖ, seit man mich bei der letzten Sonnwendfeier beobachtet hat. Diese Deutschtümelei müsse aufhören. Wir seien jetzt staatstragend, weil wir koalitionsfähig sein müssen." Christian schaut auf die Uhr. „Ich glaub, es wird Zeit, daß wir zu den Oldies stoßen. Erstens ist es schon halb zwölf und zweitens wird ja die Stimmung urcool sein, nachdem sich die Parteien eh immer weniger voneinander unterscheiden." Robert lacht. „Aber wenig Platz wird sein, wenn sich plötzlich alle in der Mitte zusammendrängen!"

„Unterm Kreisky hat man noch leben können", hebt eben der Großvater zu seiner Milleniums-Schlußansprache an, „da waren die Arbeitsplätze noch sicher und der Sozialstaat noch intakt. Aber Kreisky kummt kaner mehr, und heut is nur noch a Scherbenhaufen übrig." Michael Keppl ist ärgerlich. „Bei allem Respekt, Opa Raunzinger, was ist vom Kreisky übriggeblieben? Schulden, an denen noch unsere Kinder und Enkelkinder zahlen werden!" Der Alte schüttelt den Kopf. „Jüngling", belehrt er den 54jährigen, „die Kredite, die der Kreisky aufgenommen hat, hat er in die Verbesserung der Infrastruktur investiert. Davon zehren wir heut noch. Die Schulden, die wir einmal abzahlen müssen, hat die große Koalition gemacht, mit dem Dietz und dem Stummvoll als Finanzstaatssekretären. Oder ham die gar nix gwußt davon? Und überhaupt", fügt er geringschätzig hinzu, „was die Enkel zahlen, kann dir wurscht sein, Michel, du hast eh kane." Bei diesen Worten stupst die Julia den Robert und lächelt ihn schelmisch an.

Der Großvater hat sich einstweilen beruhigt. „Was alterier i mi überhaupt?" fragt er die Runde, „mi interessiert das alles gar nimmer. Das san ja Kindereien. Ich scher mi längst nimmer drum. Ich bin heut a unpolitischer Mensch und will mei Ruah ham." Da muß Gunther Motschger lachen. „Ex-Spanien-Kämpfer, Ex-Kommunist, so hab i mir unpolitische Menschen immer vorgstellt." Der Großvater macht eine wegwerfende Handbewegung, doch er lächelt versonnen und summt ein Lied aus dem spanischen Bürgerkrieg. „Unsere Heimat ist heute vor Madrid!"

Anna Keppl mahnt: „Bei der Politisiererei kommt eh nix auße, nur Streiterein, habts das noch immer net kapiert? Es wird Zeit, daß mir den Sekt aufmachen. Das neue Jahrtausend wart net auf euch." Aber dem unpolitischen Großvater ist noch was eingefallen. „Kommunisten gibt 's eh nur noch in China und Kuba. Und eventuell noch in Graz", fügt er augenzwinkernd hinzu. „Und Sozialisten? Der Kreisky, der Brandt und der Palme waren die letzten. Der Blair is a männliche Thatcher, der Schröder ist der Genosse der Bosse und der Klima? A Manager ohne Ideologie, ohne Visionen." Jetzt fährt aber sein Sohn auf: „Willst du damit sagen, daß ein Manager wie ich nicht

Kanzler werden kann?" – „Aber ja", erwidert sein Vater, „es gibt ja fast ka Katastrophe, die im dem Jahrhundert net passiert is." Peter Raunzinger gereizt: „Vater, du sollst dich an politischen Debatten nicht beteiligen, du verstehst die Zeit nimmer. Heute sind Managementqualitäten gefragt, nicht Ideologien. Und wer Visionen hat, braucht einen Arzt, hat ja angeblich der Vranitzky gesagt." Der Großvater: „Als ob du kane Visionen gehabt hättst." Jetzt schaltet sich auch noch der jüngere Robert ein. „Die Zeiten sind aber längst vorbei, Großvater. Jetzt ist der Papa längst ein Nadelstreifgenosse."

„Warum soll ein Manager nicht als Politiker qualifiziert sein?" springt Michael Keppl dem Altersgenossen in seinem Zweifrontenkampf bei. „Dem Gunther seine Blauen haben den politisch völlig unbedarften Skiläufer Ortlieb an zweiter Stelle gleich hinter dem Prinzhorn kandidiert!" Das wieder nimmt Motschger zum Anlaß, eine längere Erklärung abzugeben: „Erstens sind sogenannte Quereinsteiger jetzt modern, Michel. Ihr habts ja auch diesen Schauspieler Morak ins Parlament geschickt. Zweitens sind das nicht mehr meine Blauen, seit dieser Clown aus Bad Goisern gegen den EU-Beitritt agitiert hat, der endlich wieder alle Deutschen in einer Gemeinschaft vereinigt und diese widernatürliche Grenze zu Fall gebracht hat. Drittens nimmt diesen Narziß sowieso niemand ernst. Einmal will er einen Freistaat Kärnten, dann interessiert ihn das Ganze nimmer. Einmal schließt er einen Vertrag mit den Lehrlingen, dann einen mit Österreich, dann verspricht er den Arbeitern in der Zuckerfabrik Dürnkrut Hilfe, einmal gründet er eine Gewerkschaft, alles vergißt er wieder, alles Schaumschlägerei. Einmal schließt er einen ganzen Landesverband aus der FPÖ aus, dann erzählt er in New York, Österreich ist das letzte stalinistische Land neben Nordkorea, dann fuchtelt er vor der Kamera mit Spitzelakten herum, nur damit er jeden Tag in der Zeitung steht." Doch auch Herr Motschger muß einmal Atem holen, und diesen

Moment nützt Horst-Baldur. „Aber der Erfolg gibt ihm recht, Vater. Wir haben 52 Sitze und sind zweitstärkste Partei. Ohne uns läuft nichts mehr in Österreich! Das muß auch der Klestil einsehen. Die alten Götter, die Asen, sind auf unserer Seite!" Müde winkt sein Vater ab. „Es ist nicht Odin, es ist der Staberl. Und wer sind unsere Wähler? Proleten und die Hausmeister beim Viktor-Adler-Markt." – „Na, das sind ja eure Stammwähler, Peter, da steht ja einer neuen rot-blauen Koalition nichts mehr im Wege. Angeblich hat ja der Bundespräsident dem Klima schon einen derartigen Auftrag zur Regierungsbildung erteilt." Peter Raunzinger fährt auf: „Das kommt nicht in Frage, Michel. Aber wenn ihr euch verweigert, kommt eine Regierung mit ein paar Fachleuten, die den Blauen nahestehen, schon in Frage. Das ist noch lang keine Koalition. Oder mit einigen Beamten. Wie wär 's mit dir, Fritz?" wendet er sich plötzlich an den braven Beamten Friedrich.

Friedrich erschrickt. Er hat eben darüber nachgedacht, ob er sich neben dem roten und dem schwarzen Parteibuch, zu denen ihm sein seliger Vater geraten hatte („Man kann nie wissen, Fritz") noch ein blaues zulegen soll. Jetzt soll er sich plötzlich deklarieren? „Das ist eine Nummer zu groß für mich", sagt er bescheiden. „Aber egal, wer in der neuen Regierung sein wird: Es sind ja alles gute Österreicher und hochanständige Menschen." Doch zu seiner großen Erleichterung hat ihn Peter schon wieder vergessen und wendet sich an Michael Keppl.

„Mach ka Theater, ihr und die Blauen seids euch längst einig. Beide seids gegen die Neutralität und für einen NATO-Beitritt." Keppl reagiert beleidigt: „Du waaßt genau, der Dr. Schüssel hat gesagt, wenn die ÖVP drittstärkste Partei wird, gehen wir in die Opposition. Und der Wolfgang ist ein Ehrenmann. Wenn der was sagt, fährt die Eisenbahn drüber." – „Jetzt machts endlich den Sekt auf!" ruft Gerti Raunzinger genervt. Doch plötzlich fällt es ihr auf: „Wo ist denn eigentlich der Gustl?" Peter hat die Abwesenheit seines Bruders noch gar nicht bemerkt. „Der Herr Professor wird in irgendeiner Spelunke seinen Rausch ausschlafen“, sagt er geringschätzig. Der Großvater: „Is eh gscheiter, wenn er net da is, es wird sowieso scho gnua Bledsinn gredt. Aber die Mitzi is a net da!“ Er meint seine Enkelin Marilyn Raunzinger, AUA-Hostesse und Vorjahrsdritte bei der Wahl der Miß Vienna. Gerti beruhigt: „Sie hat gsagt, wann der Flieger Verspätung hat, geht es sich vor der Pummerin nimmer aus. „Wow“, meint Julia, „wär aber urcool, wenn sie doch noch kummert.“

„Könnt ihr das nicht auf deutsch sagen?“ erregt sich Motschger. „Und überhaupt, diese totale Überfremdung ist nicht mehr auszuhalten.“ Peter Raunzinger will das nicht hören. „Und wer soll die Drecksarbeit machen? Unsere Kinder san ja alle Akademiker, oder hast schon amal Eltern sagen ghört, mei Tochter soll amal Klofrau werden? Schluß mit dem Rassenhaß! Alle Menschen sind gleich an Würde und Rechten, gleichgültig, welcher Rasse sie sind. Dafür werde ich kämpfen mein Leben lang! Ich bin und bleibe Humanist.“ – „Hey, Daddy, Vorsicht“, mahnt der Sohn.

Und gleich darauf wissen alle, warum. Wir haben uns ja sowieso schon längst gefragt, wo Augustin die ganze Zeit bleibt. Duelle, wie noch vor 100 Jahren, gibt 's ja nimmer. Es erscheinen also: Herr Professor Augustin Raunzinger samt seiner Blutdruck-Harfenistin, AUA-Hosteß Maria „Marilyn“ Raunzinger und – ein Schwarzer, aber nicht nach Parteifarbe, was für die Raunzingers schon schlimm genug wäre, sondern nach der Hautfarbe. Augustin übernimmt die Vorstellung. „Darf ich euch zwei neue Familienmitglieder vorstellen? Das ist meine Kollegin und Verlobte, Frau Ilona Meszaros“, sagt er zur Überraschung seiner Freundin, die eigentlich nur mitgekommen ist, damit der Gustl nicht in der Nacht vor dem Neujahrskonzert allzu emsig dem Alkohol zuspricht, „und das ist Dr. Mike Lewis von der Welt-Atombehörde in Wien, schon ein echter Wiener, der Verlobte meiner Nichte Marilyn. Die beiden haben einander durch mich kennengelernt."

Die kurz eingetretene Stille wird von einem markerschütternden Schrei Peter Raunzingers unterbrochen, der seine gute Erziehung total vergißt. „Gustl, du Gfraßt, das hast du mir einbrockt." Er macht Anstalten seinen Bruder und seine Tochter zu attackieren, aber Frau Gerti, die sich nach einer Schrecksekunde wieder gefangen hat, stellt sich dazwischen. „Schau, Peter, wenn sie sich doch liebhaben!" Richtig sollte es „einander" heißen, aber in solchen Momenten haben Gefühle Priorität vor Grammatik. Marilyn, trotzig: „Papa, meinen letzten Freund, den Muhammed, hab ich dir zuliebe aufgegeben, aber von meinem Mike laß ich mich nicht trennen. Eher geh ich in die Donau!" – „Aber doch net mitten im Winter, Madel", rät der Großvater ab. „Und der Mohammed is a Prophet. Propheten hamma eh schon gnua ghabt in der Familie, und kaner hat was Gscheites vorhergsagt. Der Bursch da is in Urdnung", stellt er abschließend fest und begrüßt Dr. Lewis mit Handschlag. Michael Keppl ätzt: „Das hast vorhin schön gsagt, Peter, vom Humanismus und Brüderlichkeit. Und daß du jeden Rassismus ablehnst. Und jetzt magst deinen farbigen Bruder net?" – „Schon", sagt Peter, „aber doch net in der Familie. Außerdem hab ich schon einen Bruadern, und das is genau aner zuviel!" – „Na habedehre", sagt Mike mit leichtem Akzent, „i hoff doch sehr, ihr streitets net wegen mir?" – „Und weil mir schon dabei san", sagt Robert, „meine Partnerin kommt auch aus einer schwarzen Familie." Und er gibt Julia einen Kuß. Jetzt ist es Michael Keppl, der die „Nerven wegschmeißt". „So hamma net gwett, meine Tochter heiratet kan Linkslinken, da gibt 's von mir niemals die Zustimmung!" Julia lacht herzlich. „In welcher Zeit lebst du? Und wer heiratet heut noch? Wir ziagen einfach zsamm und aus." Jetzt hat aber ihre Mutter Einwände. „Und wenn a Kind kummt, wia soll ’s dann heißen? Keppl oder Raunzinger?“ Robert beruhigt: „Da hamma noch a halbes Jahr Zeit, das zu entscheiden.“

Inzwischen haben die Damen die Gläser gefüllt. „Wann das so is, hamma ja a Menge Gründe zum Anstoßen“, sagt Anna Keppl. „Mir ist gar nicht danach“, schimpft Gunther Motschger. „Mir graut vor der Zukunft. Diese totale Vermischung. Mir verlieren ja unsere Identität!“ Augustin nimmt sein Sektglas. (Eines hat ihm die Ilona ja erlaubt.) „Net deppert sein, Herr Kamerad, wann ’s leicht geht. Mir ham uns seit jeher vermischt. Illyrer, Kelten, Römer, Goten, Awaren, Bayern, Tschechen, Slowaken, Ungarn, Kroaten, Italiener. So ist unsere Identität erst entstanden. Und alle san echte Wiener worden. Und so wird ’s weiter sein. Und wir werden noch lang singen: ‚Erst wann ’s aus wird sein‘ und so lang wir singen, wird ’s nie aus sein. Außerdem: Ganz Europa is a Rassengemisch, vielleicht mit Ausnahme der Isländer. Also, Freunde, sehen wir uns endlich als Europäer.“

„Alle?“ fragt Horst-Baldur mit einem giftigen Blick auf Marilyns Verlobten. „Gut, dann erweitern wir den Begriff auf Menschen.“ Das wird nun endlich, bei drei Enthaltungen (Familie Motschger) allgemein akzeptiert. Und während die Pummerin läutet, stoßen alle auf das dritte Jahrtausend an. Kalendarisch ein Jahr zu früh, aber man kann nicht früh genug anfangen. Und während der Donauwalzer erklingt, tanzen drei Paare ins neue – aber ja, zum Kuckuck, ins neue Millenium. Augustin, 50, mit Ilona, 40, Mike 27, mit Marilyn, 22 und Robert 21, mit Julia 20. Ein bißchen kitschig, wie? Aber was soll daran schlecht sein?

So haben also die Wienerinnen und Wiener dieses gefährliche Jahrhundert auch noch überlebt. Mit ihnen natürlich auch – in verzankter Eintracht – unsere Freunde. Und wenn sie nicht gestorben sind, so raunzen, keppeln und motschgern sie noch heute.